三峡大学法学与
公共管理研究文库

被害人在刑事诉讼中的有效参与

胡莲芳 著

厦门大学出版社

国家一级出版社
全国百佳图书出版单位

XIAMEN UNIVERSITY PRESS

图书在版编目(CIP)数据

被害人在刑事诉讼中的有效参与/胡莲芳著.—厦门:厦门大学出版社,2020.6
(三峡大学法学与公共管理研究文库)
ISBN 978-7-5615-7804-9

Ⅰ.①被…　Ⅱ.①胡…　Ⅲ.①刑事诉讼—研究—中国　Ⅳ.①D925.204

中国版本图书馆 CIP 数据核字(2020)第 089016 号

出 版 人	郑文礼	
责任编辑	李　宁	

出版发行 厦门大学出版社

社　　址	厦门市软件园二期望海路 39 号
邮政编码	361008
总　　机	0592-2181111　0592-2181406(传真)
营销中心	0592-2184458　0592-2181365
网　　址	http://www.xmupress.com
邮　　箱	xmup@xmupress.com
印　　刷	厦门兴立通印刷设计有限公司

开本	720 mm×1 000 mm　1/16
印张	13.75
插页	2
字数	226 千字
版次	2020 年 6 月第 1 版
印次	2020 年 6 月第 1 次印刷
定价	78.00 元

厦门大学出版社
微信二维码

厦门大学出版社
微博二维码

本书如有印装质量问题请直接寄承印厂调换

序

从世界范围来看,对于被害人在刑事诉讼中的身份和地位有着不同的观点和法律规定,不少国家不认同其为当事人。我国《刑事诉讼法》虽然确立了被害人诉讼当事人的地位,但在立法和司法中其享有的诉讼权利并不能与其法律地位完全匹配。

胡莲芳博士的《被害人在刑事诉讼中的有效参与》一书是在其博士论文的基础上修订而成的。当初胡莲芳博士在确定选题时,提出想对被害人参与问题进行深入研究,作为导师,我给她分析了该选题可能面临的困难,比如此类研究已有不少成果,难以创新;在刑事诉讼中与各主体的关系难以厘清,成果可能较难转化等。但她表示不惧怕困难,愿意接受挑战,我也支持她敢于锐意创新。初稿出来,给人耳目一新的感觉,很多思路和观点都较新颖。这次出版,又对部分观点做了修正,增加了认罪认罚从宽程序中被害人的参与等内容。总体而言,本书结构合理,内容完整,论证有力,在思路和观点上有一定的创新,无论是对被害人有效参与刑事诉讼的理论发展,还是对司法实践中被害人权利保护的完善都有一定的贡献。

本书对报复正义理论、主体性原则理论、符号互动理论和恢复性正义理论等进行了阐释,这为被害人参与刑事诉讼提供了心理学、哲学和社会学的理论基础;提出传统刑事诉讼模式将刑事诉讼不妥当地预设为国家和犯罪嫌疑人之间的斗争,忽略被害人因素,导致无法全面描述和分析刑事诉讼实践;认为传统"三方诉讼构造"未能全面反映刑事诉讼的客观情况,在对传统的刑事诉讼模式和刑事诉讼构造进行全面梳理和比较的基础上,提出我国刑事诉讼模式的另一模式——"被害人参与模式",并借助"复合控诉主体"概念,提出搭建"动态的四方诉讼构造"的结论。在新的"动态四方诉讼构造"指引下,被害人在各诉讼程序均能实现有效参与,特别是对于自诉程序的完善,在构建诉讼担当制度的前提下,打通了公诉与自诉程序之间有序流转的渠道,设计了公诉、自诉案件有序流转的流程,克服了现有的公诉转自诉案件的弊端。

毋庸讳言,本书在创新论述方面还不太深入,有些结论尚值得推敲,有待进一步共同研究。

胡莲芳就读博士期间还是一名检察官,博士毕业以后,选择到高校从事教学科研工作。她克服了很多困难,一步一个脚印,慢慢适应讲台生活,得到学生的认可和喜爱,我为她的进步感到由衷的欣慰。她有较为独立的思想,并对学术问题有较敏锐的感知能力,祝贺她首部著作出版,并希望她再接再厉,取得更多的学术成果!

是为序。

陈光中

2019 年 10 月于北京

目　录

导　论

一、选题背景

从世界范围内被害人在刑事诉讼中的地位看,被害人从刑罚执行者到诉讼原告人再到作为诉讼旁观者的证人,经历了从刑事诉讼的中心到边缘的地位变化。近些年来,国外各主要现代法治国家对被害人在刑事诉讼中的地位和权利完善进行了一系列的努力,并在立法上取得较大的进展,完善了被害人权利保护体系。比如,英国政府 2002 年 7 月颁布《所有人的正义——英国司法改革报告》,主张让犯罪的被害人成为刑事司法制度的核心;2003 年 12 月公布《家庭暴力、犯罪与被害人法案》,2006 年 4 月颁布《犯罪被害人操作法案》,确保被害人得到刑事司法制度内和司法制度外的双重保障。美国 2004 年通过的《刑事被害人权利法》,为被害人提供了安全保障权、获得通知权、参与程序权等八项重要的诉讼权利。法国于 2002 年 6 月,通过第 2000-516 号《关于加强保障无罪推定和被害人权利的法律》,对刑事诉讼法典作了全面修订。2004 年 6 月,德国通过了《被害人权利改革法》,为被害人民事上的损失提供更为充分的保护。日本从 2000 年开始相继制定和修改了一系列保护被害人权益的相关法律,2003 年通过了《刑事程序中保护被害人等附带措施的法律案》,2004 年 12 月通过了《犯罪被害人基本法》,2005 年根据该法制定《援助犯罪被害人基本纲要》。俄罗斯于 2004 年 7 月通过了《联邦关于被害人、证人及其他刑事诉讼程序参加人国家保护法》,为被害人提供更完善的安全措施和社会援助措施。

我国《刑事诉讼法》1996 年第一次修订时,从立法层面确立了被害人的当事人地位,之后,有关被害人权利的立法几乎没有任何实质性进展。相比之下,犯罪嫌疑人、被告人的权利却得到越来越多的关注和较大程度的改善。2012 年修订的《刑事诉讼法》,在人权保障的大旗下,犯罪嫌疑人和被告人的权利得到了较大幅度的提升,比如,与《律师法》衔接,完善了犯罪嫌疑人、被告人的辩护权,在强制措施制度、非法证据排除制度等方面都作了有利于被追诉人人权保障的修订。与犯罪嫌疑人和被告人相比,被害人则成为被刑事立法遗忘的人,有关被害人权利完善方面,2012年《刑事诉讼法》未作实质性的修订。2012年新修订的《刑事诉讼法》加剧了被害人与犯罪嫌疑人及被告人之间的不平衡。尽管在司法层面,司法机关从社会救助制度方面开展了一些探索,比如,从2009年开始,全国开展了被害人救助试点工作,但各地开展救助工作的力度、效果不一,总体看来,这对被害人权益保护只是杯水车薪。①"尽管建立刑事司法体系的初衷是为了保护被害人的利益,但是却常常让人感到刑事司法机构是为了保护犯罪人的利益和犯罪人的要求建立的,在整个刑事司法过程中都必须考虑到并满足被告人或罪犯的需要和权利,而不必注意被害人的权利。"②2018年《刑事诉讼法》修订,将认罪认罚从宽处理程序写入刑诉法典,被追诉人自己可以通过事后的行为得到量刑的优惠,某种程度上,被追诉人在追诉过程中成为自己掌握自己命运的人,而该程序中被害人处于何种地位享有何种权利,刑事诉讼法规定得并不明确。

综上,无论是横向比较我国被害人权利完善与世界范围内被害人权利完善的状态,还是纵向比较我国被害人权利发展的进程,或是斜向比较我国被害人权利与犯罪嫌疑人、被告人权利完善的幅度,我国被害人权利保护状态都处于相当不理想的境地,这种状态亟须加以矫正。

同时,要全面保护被害人,需要从诉讼制度和社会保障制度等多个方面进行体系性的建构。但我国社会保障体系本身较为落后,就目前而言,要构建完善的社会保障体系仍困难重重,在短期内无法实现,从社会保障体系出发,为被害人提供充分的保护和救济,有着不切实际的幻想,要取得预期效果,道路还很漫长。而从诉讼制度出发,在诉讼体系内为被害人提供更为充分、全面、有效的保护,相对是一种便捷、经济的选择。所以,本书选取从诉讼制度出发,确立被害人参与的诉讼模式,并搭建动态的"四方诉讼构造",

---

① 2009年3月,最高人民法院公布的《人民法院第三个五年改革纲要》明确提出要建立刑事被害人救助制度。随后,中央政法委、"两高"等8部门联合发布《关于开展刑事被害人救助工作的若干意见》,对救助资金、救助的申请和审批流程等作出规定。随后,各地展开了实践与探索。但国家提供的救助金对受到重创的被害人来说,仍是杯水车薪。比如,据2014年最高人民检察院提供的相关数据,2013年,全国检察机关仅对13681名被害人发放救助金8228万余元。

② 张颖:《被害人保护制度的冲突与平衡》,载《西南民族大学学报(人文社科版)》2009年第4期;郭建安主编:《犯罪被害人学》,北京大学出版社1997年版,第11页。

通过被害人在刑事诉讼环节无缝隙全方位覆盖式地参与，实现被害人权利的完善。

二、选题意义

被害人作为加害行为最直接的侵害对象，在犯罪行为中，所受到的伤害最为直接，感受最为真切，报复加害人和得到赔偿的愿望最为迫切。这些感受和愿望的存在有着深刻的心理学、哲学和社会学基础，比如，报复是人的一种本能。尽管国家取代被害人取得对大多数案件的追诉权力后，在大多数情况下，能代表被害人的利益，对加害人进行刑事追究，但在很多案件中，很多情形下，国家并不能完全、充分、正确地代表被害人利益。在国家不能完全、充分、正确地代表被害人利益时，该怎么办？被害人是该沉默还是选择说不？在国家本位主义下，犯罪被视为国家和被告人之间的一场战争，被害人只是旁观者，所以只能选择沉默。但沉默的背后，是被害人被加害人伤害后的第二次制度被害。在受到持续的伤害之后，被害人极易向加害人转化。"被害人与加害人的角色并非是固定的、既定的、静止的，而是动态的、可变的、可互换的。"①

这是本书写作的主要意义之一：尽可能地将被害人的报复愿望导入有序、可控的范围，减少和避免新的伤害行为的出现，推进人权保障事业的全面发展。

"帕克提出的'犯罪控制模式'和'正当程序模式'下，刑事诉讼被视为国家与被告人的战争，而原本距离被侵害的权利最近的被害人却被弃之一旁"②，被害人成为刑事司法制度和司法活动的被害者。传统刑事诉讼模式无法描述刑事诉讼主体之间复杂的动态关系，无法解释立法和司法实践中存在的被害人参与刑事诉讼的现象。通过对我国刑事诉讼模式和刑事诉讼构造的理论研究反思发现，我国过往的理论研究中，主流观点混淆了刑事诉讼模式与刑事诉讼构造两个概念的内涵，忽略二者的本质属性差异，导致传统的"三方诉讼构造"忽略了被害人的存在，传统的刑事诉讼模式也无法体

---

① 董士县：《论犯罪被害人的被害性》，载《北京人民警察学院学报》2005 年第 1 期；郭建安主编：《犯罪被害人学》，北京大学出版社 1997 年版，第 188～189 页。

② 胡莲芳、解源源：《论可转换的动态四方诉讼构造》，载《江西社会科学》2014 年第 4 期。

现被害人优先价值。这是我国被害人无法有效参与刑事诉讼的一个重要原因。

这是本书写作的主要意义之二：厘清刑事诉讼模式和刑事诉讼构造的内涵及二者的关系，并提出被害人参与模式，搭建动态的"四方刑事诉讼构造"，实现被害人在刑事诉讼的侦查、起诉、审判、执行各环节的充分参与，为被害人重返刑事诉讼中心现场找寻最便捷、最经济的路径。

三、研究方法

本书运用多种研究方法，对被害人有效参与刑事诉讼进行了研究。

（一）比较研究法

其对不同时期、不同国家和地区，被害人的诉讼地位和权利的历史流变进行考察和分析，并采用"米"字形的比较方法，对我国被害人刑事诉讼权利的发展和变化状态做了多视角的比较，并对不同刑事诉讼模式倡导的价值、功能进行了比较研究，对刑事诉讼模式和刑事诉讼构造等概念之间的差异进行了比较。

（二）文献研究法

其对我国过往的被害人研究文献进行了全面研读和分析，对国外特别是美国刑事诉讼模式的文献进行了研读，全面了解研究状况，并从以往的研究中分析我国被害人权利保护状况不甚理想的原因，找寻解决被害人权利保护不善的突破点。

（三）实证研究法

1. 个别访谈调查法——通过面对面及电话访问等方式与访谈对象进行交流、访谈，获得一手资料。

2. 问卷调查方法——通过对律师这一特殊群体的问卷调查，了解律师工作群体对被害人在现有刑事诉讼体系中生存状态的认识和评价。

3. 案例分析方法——通过对 6 年 240 件案件的追踪分析，了解我国现行法律制度对被害人报复和赔偿愿望的供给和保障情况。

四、相关研究综述

（一）国外研究综述

国外对被害人的研究起步较早。19 世纪初，德国刑法学家费尔巴哈编著了《著名犯罪记叙》，开始了对被害人问题的注意；瑞士的克莱历克于

1926 年发表的关于高明的诈骗者的论文,论及被害者的态度;H. 萨瑟兰于 1937 年发表了《职业盗窃》一书;雷斯纳于 1938 年发表了《谋杀者及其被害人》;门德尔松于 1940 年发表了题为《刑事学中的强奸与妇女司法官的重要性》的论文。① 1941 年,美籍德国犯罪学家汉斯·冯·亨梯发表了文章《论犯罪人与被害人的相互作用》(*Remarks on the Interaction of Perpetrator and Victim*),该文被认为是被害人学的奠基之作,文章指出:犯罪是个人和社会的一种病态现象,犯罪被害人在犯罪与预防犯罪的过程中,不再只是一个被动的客体,还是一个积极的主体。其不仅要强调和重视罪犯的人权,也要肯定和积极保护被害人的人权。② 1954 年,亨利·埃伦伯格公开发表了《犯罪人与被害人之间的心理关系》一文。以色列法学家、律师本杰明·门德尔松是最早提出"被害人学"这一术语的学者,他于 1956 年公开发表了《生物、心理和社会科学的新领域:被害人学》一文。19 世纪 50 年代,门德尔松又出版了《当代科学——被害人学》《被害人学》等著作,并被翻译成英文、法文、日文等。随后,比利时、意大利、荷兰、法国、阿根廷、日本、德国、以色列等国学者也对被害人学开始了研究。③ 1973 年,在以色列召开了首届国际被害人学研讨会,大会讨论了社会对犯罪被害人的态度问题。1975 年 7 月,在巴拉圭举办了"国际被害人学讲习班",讨论了被害人学的一些研究方法,另外探讨了被害人的处遇及在刑事司法制度中的地位等问题。1976 年在波士顿召开了第二届国际被害人学研讨会,讨论了被害人学的比较研究问题,另外就潜在的犯罪被害人是否应该被纳入犯罪预防和犯罪控制领域,以及犯罪被害人在刑事诉讼中应否承担积极的责任等问题进行了讨论。1979 年 9 月,第三届国际被害人学研讨会在明斯特举行,会上成立了国家被害人学协会(World Society of Victim logy),由国际被害人学协会组织,每隔三年定期召开一次被害人学国际学术会议,旨在促进被害人学的研究,交流各国学者的研究成果。20 世纪后,德国学者施奈德主编的《国际范围内的刑事被害人》一书中,介绍了国家被害人学的现状,被害人学的概念性

① 张智辉、徐名涓:《犯罪被害者学》,群众出版社 1989 年版,第 4～9 页。
② [德]汉斯·约阿希姆·施奈德主编:《国际范围内的被害人》,许章润译,中国人民公安大学出版社 1992 年版,第 2 页。
③ 郭建安主编:《犯罪被害人学》,北京大学出版社 1997 年版,第 19～22 页。

问题以及被害人在刑事司法制度中的作用等；①日本学者大谷实发表《犯罪被害人及其补偿》一文，论述了对被害人的补偿问题等；②英国学者迪南著有《解读被害人与恢复性司法》，倡导将被害人作为追诉的中心；③美国学者卡曼著有《犯罪被害人学导论》，对被害预防、被害人赔偿、被害人与犯罪的互动等问题进行了研究；④加拿大学者沃勒著有《被遗忘的犯罪被害人权利——回归公平与正义》，倡导被遗忘的犯罪被害人重获尊重和支持。⑤ 这些学术成果被翻译成中文，对我国的被害人研究产生了一定的影响。世界范围内犯罪被害人学研究的发展，引起全世界范围对被害人问题的重视，也影响和推动了多个国家和地区关于刑事被害人权利保护的立法以及系列国际司法准则的制定。

（二）国内公开出版著作的研究综述

早期阶段，国内出版的著作主要集中于对国外相关理论和制度的介绍。比如张智辉、徐名涓著的《犯罪被害者学》(1989 年)，赵可主编的《被害者学》(1989 年)，郭建安主编的《犯罪被害人学》(1997 年)，汤啸天等著的《犯罪被害人学》(1998 年)，这些著作介绍了国外被害人学的基本情况，搭建了我国犯罪被害人学研究的基本结构，为我国被害人学的研究奠定了基础。随后，多数学者围绕被害人权利救济问题展开了研究。例如杨正万著的《刑事被害人问题研究——从诉讼角度的观察》(2002 年)、许永强著的《刑事法治视野中的被害人》(2003 年)、莫洪宪主编的《刑事被害救济理论与实务》(2004 年)、麻国安著的《青少年被害人援助论》(2005 年)、房保国著的《被害人刑事程序保护》(2006 年)、张鸿巍著的《刑事被害人保护的理念、议题与趋势：以广西为实证分析》(2007 年)、田思源著的《犯罪被害人的权利与救济》(2008 年)、张剑秋著的《刑事被害人权利问题研究》(2009 年)、韩流著的《被害人当事人地位的根据与限度》(2010 年)、程滔著的《刑事被害人的权

---

① ［德］汉斯·约阿希姆·施奈德主编：《国际范围内的被害人》，许章润译，中国人民公安大学出版社 1992 年版。

② ［日］大谷实：《犯罪被害人及其补偿》，黎宏译，载《中国刑事法杂志》2000 年第 2 期。

③ ［英］迪南：《解读被害人与恢复性司法》，刘仁文、林俊辉等译，中国人民公安大学出版社 2009 年版。

④ ［美］安德鲁·卡曼：《犯罪被害人导论》，李伟等译，北京大学出版社 2010 年版。

⑤ ［加拿大］欧文·沃勒：《被遗忘的犯罪被害人权利：回归公平与正义》，曹菁译，群众出版社 2017 年版。

利及其救济》(2011)、吴四江著的《被害人保护法研究——以犯罪被害人权利为视角》(2011)、兰跃军著的《刑事被害人人权保障机制研究》(2013)、程滔等著的《刑事被害人诉权研究》(2015)、郑新瑞著的《刑事被害人之权利新论》(2017)、宣刚著的《刑事政策场域中的犯罪被害人研究》(2018)、任克勤著的《被害人学基本理论研究》(2018)等。这些著作从人权保障、刑事诉讼程序、刑事诉权、被害人的法律援助和物质损害救济、被害人学的基础理论、刑事政策场域中的犯罪被害人及其存在样态、行为、策略选择等角度对被害人诉讼地位和诉讼权利完善的问题进行了深入的研究。

(三)国内公开发布论文的研究综述

国内有关被害人的权利研究主要分为三个阶段,即 1980—1990 年、1991—2000 年、2001 年至今。我国被害人研究起步较晚,在新中国第一部《刑事诉讼法》颁布后才开始研究,[①]因而起步设为 1980 年,此后 10 年时间内,大多数研究集中于对《刑事诉讼法》的理解和运用。1996 年我国《刑事诉讼法》进行了第一次修订:修订前 5 年大多集中于对旧制度的质疑、新制度的探索;修订后 5 年大多集中于对新制度的配套运行进行研究。该 10 年也形成了一定的研究特色。进入 21 世纪,刑事诉讼法学界对刑事诉讼法学的再次修订展开了研究。

第一阶段,1980—1990 年。其主要从犯罪学角度对被害人的概念、分类进行研究,对被害人在刑事诉讼中的地位及权利、刑事被害人保护对策进行了比较研究,对英、美、法、联邦德国的相关制度进行了介绍。[②]

第二阶段,1991—2000 年。其主要从控、辩、审三方参与诉讼的主体的角度,对被害人的诉讼地位和诉讼权利,被害人的补偿问题,被害人的刑事

---

① 1979 年 7 月 1 日第五届全国人民代表大会第二次会议通过,1979 年 7 月 7 日全国人民代表大会常务委员会委员长令第六号公布,1980 年 1 月 1 日起施行。

② 王建民:《被害人概念及其分类》,载《政法论坛》1989 年第 1 期;许章润:《论犯罪被害人》,载《政法论坛》1990 年第 1 期;钱应学、侯方生:《关于公诉案件被害人诉讼地位的探讨》,载《青海社会科学》1984 年第 6 期;刘宁书:《对被害人的诉讼权利应作补充规定》,载《现代法学》1984 年第 1 期。

诉权,各国被害人制度比较进行了开拓性的研究。①

第三阶段,2001 年至今。该阶段形成了三个研究热点:一是刑事和解与恢复性司法;二是被害人的诉讼地位问题;三是被害人一系列的诉讼权利。② 相较前两个阶段的研究,在被害人诉讼权利的完善上,其取得了一些突破:一是对被害人在量刑阶段的建议权进行了研究,主张赋予被害人量刑建议权,提升被害人对量刑的影响力;③ 二是对强制起诉制度、被害人诉权等问题进行了研究;④ 三是对被害人上诉权的问题进行了进一步研究;⑤ 四是对被害人损害赔偿问题进行了研究,主张采用多元的救济模式,即通过犯罪人赔偿、国家补偿、社会保障等多种方式弥补被害人的物质损失。⑥ 同时,也有学者对加害人、被害人之间的关系及转化问题,⑦对认罪认罚从宽

① 宋英辉:《刑事程序中被害人权利保障问题研究》,载《政法论坛》1993 年第 5 期;高新华、徐新:《公诉案件中被害人地位评析》,载《南京师大学报(社会科学版)》1999 年第 1 期;吕敏、王宗光、章玮:《论公诉案件被害人的诉讼地位及权利保障》,载《中央政法管理干部学院学报》1999 年第 3 期;[日]大谷实:《犯罪被害人及其补偿》,黎实译,载《中国刑事法杂志》2000 年第 2 期;李玉华:《论刑事被害人国家补偿制度》,载《政法论坛》2000 年第 1 期;梁玉霞:《刑事被害补偿刍议》,载《法商研究》1998 年第 4 期;徐静村、谢佑平:《刑事诉讼中的诉权初探》,载《现代法学》1992 年第 1 期;王红岩、严建军:《广义诉权初探》,载《政法论坛》1994 年第 5 期;王若阳:《刑事被害人制度之比较》,载《外国法译评》1999 年第 2 期。

② 马静华:《刑事和解制度论纲》,载《政治与法律》2003 年第 4 期;陈光中、葛琳:《刑事和解初探》,载《中国法学》2006 年第 5 期;陈瑞华:《刑事诉讼的私力合作模式——刑事和解在中国的兴起》,载《中国法学》2006 年第 5 期;兰耀军:《论检察权与被害人人权保障》,载《国家检察官学院学报》2004 年第 2 期;龙宗智:《被害人作为公诉案件诉讼当事人制度评析》,载《法学》2001 年第 4 期。

③ 陈瑞华:《定罪与量刑的程序分离——中国刑事审判制度改革的另一种思路》,载《法学》2008 年第 6 期。

④ 兰跃军:《被害人视野中的刑事案件撤销制度》,载《西南大学学报(社会科学版)》2010 年第 5 期。

⑤ 杨正万:《被害人的上诉权再探》,载《贵州大学学报(社会科学版)》2002 年第 4 期。

⑥ 郭建安:《论刑事被害人国家补偿制度》,载《河南省政法管理干部学院学报》2007 年第 1 期。

⑦ 宋英辉、陈剑虹等:《特困刑事被害人救助实证研究》,载《现代法学》2011 年第 5 期;赵军:《刑事被害人的诉讼权利与犯罪观之关系研究——以经验性跨学科范式为中心》,载《法学评论》2010 年第 2 期。

处理程序中的被害人权利进行了研究。[①]

五、本书的创新及不足

（一）创新

1. 在对欧美及我国传统刑事诉讼模式全面梳理的基础上,提出了被害人参与模式这一理论分析工具,以弥补传统诉讼模式对刑事诉讼的分析障碍,并对被害人参与模式的要素、功能、图景等做了较为全面的分析。

2. 提出复合控诉主体概念,重新确立公诉机关和被害人的关系——伙伴关系(partnership),并在此基础上搭建全新的可转换的"动态的四方诉讼构造":公诉机关和被害人同时存在于控诉位置,有时公诉人显身,被害人隐身;有时被害人显身,公诉人隐身。

3. 从刑事诉讼模式到刑事诉讼构造再到各刑事诉讼环节,被害人被深深嵌入刑事诉讼全过程,无缝隙全覆盖,实现真正意义的被害人在场,特别是在畅通公诉与自诉程序之间的流转渠道上提出了新的解决思路,在被害人的物质损失弥补程序中,从案发到刑罚执行,实现被害人的全程参与。

（二）不足

本书的不足主要表现在以下三个方面:一是对国外最新的有关被害人的研究成果收集和运用不够,导致在比较研究时,文章显得有点底气不足;二是对被害人参与刑事诉讼的理论基础阐述得不够充分,在这些理论基础与被害人有效参与刑事诉讼的勾连上,显得较为僵硬;三是如何保障被害人参与刑事诉讼后产生预想的效果,思考还不甚成熟。

---

① 刘东红:《刑事诉讼中被害人权利保护研究——以认罪认罚从宽制度为视角》,载《中国人权评论》2018 年第 1 期;贾月皓、汪力:《认罪认罚从宽制度中被害人权利保护》,载《广西警察学院学报》2018 年第 4 期;孔令勇:《刑事速裁程序中的被害人参与模式:方式、问题与制度完善》,载《西部法学评论》2018 年第 2 期;钟琦:《认罪认罚从宽制度下被害人的权利保护问题》,载《法治论坛》2018 年第 1 期;胡铭:《审判中心与被害人权利保障中的利益衡量》,载《政法论坛》2018 年第 1 期;刘少军:《认罪认罚从宽制度中的被害人权利保护研究》,载《中国刑事法杂志》2017 年第 3 期。

第一章　被害人在刑事诉讼中的参与概述

第一节　被害人在刑事诉讼中的地位变迁

一、相关概念及其研究范围界定

（一）"被害人"

"被害人"（victim）来源于拉丁文 victima，原本有两重含义："一是宗教仪式上向神供奉的祭品；二是因他人行为而受伤害或受阻碍的个人、组织、道德或法律秩序。"①我国学者主要是从犯罪被害人学及刑事诉讼法学的角度对被害人的含义进行界定。比如，郭建安教授认为被害人是指"因他人的犯罪行为（一般也包括尚不构成犯罪的违反刑事法律的行为）而受到伤害、损失或困苦的个人和实体"②。徐章润教授认为，"被害人，亦称受害人，是指犯罪行为所造成的损失或损害即危害结果的担受者"③。其主要包含四层含义：第一，被害人是遭受了一定损失或损害的人；第二，被害人是危害结果的承受者；第三，被害人是犯罪行为侵害的具体对象；第四，从外延来看，"一切遭受犯罪侵害而承担危害结果的人，均属被害人。因此，被害人的外延应包括自然人、法人以及一定条件下的国家与社会整体本身、抽象的制度、信念，等等"④。但一般情况下，其主要是指自然人。刑事诉讼法学意义上的被害人，并没有任何法律文本对之进行界定，但理论界基本达成一致意见，虽具体表述稍有不同，但主流观点一致认为被害人一般是指"其人身、财

---

① 周国均、宗克华：《刑事诉讼中被害人法律地位之研讨》，载《河北法学》2003 年第 1 期。
② 郭建安主编：《犯罪被害人学》，北京大学出版社 1997 年版，第 5 页。
③ 许章润：《论犯罪被害人》，载《政法论坛》1990 年第 1 期。
④ 许章润：《论犯罪被害人》，载《政法论坛》1990 年第 1 期。

产或其他权益遭受犯罪行为侵害的人"。① 我国《刑事诉讼法》第108条第2款规定,被害人是刑事诉讼的当事人。对于刑事诉讼意义上的被害人,我们一般可以从以下几个方面进行理解:一是指"被害人作为遭受犯罪行为侵害的人,与案件结局有着直接的利害关系";二是"被害人基于实现使被告人受到合法的报应这一要求,具有积极主动地参与诉讼过程、影响裁判结局的影响";三是"被害人作为诉讼当事人,与被告人居于大致相同的诉讼地位,也拥有许多与被告人相对应的诉讼权利";四是"被害人尽管具有当事人的诉讼地位,但他一般也是了解案件事实的人,其陈述本身也是法定的证据来源之一"。②

联合国《为罪行和滥用权力行为受害者取得公理的基本原则宣言》对被害人的含义进行了界定,即被害人"系指个人或整体受到伤害包括身心损伤、感情痛苦、经济损失或基本权利的重大损害的人,这种伤害是由于触犯会员国现行刑事法律,包括那些禁止非法滥用权力的法律的行为或不行为所造成的"。③《俄罗斯联邦刑事诉讼法典》规定,被害人"是因犯罪行为而受到身体、财产、精神损害的自然人,以及因犯罪行为而在财产和商业信誉上受到损害的法人"。④《美国刑事被害人权利法》规定,犯罪被害人是指"以直接或者最接近的方式遭受犯罪侵害的人,且该项犯罪属于联邦犯罪或者触犯了哥伦比亚特区的刑法"。⑤

就外延而言,最广义的被害人包括本意上的一切被害人,比如国家、地方机关、自治组织(自治区域)、团体、企业、家族、个人、对外关系;狭义的被害人一般就是指刑事被害人。为保证研究指向明确和行文方便,本书所述"被害人"是指刑事被害人,除了在自诉程序、损害救济程序专节有有关内容外,其余均是指在刑事公诉案件中以个人身份参与诉讼并承担部分控诉职能的诉讼参与人。另外,在我国刑事诉讼中,有时被害人的权利由被害人的

---

① 陈光中主编:《刑事诉讼法学》,北京大学出版社、高等教育出版社2012年第4版,第74页。

② 陈光中主编:《刑事诉讼法学》,北京大学出版社、高等教育出版社2012年第4版,第74~75页。

③ 联合国:《为罪行和滥用权力行为受害者取得公理的基本原则宣言》第1条。

④ 《俄罗斯联邦刑事诉讼法典》第42条,黄道秀译,中国人民公安大学出版社2006年版。

⑤ 《美国刑事被害人权利法》第3771节第(e)。

法定代理人或近亲属代为行使,为行文方便或实现结构简化的目的,亦以"被害人"指称。

(二)"刑事诉讼"

有关刑事诉讼的界定,我国刑事诉讼法学理论界也有不同的认识和理解。狭义的刑事诉讼是指以审判活动为中心的起诉至审判期间的诉讼程序。广义的刑事诉讼包括起诉前的侦查程序和判决确定后的执行程序。我们对我国的刑事诉讼一般作广义的理解。[①] 刑事诉讼是指"国家专门机关在当事人及其他诉讼参与人的参加下,依照法律规定的程序,追诉犯罪,解决被追诉人刑事责任的活动"。[②] 刑事诉讼活动的主体主要包括国家公安机关、安全机关、人民检察院、人民法院、当事人和其他诉讼参与人,刑事诉讼的程序主要包括立案、侦查、起诉、审判、执行等诉讼程序。我国被害人在刑事诉讼中可能担当多种诉讼角色,比如,可以依据法律规定对某些案件提起自诉,具有自诉人的身份和地位,也可以因为被告人的犯罪行为遭受物质损失而提起附带民事诉讼,成为附带民事诉讼的原告人。同时,本书所说的"侦查机关"专指公安机关[③]。

(三)"参与"、"被害人参与"及"有效参与"

我国《现代汉语词典》将"参与"界定为:"参加(事务的计划、讨论、处理),参与其事。"[④]生活中的参与也多指此意。哲学意义上的"参与",是指"主体影响或控制客体的过程"。[⑤] 参与意味着个体或群体与生存的世界不再分离或存在隔膜,而是与世界融为一体,对世界做出积极的反应,但在融入过程中又不失却自己独立存在的价值。政治学领域常常使用"参与"一词,"政治参与"是现代民主政治的一个重要概念,是指"平民试图影响政府

[①] 陈光中主编:《中华法学大词典·诉讼法学卷》,中国检察出版社 1995 年版,第 633 页。

[②] 陈光中主编:《刑事诉讼法学》,北京大学出版社、高等教育出版社 2012 年第 4 版,第 1 页。

[③] 我国国家安全机关、检察机关可以对部分犯罪案件行使侦查权,但该类案件数量较少,不具普遍性。该类案件中的被害人问题也不突出,故本书仅就公安机关侦查的案件中的被害人问题进行研究。

[④] 吕叔湘、丁声树主编:《现代汉语词典》,商务印书馆 2005 年第 5 版,第 236 页。

[⑤] 钱宏、李志强:《参与——现代人的追求》,江苏人民出版社 1989 年版,第 9 页。

决策的活动".[①] 目前,我国法学理论界虽然对被害人参与刑事诉讼的一些程序及公民参与司法等问题进行了研究,但对"被害人参与"这个概念并未从理论上进行系统的阐释。

本书试图结合"参与"的内涵及特征,对本书所研究的刑事诉讼中"被害人参与"这一概念的含义进行界定,为本书的研究界定准确的方向、范围和路径。"被害人参与"是指被害人参加刑事诉讼并影响刑事诉讼结果的一系列活动。它主要包含以下几个要点:

1. 被害人参与特指被害人在刑事诉讼程序中的参与。被害人在刑事诉讼的侦查、起诉、审判、执行等程序中的参与是本书所述的被害人参与,附带民事诉讼作为一种特殊的诉讼形式,在我国《刑事诉讼法》中得以规制,所以我国被害人参与刑事附带民事诉讼程序也应被视为被害人参与。

2. 被害人基于其独立的主体地位参与刑事诉讼,并与所有其他参与刑事诉讼的主体和机关产生联系,被害人与刑事诉讼所有参与者之间既融为一体,又各自保持独立的主体地位。

3. 被害人的参与既指被害人参与刑事诉讼的具体行为,也包括被害人在刑事诉讼中参与的状态。这种状态是一种较具体行为更为抽象的存在形式,在刑事诉讼活动正常推进过程中,被害人可能会以一种不被人察觉的方式存在,即隐身状态。在特殊情形出现的情况下,被害人才从隐身状态转变为显身状态,并实施具体的诉讼行为。[②]

4. 被害人参与的目的是试图影响刑事诉讼的结果。被害人通过参与刑事诉讼程序,陈述自己的意见,影响刑事诉讼中各程序性事项的决定及实体裁判的结果。

5. 被害人参与影响的对象既包括参与司法活动的国家机关,也包括其他参与刑事诉讼的主体。比如通过被害人的参与,影响公安、司法机关在诉讼程序中作出的决定,或者影响被告人作出是否认罪、赔偿的决定等。

6. 被害人参与既包括主动参与,也包括被动参与。比如,被害人自愿积极参与刑事诉讼并提出独立的诉讼主张属于主动参与,另外在被害人没

---

① ［美］塞缪尔·P.亨廷顿、琼·纳尔逊:《难以抉择——发展中国家的政治参与》,吴志华等译,华夏出版社1985年版,第5页。

② 被害人的参与除了行为还包括状态,这一界定为下文所描述的被害人的隐身状态提供了合适的分析框架。

有参与的情况下,国家追诉机关为了惩处犯罪,需要被害人协助,提供线索或证据,在不影响被害人相关权利的情况下,被害人应提供协助,此时被害人的参与为被动参与。

7. 被害人参与的维度是多维的。被害人在刑事诉讼中的参与既体现在横向的维度上,也表现在纵向的维度上。被害人的横向参与主要是指被害人可能参与的范围,纵向参与主要指的是被害人参与带来的影响力大小及影响的持续性。

8. 被害人参与仅是指法律限度内的参与,并不包括所有影响刑事诉讼结果的参与。比如,被害人通过上访等异化行为影响诉讼结果的行为不是被害人参与这一概念涵涉的范围。

"有效参与"是指行为人不仅要有参与的行为和状态,更要保证行为人通过参与行为实现参与的目标。有效参与意味着:

1. 被害人参与诉讼的目标是希望自己能够影响并改变结果。被害人参与诉讼并不是盲目地参与,为了诉讼程序的完整或满足其他形式的要求,其参与行为有特定的目标,就是影响并改变诉讼结果。

2. 有效参与意味着有关机关有吸纳被害人参与的意识并愿意提供协作。被害人的参与分享了其他权力机关的权力,这一定程度上会给权力的行使带来些许不畅,但总体上有利于权力和权利总量的增加,有关机关对被害人的参与不应排斥。

3. 有效参与意味着被害人应尽可能早地知晓相关权利和事项,在适当的时间和节点参与诉讼,从参与的时机上保证参与产生效果。

4. 被害人的参与要对诉讼结局产生影响,意味着被害人应当拥有一定的知识或技能,在其不具备知识或技能的情况下,应该有得到辅佐的机会。

5. 被害人只需要克服较少的障碍,就可以实现参与。如果被害人参与刑事诉讼的障碍重重,则会打击参与的热情,影响参与的有效性,因而被害人参与刑事诉讼的程序应设计得有序、便捷。

6. 被害人在刑事诉讼中参与的广度、深度和效度是影响参与有效性的主要变量。有效参与意味着要为被害人提供各种制度或非制度的保障,提高参与的广度、深度和效度。

7. 被害人对是否参与具有选择权,且被害人的参与不能被其他行为或程序取代,如果被害人没有参与,诉讼结局将不会令人满意,诉讼的实体结果无法体现正义。

二、从历史维度看被害人地位变迁:从刑事诉讼的主导者到旁观者

被害人在刑事诉讼中的地位并不是唯一且固定的,"人类社会的原初状态下到当下,国家机器从无到有,国家对社会和个人的控制越来越强。刑事追诉权的主体也经历了从个人到国家的过程,被害人的地位逐渐从刑事追诉权的中心沦落为国家与被告人战争的旁观者"。①

(一)回到原初:作为惩(刑)罚执行者的被害人

该阶段为氏族社会到奴隶社会阶级和国家形成初期。人类的原初状态下,并无法律和国家机器存在。当个体受到他人严重侵害时,往往由个体或其氏族进行私力救济。"在大多数情况下,历来的习俗就把一切调整好了。一切争端和纠纷都由当事人的全体,即氏族或部落来解决,或者整个氏族相互解决。"②被害人的救济包括早期的决斗、血亲复仇、血族复仇、"以眼还眼,以牙还牙"等复仇方式,"在货币出现后,又出现了赎罪的方式。在原始社会所有解决争端的方式中,被害人一直处于追究和惩罚刑事犯罪的中心,是刑事诉讼的主导者,是惩罚的裁量者和执行者,拥有包括追究犯罪和惩罚犯罪等系列权利"。③ 随着生产力的不断发展,国家机器随之出现,社会关系不再以血缘为纽带,但由于国家司法体系尚不发达,被害人仍然是刑罚的裁量者和执行者。④ 比如,《汉谟拉比法典》规定,"法典允许在一定场合下,对所抓获的窃贼可以依法就地处罚,而不必通过法院处理"。⑤ 古罗马《十二铜表法》第八表规定,"故意伤人肢体而未与受害人达成赔偿和解者,加害人应受同态报复"。⑥ 在古巴比伦,对侵害生命和健康的行为都是由被害人或亲属自行惩处,应付的罚金数量也是由被害人决定的。⑦

---

① 胡莲芳、解源源:《论可转换的动态四方诉讼构造》,载《江西社会科学》2014 年第 4 期。

② 《马克思恩格斯全集》(第 1 卷),人民出版社 1956 年版,第 379 页。

③ 胡莲芳、解源源:《论可转换的动态四方诉讼构造》,载《江西社会科学》2014 年第 4 期。

④ 郭建安主编:《犯罪被害人学》,北京大学出版社 1997 年版,第 7 页。

⑤ 林榕年主编:《外国法律制度史》,中国人民公安大学出版社 1992 年版,第 21～31 页。

⑥ 林榕年主编:《外国法制史新编》,群众出版社 1994 年版,第 160 页。

⑦ 陈盛清主编:《外国法制史》,北京大学出版社 1987 年版,第 15 页。

（二）国家的初步介入：被害人从刑罚执行者退让成为犯罪起诉者

该阶段主要为奴隶社会后期。随着社会的发展和国家的出现，被害人逐渐丧失了刑罚执行者的主体地位，取而代之的是国家刑罚权，但犯罪的起诉者仍然是被害人。被害人处于诉讼原告人的地位，拥有广泛的诉讼权利，可进行大量的诉讼行为。比如，起诉决定权、强制被告人到庭的权利、刑事和解权、推动和终结诉讼的权利等。

1. 起诉决定权。"被害人或其代理人有权决定是否追究加害人的责任，可以自主决定是否将加害人送交国家机关接受审判，不受任何机关或其他个人的限制和影响，起诉权由被害人独占。"①被害人有权决定是否将加害人交给国家处理，在被害人没有就犯罪行为向审判机关提起控诉时，审判机关不能主动对犯罪进行审判。审判人员则处于消极的居中裁判者地位，不主动追究当事人的刑事责任，也不会出于任何目的收集证据、传唤证人等。

2. 强制被告人到庭的权利。审判过程中，被害人负责传唤被告人到庭，在被传唤人拒不到庭的情况下，被害人或其代理人有权采取强制方法使其到庭。例如，古罗马《十二铜表法》第一表第1条规定："若（有人）被传唤出庭受讯，（则被传人）必须到庭。若（被传人）不到，则（传讯人）可于证人在场时，证实（其传票），然后将他强制押送。"②第2条规定："若（被传人）托词拒（不到案）或企图回避，则（传讯人）得拘捕之。"③

3. 刑事和解权。在受到侵害后，被害人及其亲属可以同犯罪者订立赔偿协议，由犯罪者缴纳赎金后，双方自行和解。被害人也可以对加害人予以宽恕或赦免。其他机关和个人没有权利对双方的赔偿协议及被害人的宽恕决定进行干涉，也没有权利对加害人采取任何惩罚措施。侵害行为发生后，被害人和加害人都可以提出和解意愿。即使已进入审判程序，被害人仍可

---

① 周国均、宗克华：《刑事诉讼中被害人法律地位之研讨》，载《河北法学》2003 年第1 期。

② 周国均、宗克华：《刑事诉讼中被害人法律地位之研讨》，载《河北法学》2003 年第1 期；又见《十二铜表法》第一表第1 条，载江平主编，世界著名法典汉译丛书编委会编：《十二铜表法》，法律出版社 2000 年版，第 1 页。

③ 汪海燕：《刑事诉讼模式的演进》，中国政法大学 2003 年博士论文，第 15～16 页。又见《十二铜表法》第一表第2 条，载江平主编，世界著名法典汉译丛书编委会编：《十二铜表法》，法律出版社 2000 年版，第 1 页。

以请求和解。① 古罗马《十二铜表法》第一表第 6 条规定："谈判之事,则亦由(原告人)在(出庭受训时)提出请求。"第 7 条规定："若(当事人双方)不能和解,则(他们)应在午市前到市场或会议场进行诉讼。"②

4．推动、终结诉讼的权利。诉讼不但由被害人启动,而且在诉讼过程中,被害人负责推动诉讼的进行,甚至可以终结诉讼。诉讼中,被害人是原告人,加害人为被告人,二者均为诉讼当事人,原告人对所指控的犯罪事实收集证据,根据收集的证据对被告人进行指控,证明指控的犯罪事实,被告人可以进行反驳和辩解,法官负责居中裁判,不主动积极追究加害人的刑事责任,也不能自行收集证据,不能传唤证人等。同时,在诉讼进行过程中,被害人可以请求与加害人之间的和解,如果和解成功则可以终结诉讼。③ 同时,对于原告人控诉不实的,控告人要受到惩罚,防止诬告。"规定告人犯罪必须提供证据证明,如果控告不实,要惩罚原告。"④《汉谟拉比法典》第 3 条规定："自由民在诉讼案件中提出证据说人犯罪而词不能证时,倘案关生命问题,则应处死。"⑤

(三)国家独占起诉权:被害人成为刑事诉讼的旁观者

该阶段主要为进入封建社会后的时期。⑥ "统治阶级在加强中央集权制的同时,加强了对社会的司法控制,随着基督教救赎学说、启蒙时期的国家目的学说和边沁的功利主义理论的影响,统治阶级对犯罪的认识也发生了转变,犯罪不再被仅仅当作对被侵犯人的加害行为,而是被视为针对国家

---

① 汪海燕:《刑事诉讼模式的演进》,中国政法大学 2003 年博士论文,第 15～16 页。

② 汪海燕:《刑事诉讼模式的演进》,中国政法大学 2003 年博士论文,第 15～16 页。又见《十二铜表法》第一表第 6 条、第 7 条,载江平主编,世界著名法典汉译丛书编委会编:《十二铜表法》,法律出版社 2000 年版,第 4～5 页。

③ 汪海燕:《刑事诉讼模式的演进》,中国政法大学 2003 年博士论文,第 16～17 页。

④ 卞建林:《刑事起诉制度的理论与实践》,中国检察出版社 1993 年版,第 8 页。

⑤ 《汉谟拉比法典》第 3 条,载吴高军编:《世界古代史史料选》,哈尔滨师范大学科研处情报资料室 1984 年版,第 36 页。

⑥ 我国奴隶制社会及以前时期,关于追诉犯罪方面的习惯和法律制度,由于时代久远,史料匮乏,已不可详考。进入封建社会后,被害人在刑事诉讼中的地位较世界范围内其他国家的状况稍有不同,比如对于具体的追诉方式、对控告的要求等有自己的特征。具体可参见卞建林:《刑事起诉制度的理论与实践》,中国检察出版社 1993 年版,第 14～22 页。但总体趋势与世界范围内被害人与国家在追诉问题上的关系基本吻合,故不另叙。

的不法行为。"[①]只要执掌刑罚大权的官员发现有犯罪行为，即使没有被害人及其亲属的控告，国家"有权利及义务追诉犯罪……既不待私人之请求，亦不受私人之拘束"。[②]自此，国家追诉成为刑事诉讼的一项原则。国家专门机关负责对犯罪进行侦查，提起控诉并审判，被害人不能同加害人私下和解，甚至可能因此被追究责任。虽然在诉讼程序启动之初，被害人享有控诉权，但在诉讼程序启动之后，被害人在诉讼中的地位仅仅相当于证人，其在法庭上的陈述也只是被当作追究被告人犯罪的一种证据，被害人无法终结诉讼，其在法庭上的陈述也只是被当作追究被告人犯罪的一种证据，在执行过程中更没有任何权利。至此，在刑事追诉程序中，国家权力逐步取代被害人权利，被害人成为刑事诉讼的旁观者。这种取代是在多种因素的影响下，多种利益进行博弈的结果。

1. 统治阶级维护统治利益的需要。进入封建时代后，农民运动此起彼伏，严重威胁封建统治者的地位和利益，统治者不得不采取各种措施加强中央集权以维护其根本利益。其反映在法律制度层面，就是强化了国家对司法权的有力控制，在刑事诉讼中，极力削弱公民的个人权利，强化国家权力，最终由国家取代被害人，取得控制刑事诉讼的权力，并全程主导刑事诉讼。

2. 统治阶级对犯罪的本质及诉讼功能的认识发生了深刻变化。弹劾式诉讼模式下，犯罪仅仅被认为是私人之间的纠纷。但随着犯罪行为的日益多样和普遍，统治阶级对犯罪本质的认识也发生了深刻的变化，认为犯罪更主要的是侵害了国家的秩序和社会公共利益，而不再认为犯罪仅是对被害人个人的侵害，犯罪行为被认为是对既存秩序和统治权威、社会公共利益的破坏和蔑视。对犯罪行为的追究，不单单只是解决私人之间的纠纷，还可以通过刑事追诉实现国家的刑罚权，加强对民众的控制。因而，是否追究犯罪，如何处置加害人，就不再是被害人个人之间的私事，而是关乎着统治阶级能否有效地控制社会、维护统治阶级政权。在对犯罪本质和诉讼功能有了新的认识后，统治阶级选择了积极介入并主导刑事诉讼程序。"考此种变化之由来，盖由于当时维持平和之思想有所变更，一般以维持平和之目的，主在于维持君主之平和……影响所及，终于刑事诉讼程序及犯罪处罚上，亦

---

① 胡莲芳、解源源：《论可转换的动态四方诉讼构造》，载《江西社会科学》2014 年第 4 期。

② 林钰雄：《刑事诉讼法》（上册），中国人民大学出版社 2005 年版，第 59 页。

发生种种变更。"①

3. 社会生产力的发展为国家主动追诉犯罪提供了可能性。随着社会生产力的发展,人们对事物的认识有了更多的途径和更多的方式,因而对事实的认定可以不再仅仅依靠神灵决定。统治阶级在有了对刑事犯罪事实进行认定的能力后,就不愿再消极退让,让被害人和加害人自行处置。

4. 这一定程度上也有利于维护被害人的利益。在弹劾式诉讼模式下,被害人承担了控诉、推动、终结诉讼的职能,并且可能因为控诉不当承担刑事责任。被害人在诉讼过程中要承担很大的诉讼负担和诉讼风险。而且其追诉手段和追诉能力有限,往往不能有效追究犯罪,维护其权益。随着国家的介入和干预,更多的追诉手段和方法可能被运用,为有效追究犯罪提供了更多的保障,因而国家的积极介入,对满足被害人惩罚犯罪也有一定的积极作用。

"对被害人历史的了解,有助于我们充分理解现代普通法规则和刑事司法管理模式的形成。"②在人类的原初社会,遵循"以眼还眼,以牙还牙"的惩罚规则,被害人行使完整的刑罚执行权。随着国家的兴起和强大,国家对司法权的控制力越来越大,被害人将对犯罪行为的惩罚权让渡给国家,但仍享有一定的控诉权,处于犯罪的起诉者地位。随着国家的进一步强大,被害人逐渐成为犯罪的旁观者。③在美国,"刑事司法就是对罪犯的公正"(criminal justice is the justice for criminal)成为一句流传极广的谚语。20世纪四五十年代,理论界开始对被害人的相关问题进行研究,特别是二战后,600多万犹太人惨遭迫害,人们开始关注被害人的命运,特别是长期被忽略的被害人"二次被害"现象。同时,战后,许多国家的社会治安状况恶化,杀人、抢劫、伤害、爆炸等暴力犯罪急剧增多,民众的危机意识强烈,"大多数人对遭受犯罪侵

---

① [美]孟罗·斯密:《欧陆法律发达史》,姚梅镇译,中国政法大学出版社1999年版,第143页。

② Tyrone Kirchengast, *Palgrave Macmillan: The Victimin Criminal Law and Justice*, New York,2006,S.20.转引自申柳华:《被害人的谱系学研究——从被害人的历史地位变迁的角度》,载《刑事法评论》第30卷。

③ 此处犯罪一般是指重罪,通常情况下,被害人对轻罪仍享有控诉权,比如,很多国家都有自诉制度。

害的担心远远大于遭受不公正逮捕和监禁"。① 理论界开始反思被害人被遗忘的现象，并对被害人问题展开研究，随后诞生了被害人学，被害人的刑事司法保护成为重要研究课题。许多国家通过"重新发现犯罪被害人"（The Rediscovery of Crime Victims）运动引起社会对被害人的关注，并通过国家立法或国际文件赋予被害人广泛的诉讼权利。被害人的地位得到了一些改善，但依然没有改变被害人旁观者的地位。对刑事诉讼被害人地位变迁的历史考察，试图证明一个命题：从历史的角度分析刑事追诉权的主体并非自始天然由国家独占，被害人并非是天然的旁观者。此种局面的形成与维系有着深刻的历史、经济、政治根源。

第二节 现代各主要法治国家被害人在刑事诉讼中的地位概览

资产阶级革命胜利后，封建纠问式诉讼的专制、残忍和黑暗遭到了猛烈抨击，并逐步被体现和弘扬人权、自由、民主的现代刑事诉讼制度所取代。在对犯罪进行追诉的主体和方式上，现代各主要法治国家有两种模式：第一种模式是由国家独占，即所有犯罪案件都由专门的国家机构提起诉讼，如日本、美国等；第二种模式是国家与被害人分享追诉权，国家追诉与私人追诉相结合，两种方式并存，不同主体对不同案件提起诉讼，即公诉与自诉两种起诉方式并用，包括德国、英国、俄罗斯、挪威、瑞典、中国等在内的大多数国家采用这种方式。在检察机关代表国家提起公诉的案件中，不同国家的被害人又处于不同地位，对于被害人在公诉案件中的地位，主要有四种情形：一是被害人具有刑事当事人地位，如德国、俄罗斯；二是被害人具有民事当事人地位，如法国；三是被害人具有证人地位，如美国、日本、英国；四是被害人在刑事诉讼中无固定地位，典型代表是英国。

一、情形一：被害人作为刑事诉讼当事人

被害人在刑事公诉案件中具有刑事当事人地位，比较典型的代表是德国和俄罗斯。

---

① Andrew Kanmen, *Crimevictims：An Introduction to Victimology*，Brooks/Cole publishing Company，1989，p.4ff.

（一）德国

在德国，被害人作为附带诉讼原告人参加公诉案件。该程序被称为附带诉讼程序或者从属诉讼。目的在于对被害人进行补偿，对检察机关进行监视，维护其他权利所允许的诉讼参与权。[①]《德国刑事诉讼法典》中设专编"被害人参加程序"，对自诉、附带诉讼、对被害人补偿、被害人的其他权利等作出详尽规定。同时，在特定的案件中，被害人可以作为附带诉讼原告人参加提起的公诉。《德国刑事诉讼法典》第 395 条至第 406 条 h 对提起附带诉讼的范围、主体、阶段、方式、权利、诉讼费用、法律后果、救济程序、撤回等作出详尽规定，并对被害人补偿程序作了规定，被害人具有广泛的诉讼权利。

1. 确定了提起附带诉讼的范围和主体。《德国刑事诉讼法典》第 395 条规定，可以作为附带诉讼原告人参加提起公诉的人员为刑法典有关条款规定的受到伤害的人员，被违法行为杀害人的父母、子女、兄弟姊妹和配偶及依照其他法律规定受到伤害的相关人员。[②]

2. 确定了附带诉讼原告人参加刑事诉讼的程序。一是附带诉讼原告人在任何阶段均准许参加程序，甚至可以在作出判决后参加法律救济诉讼活动；二是以附带诉讼原告人身份参加程序时，应当递交书面的参加声明，参加声明因公诉的提起随之产生效力；三是法院裁定是否准许参加公诉之前，要听取检察院的意见，在特定情形下，法院作出裁定之前要听取被诉人的意见；四是法院依照有关法律规定停止程序的时候，要先对是否准许参加作出裁定；五是附带诉讼原告人参加公诉时，诉讼程序的进程不因此而停止。[③]

3. 规定了附带诉讼原告人的诉讼权利。被害人在参加公诉后，在充当证人需要接受询问时，在审判时也有权在场；在审判过程中，享有对审判长命令的申请查证权、抗议权、发问权以及答辩权等权利。对追诉范围作第 154 条 a 的限制时，作为附带诉讼原告人参加提起的公诉的权利并不由此受到影响。对需要聘请律师的，可以在声明参加公诉前就提出费用救济申请。[④]

---

① ［德］克劳思·罗科信：《刑事诉讼法》，吴丽琪译，法律出版社 2003 年版，第 584 页。

② 《德国刑事诉讼法典》第 395 条，李昌珂译，中国政法大学出版社 1998 年版。下同。

③ 《德国刑事诉讼法典》第 396 条、第 398 条。

④ 《德国刑事诉讼法典》第 397 条、第 397 条 a。

4. 规定了附带诉讼原告人的法律救济诉讼活动权。附带诉讼原告人"对判决要求撤销、变更的时候,不能要求判处其他的法律对行为的处分,也不能因为不准许纳入公诉的违法行为而要求对被告人进行有罪判决"。[①]对于第206条a、第206条b关于停止程序的裁定及拒绝开始审判程序的裁定,附带诉讼原告人有权对涉及准许参加公诉的行为的那部分不服而立即抗告。除此之外,附带诉讼原告人无权对停止程序的裁定声明不服。附带诉讼原告人可以对检察院独立提起法律救济诉讼活动。检察院在判决作出之后因为被害人提起法律救济诉讼活动而参加公诉的时候,要立即将原判决送达附带诉讼原告人。在仅由附带诉讼原告人提起的法律救济诉讼活动,原裁判被撤销的情形下,检察院重新负责诉讼。在附带诉讼原告人死亡或者撤回参加公诉声明时,参加声明失去效力。[②]

5. 对被害人作补偿程序作了详尽的规定。其对申请的提出,裁定的作出、法律救济和执行都作出规定,比如被害人提出请求时不受诉讼标的价值的限制。[③]

6. 对被害人的知情权作了规定。比如,检察院应告知被害人享有知情权、查阅案卷权、委托诉讼代理人或者辅助的权利,并将涉及被害人的法院程序终结情况通知被害人。[④]

7. 规定了被害人查阅案卷的权利。若能说明正当理由,律师可以代为被害人查阅送交法院的案卷,也可以察看官方保管的证据。但在与需要保护的被指控人、其他人员利益相抵触时,或者认为查阅会使调查目的受到影响,程序受到严重拖延时,法院可以拒绝对一些案件的查阅。[⑤]

8. 被害人有委托律师作为辅佐人或者代理人的权利。有权作为附带诉讼原告人参加公诉,即使未声明参加,也可在提起公诉前委托律师作为辅佐人或代理人,并可以依据《德国刑事诉讼法典》第397条申请诉讼费用救济。

(二)俄罗斯

在俄罗斯,被害人作为刑事诉讼的控方参加人之一参与刑事诉讼。"被

---

① 兰耀军:《德国的附带诉讼程序启示》,载《人民检察》2006年第5期。

② 《德国刑事诉讼法典》第400条、第401条、第402条。

③ 《德国刑事诉讼法典》第403条至第406条c。

④ 《德国刑事诉讼法典》第406条d、第406条h。

⑤ 《德国刑事诉讼法典》第406条e。

害人是因犯罪行为而受到身体、财产、精神损害的自然人,以及因犯罪行为而在财产和商业信誉上受到损害的法人。"①被害人需要经过相关人员作出决定。② 被害人在刑事诉讼过程中享有以下主要权利:了解对被告人提出的指控,拒绝作对自己、配偶和其他近亲属不利的证明,提交证据,申请回避,母语陈述,无偿得到翻译,聘请代理人,了解司法鉴定,在审前调查结束时了解刑事案件的全部材料,得到案件判决书和裁决书,出庭参加法庭审理,庭审时发表意见,申请采取安全措施,对法院的判决、裁定和裁决不服时,有提出上诉的权利等。③

同时,《俄罗斯联邦刑事诉讼法典》第 43 条和第 318 条规定,被害人有权提起自诉,在特定的情形下,被害人的法定代理人、近亲属或者检察长也可以代为提起。

二、情形二:被害人作为民事当事人

被害人在公诉案件中具有民事当事人的地位,比较典型的代表是法国。《法国刑事诉讼法典》第 1 条第 1 款规定:"为适用刑罚之公诉由司法官或法律授权公诉的官员发动与进行。"同时,在第 2 款也作出规定:"公诉亦可由受到损害的当事人依本法典规定条件发动之。"④即提起公诉的权力专属于检察机关,但被害人可以通过成为刑事诉讼中民事原告人来发动公诉。即使放弃民事诉讼,"不得停止,也不得中止公诉的进行"。⑤

在自己认为受到重罪或轻罪伤害的情形下,被害人就可以向有管辖权的预审法官提出告诉,并因此成为民事当事人。预审法官作出裁定书并告诉共和国检察官,以便该司法官提出其意见书。在预审过程中,被害人任何时候均可以成为民事当事人。⑥ 被害人成为民事当事人后,在诉讼中与被告人、检察官处于平等的法律地位,在诉讼中享有广泛的诉讼权利。比如享有通过审判人员向证人提问的权利、获得律师协助的权利、通过律师阅卷的权利、上诉权、提起附带民事诉讼的权利等一系列诉讼权利。在刑事诉讼

---

① 《俄罗斯联邦刑事诉讼法典》第 42 条。
② 比如,由调查人员、侦查员、检察长或法院作出决定。
③ 《俄罗斯联邦刑事诉讼法典》第 42 条。
④ 《法国刑事诉讼法典》第 1 条,罗结珍译,中国法制出版社 2006 年版。
⑤ 《法国刑事诉讼法典》第 2 条第 2 款。
⑥ 《法国刑事诉讼法典》第 85 条、条 86 条、第 87 条的规定。

中,检察官对被害人不能产生制约,即使被害人意见与检察官意见完全不一致,被害人也可以启动公诉。被害人在刑事诉讼中虽然不是刑事当事人,但是,在某些案件中,被害人的告诉对刑事案件的命运起着关键作用。比如,以被害人告诉为必要条件的刑事案件,被害人一旦撤回告诉,公诉则消灭。被害人有选任辩护人的权利,有独立的上诉权,参与庭审的权利。律师还可以阅卷了解案件信息。

三、情形三:被害人作为证人

被害人在公诉案件中不居于主体地位,仅仅是刑事诉讼中的证人,比如美国和日本。

(一)美国

在美国,起诉权由国家独占,被害人仅仅是刑事诉讼案件中的证人。但在 20 世纪 60 年代后,美国犯罪形势恶化,被害人数量激增,被害人的权利保障问题受到重视,并兴起了被害人权利保护运动,被害人权利保护理论取得了发展,在立法上,也通过了一系列有关被害人诉讼权利保障的规定。

1982 年美国制定了《被害人及证人保护法》(*Victim and Witness Protection Act*),该法对犯罪被害人的权利及其救济作出重要规定。比如,其确认了犯罪被害人一定程度的诉讼参与权以及对犯罪被害人实行国家补偿的相关制度。其规定,"检察官对联邦刑事案件的处理听取意见,应当与被害人及其家属协商,答辩交易中检察官的量刑报告,要征求被害人的意见,要告知被害人在量刑时有向法官陈述意见的机会"[①]。1997 年联邦议会通过了《被害人权利解释法》(*Victims' Rights Clarification Act*),明确了被害人参加刑事司法程序以及口头提出被害人影响陈述的权利。

2004 年联邦议会通过《刑事被害人权利法》(*Crime Victims' Rights Act of 2004*),进一步扩展了被害人权利保护的范围,特别是为被害人提供了八项重要的诉讼权利[②]。在刑事诉讼中,被害人以证人身份参与诉讼。诉讼中,被害人的诉讼权利得到加强。一些州还设立了行政专员制度及监

---

① 杨立新:《关于被害人上诉地位的比较研究》,载《上海市政法管理干部学院学报》2001 年第 2 期。

② 即安全保障权、获得通知权、参与程序权、听取意见权、与检察官进行协商的合理权利、获得完全和及时赔偿的权利、避免不合理程序延误的权利、受到公平对待的权利以及人格尊严和隐私受到尊重的权利。

察制度,每年执法机关需要司法长官提交关于被害人权利实现的努力状况的报告书。

总之,从 20 世纪 80 年代开始,美国各州在刑事司法中承认了犯罪被害人应得到公正的待遇,其尊严和隐私应受到尊重的权利、得到告知的权利、被害赔偿的权利等。

(二)日本

日本刑事诉讼中,被害人不是刑事诉讼当事人,基本上处于证人地位,享有的诉讼权利主要有:(1)附带审判请求权;(2)被害人享有告知和被害申报的权利;(3)避免第二次受害权;(4)获得损害补偿权;(5)优先旁听权;(6)被害人陈述权;(7)刑事诉讼中的民事和解权;(8)审判记录的阅览和复印权;(9)知悉权。

在刑事诉讼中,被害人以证人身份出庭作证的,如果被害人因为被告在场,无法自由陈述时,法官可以要求被告人退庭。被害人因出庭作证,导致身体或者生命受到伤害,国家应予以补偿。在刑事程序上,其通过告发、告诉、请求等制度,鼓励被害人追究犯罪人的责任。同时,日本还建立了检察审查会及附审判请求制度,对检察官的权力进行制约,使诉讼角色搭配更趋合理。[①] 被害人在法庭作证时法庭可以采取遮挡措施,如通过笔录电视方式询问;在案件审理中被害人及其亲属有权"陈述意见",法院应听取被害人及其亲属的"被害心情";对被害人与被告人之间的民事纠纷,公安司法机关应提供方便促成和解;向检察审查会提出将审查请求权人的范围扩大到被害人的配偶、直系亲属和兄弟姐妹。

日本《犯罪被害人保护法》规定,被害人与被告人,可以就案件处理达成协议,并记载于公审笔录中。在一定条件下,被害人可以阅览、抄录和复印案卷,和解协议记载在庭审卷宗中即具有民事执行的效力。《日本刑事诉讼法典》第 89 条第 1 款第 5 项规定,在对被告人作出保释决定时,应考虑被害人的安全。[②]

---

① 吴四江:《被害人保护法研究——以犯罪被害人权利为视角》,中国检察出版社 2011 年版,第 31 页。

② 《日本刑事诉讼法典》第 89 条第 1 款第 5 项规定,"有相当理由认为被告人对被害人或其亲属的身体或财产有危害或产生畏惧时,可以驳回其保释申请以保护被害人的安全,对于保释的撤销,保证金的没收,也有相同的保护规定"。《日本刑事诉讼法典》,宋英辉译,中国政法大学出版社 2000 年版。

四、情形四：被害人无固定地位

在英国刑事诉讼中，被害人没有特别固定的地位。轻微刑事案件中，经被害人同意，法院可以对犯罪人发出赔偿令；若被害人不同意，被害人则以民事当事人的身份参加诉讼程序。公诉案件的被害人一般是以证人的身份参加诉讼，但是在检察官决定是否提起公诉时，要充分考虑被害人的利益。这在被害人与公共利益的关系中得以体现，"皇家检察院依照公共利益办事，而不是依照个人的利益办事。但皇家检察官始终要非常细心地考虑被害人的利益，在决定公共利益之所在时，这是一个重要因素"。[①] 在英国，被害人在刑事诉讼中的法律地位并不高。首先，被害人陈述的提供主要是通过警察实现，不能直接向法庭提供，这在一定程度上影响了被害人陈述的作用；其次，法官只注重被害人本人的意见，而不重视被害人家人的意见，特别是在被害人已经死亡的情况下，法官完全不重视犯罪对被害人家人造成的影响；最后，注重国家权力对被害人上诉权利的制约，防止被告人的权利受到侵犯。[②]

进入 21 世纪，英国推行司法改革，目的是充分保障被害人的需求和权利，确保刑事司法制度以被害人为中心，突出被害人在刑事诉讼中广泛的参与。2002 年 7 月，英国政府颁布的《所有人的正义——英国司法改革报告》载："本国的人民希望有一个有利于实现公正的刑事司法制度。他们认为犯罪的被害人应当成为这一制度的核心。本白皮书意在重新调整刑事司法制度，使其有利于被害人、证人和社会公众，以树立起更大的信任度和可信性，使所有的人都能享有公正。"[③] 2003 年 12 月，英国公布《家庭暴力、犯罪与被害人法案》，确保被害人在刑事司法制度内外的利益，提出了服务被害人的具体措施。

2006 年 4 月，英国颁布《犯罪被害人操作法案》，它确保了被害人能及时了解犯罪嫌疑犯被逮捕、指控、保释以及被判刑的全过程，同时，为受到威胁和处于危险状态的被害人提供了一些更加细致明确的援助。英国公众传

---

① 1994 年《英国皇家检察官准则》第 6.7 项。

② 杨正万：《英国刑诉中被害人的权利》，载《山西高等学校社会科学学报》2001 年第 11 期。

③ 最高人民检察院法律政策研究室编译：《所有人的正义——英国司法改革报告》，中国检察出版社 2003 年版，前言部分。

统刑事司法观念即"宣告十个有罪的人无罪胜过让一个无罪的人被执行刑罚",为弥补刑事司法的缺陷,积极探索刑事和解制度,适用范围由最初的青少年犯罪及轻微犯罪扩大到成年人犯罪的严重犯罪案件。

第三节　我国被害人在刑事诉讼中的地位透视

一、我国被害人在刑事诉讼中的生存图景观察:以 240 例真实案件为观察分析样本

（一）样本的选取

为了解被害人的真实样态,笔者对 G 省 F 市 S 区检察院办理的 240 件案件进行了追踪观察。[①]

1. 案件数量确定。选取作为分析样本的案件时,笔者设置了两个限制条件:年限和罪名。案件的选取分布在一定的年限内,且罪名有一定的限制。在确定的年限内,笔者随机选取符合罪名限制的案件。本书选取的案件共 240 件。该数量不大,便于实证统计和分析,也不算太少,具有一定的代表性。

2. 案件分布年限。为能客观、全面观察被害人在司法实践中的生存样态,选取的案件为《刑事诉讼法》前两次大修前后的年份,第一次刑事诉讼法修订为 1996 年,第二次刑事诉讼法修订为 2012 年,第三次刑事诉讼法修订为 2018 年,因为修正案刚实施,观察样本不丰富,故案件选取的年份为前两次修订前后,具体为 1995 年、1996 年、1997 年、2011 年、2012 年、2013 年,每年选取 40 件,共 240 件。做出这种选择的原因主要是基于以下考虑:一是可以观察到每次刑诉法修订后司法实践的反映,比如司法实践的反映是否与立法初衷一致,修订前后是否有变化;二是以刑诉法修订年限为基点,产生两个大的时间段[②],即 1996 年前后 3 年,2012 年前后 3 年,便于观察在某一个时间段内被害人的诉讼权利状况。

---

① 为便于统计,对于多人作案的案件仅统计该案件中其中一名被告人和被害人的情况,故案件数和人数相同,为表述方便,该节文中及表格中涉及诉讼事项的均使用人数,且统计的情况均限于审查起诉阶段。

② 该节文章所述第一个时间段是指 1995—1997 年;第二个时间段是指 2011—2013 年。

3. 案件类型分布。选取的 240 件案件中共有 6 类,其中盗窃、抢劫、强奸、故意杀人案件每类 30 件,故意伤害、交通肇事每类 60 件,合计 240 件。这 6 类案件为盗窃、抢劫、故意伤害、强奸、交通肇事、故意杀人。选取这 6 类案件主要基于以下考虑:一是盗窃、抢劫案件是司法实践中最易发多发的侵犯财产类案件,每个普通人都可能在这两类案件中成为被害人;二是故意伤害案件是司法实践中最常见的侵犯人身权利的案件;三是强奸案件是女性被害人最易遭到侵犯的案件;四是交通肇事案件是司法实践中最易发生的过失类犯罪案件;五是故意杀人案件是司法实践中被害人受到损害最大的案件。选择这 6 类案件具有较强的代表性,样本具有可参考性。

(二)观察分析结果

1. 被害人报复愿望难以实现:被告人量刑轻缓化趋势明显

笔者通过对上述 240 件案件的观察,对被告人量刑情况进行了统计,详见表 1-1。

表 1-1　被告人量刑统计表(按年份)

年份	人数	量刑						
		缓刑	6个月以下(含管制、拘役、免处)	6个月至1年(含1年)	1～3年(含3年)	3～7年(含7年)	7～20年	无期、死刑(含死缓)
1995	40	6	1	1	12	10	6	4
1996	40	5	0	5	13	13	0	4
1997	40	6	2	3	8	8	5	8
小计	120	17	3	9	33	31	11	16
2011	40	8	1	12	6	8	2	3
2012	40	9	2	8	10	8	1	2
2013	40	13	2	8	8	6	0	3
小计	120	30	5	28	24	22	3	8
合计	240	47	8	37	57	53	14	24

从表 1-1 的数据看,两个时间段的量刑发生了较大的变化,总体上看,量刑较轻的人数呈上升趋势,量刑较重的人数呈下降趋势,量刑趋向轻缓化。比如缓刑,第一时间段为 17 人,第二时间段为 30 人,上升比例为 70%;

1 年以下有期徒刑（包括管制、拘役和免处刑罚），第一时间段为 12 人，第二时间段为 33 人，上升比例为 170%；而一年以上有期徒刑的人数则呈下降趋势，第一时间段为 75 人，第二时间段为 49 人，下降比例为 30%；死缓及无期徒刑，第一时间段为 16 人，第二时间段为 8 人，下降比例为 50%。尽管量刑发生变化的原因有很多，比如个案存在差异，每个案件的犯罪情节、被告人认罪态度、是否为累犯等相关因素均影响量刑，或者既往的判例不具法定指导性，加之法官的个人认识，也存在同案不同判的情况，该情况在司法实践中也较为常见。但表 1-1 统计的案例并未局限于某一年某一类案件，而是在三年之内对 120 件不同类别的案件进行整体考查，上述因素的存在对趋势的变化影响不大，因而从表 1-1 中得出刑罚轻缓化的趋势符合实际情况。

2. 被害人赔（补）偿愿望的落空：被害人的财物损失难以恢复

笔者通过对上述 240 件案件的观察，对财物损失救济情况等进行了统计，详见表 1-2。

表 1-2 被害人财物损失救济情况统计表

年份	件数	返还赃物		赔偿		附带民事诉讼	
		人数	比例（%）	人数	比例（%）	人数	比例（%）
1995	40	5	12.5	12	30	0	0
1996	40	6	15	9	22.5	2	5
1997	40	3	7.5	12	30	3	7.5
小计	120	14	11.7	33	27.5	5	4.2
2011	40	4	10	14	35	2	5
2012	40	5	12.5	13	32.5	3	7.5
2013	40	4	10	13	32.5	3	7.5
小计	120	13	10.8	40	33.3	8	6.7
合计	240	27	11.3	73	30.4	13	5.4

通过对表 1-2 中统计的数据进行观察分析，我们可以得出以下结论：被害人财物受损后极难得到恢复。案发后，行为人返还赃物的比例、自行赔偿的比例以及被害人提起附带民事诉讼并得到法院支持的比例较低，且刑诉

法第 2 次修订后这些状况未得到改善。从表 1-2 可以看出,第一时间段行为人返还赃物的比例为 11.7%,第二时间段该比例为 10.8%,略有下降;第一时间段加害人与被害人自行赔偿的比例为 27.5%,第二时间段该比例为 33.3%,略有上升;第一时间段被害人提起附带民事诉讼并得到法院判决支持的比例为 4.2%,第二时间段该比例为 6.7%,略有上升。

我国目前尚未建构国家补偿制度,如果不能通过表 1-2 中的三种途径获得赔偿,被害人因为犯罪受到的财产损失将没有其他有效的救济途径。①

3.被害人代理情况未得到改善:被害人与被告人得到律师帮助悬殊

关于被害人与被追诉人在刑事诉讼中得到律师帮助的情况详见表 1-3。

表 1-3　当事人得到法律帮助的统计表

年份	件数	辩护		代理人	
		人数	比例(%)	人数	比例(%)
1995	40	11	27.5	0	0
1996	40	5	12.5	2	5
1997	40	12	30	1	2.5
小计	120	28	23.3	3	2.5
2011	40	15	37.5	0	0
2012	40	16	40	0	0
2013	40	11	27.5	0	0
小计	120	42	35	0	0
合计	240	70	29.2	3	1.3

我们通过表 1-3 可以得出以下结论:

(1)犯罪嫌疑人辩护率远远高于被害人代理率

在 1995—1997 年、2011—2013 年共 6 年时间内,审查起诉阶段犯罪嫌疑人辩护率为 12.5%～37.5%,平均辩护率为 29.2%。同样的时间段内,审查起诉阶段被害人被代理的情形却非常少见,代理率为 0～5%,平均代理

---

① 虽然被害人可以在刑事诉讼程序结束后单独提起民事诉讼,但在司法实践中该案件的比例不大,且难以执行,对弥补被害人物质损害意义不大。

率为 1.25％。犯罪嫌疑人辩护率是被害人代理率的 23.4 倍。

(2)刑诉法修订后犯罪嫌疑人辩护率有所改善,被害人代理情况更加恶化

第一时间段,犯罪嫌疑人辩护率为 23.3％;第二时间段,犯罪嫌疑人辩护率为 35％,辩护率在一定程度上有所改善,但被害人代理的比例并未保持与之同步,相反,其状况更加恶化。比如,第一时间段被害人代理率为 2.5％,而第二时间段内,120 件案件没有一件案件的被害人得到代理,即代理率为 0。

当然,由于公诉案件中检察机关代表国家提起公诉,已给被害人提供了极大的法律帮助,但该情形仅适合国家利益与被害人利益完全一致的情况,在二者不完全一致的情况下,被害人也需要法律帮助。犯罪嫌疑人辩护率是被害人代理率的 23.4 倍,已缺失基本的平衡。

同时,通过问卷调查和走访部分律师,了解到的情况也与表 1-3 反映的情况一致。律师每年在刑事诉讼中担任辩护人和担任被害人诉讼代理人的比例约为 20∶1。

同时,我们在调查中了解到律师对当事人的地位非常同情,认为现行立法规定不完善,律师介入刑事诉讼的时间太晚,不能给被害人提供有效的帮助,并认为,被害人和代理人参与诉讼最大的障碍来自法院,比如法院不让受害人参与庭审和刑事指控,不将开庭日期告知被害人家属及代理人,被害人家属及代理人不能及时收到刑事判决书(2012 年刑事诉讼法修订后情况稍有好转,代理人一般能及时收到判决书),并建议赋予被害人量刑建议权、上诉权、刑罚执行异议权、获得国家补偿、法律援助、获得心理辅导、救助等系列权利和保障。

二、被害人和被追诉人诉讼地位和诉讼权利已失去平衡

我国《刑事诉讼法》在 1996 年第一次修订时,将被害人的地位确定为当事人,在这之后,有关被害人诉讼地位和权利完善的立法和司法制度均无实质性的进展。尽管在 2012 年《刑事诉讼法》修订中,被害人权利得到了进一步完善,但相比被追诉人权利保障的变化幅度,仍显得极为不足。2018 年《刑事诉讼法》修订,将认罪认罚从宽制度写入刑事诉讼法典,某种程度上被追诉人可以掌握自己的命运,通过自己的认罪认罚获得司法机关的量刑优惠,而《刑事诉讼法》并未明确规定被害人在认罪认罚从宽程序中的地位和

作用。在刑事诉讼立法和司法中,被追诉人的权利要优于被害人,被害人与被追诉人在刑事诉讼中的权利没有保持平衡,主要表现在以下几个方面:

(一)被害人与被追诉人权利数量上的差异

刑事诉讼中,被追诉人的诉讼权利数量要大于被害人,有些被追诉人享有的权利并不当然对等给予被害人。比如,在侦查阶段,犯罪嫌疑人有委托辩护人的权利,而被害人并无委托诉讼代理人的权利;犯罪嫌疑人可以申请变更强制措施,但并没有赋予被害人对强制措施的异议权;人民法院在开庭前 10 日应将起诉书副本送达被告人,但法院一般情况下只在被害人提起附带民事诉讼的情况下才将起诉书送达被害人,所以大多没有提起附带民事诉讼的在实践中也不享有参与庭审的权利,法律规定的被害人在庭审过程中享有的申请回避权,对被告人、证人的发问权、质证权、法庭辩论权;被告人有最后陈述的权利,而被害人无相关权利;被告人有上诉的权利,而被害人并无上诉权,仅有申请检察院抗诉的权利;在执行阶段,罪犯可以申请并参与减刑、假释、监外执行,而被害人无权参与刑罚执行程序。

2018 年《刑事诉讼法》规定了认罪认罚从宽程序,被追诉人在该程序中通过放弃部分程序性权利,从而获得实体上的量刑优惠,而在该程序中,除了要求司法机关听取被害人及其法定代理人、诉讼代理人的意见外,并没有规定被害人的任何其他权利。

(二)被害人与被追诉人在申请法律援助上的失衡

2012 年修订的《刑事诉讼法》,没有对被害人的法律援助作出任何规定,《法律援助条例》中规定的被害人法律援助权利并没有在《刑事诉讼法》中得到肯定,但被追诉人的法律援助得到了进一步保障:(1)扩大了法律援助的适用对象。修订前被追诉人的法律援助范围是盲、聋、哑、未成年人和可能被判处死刑而没有委托辩护人的被告人。修订后,其将国家主动提供辩护或帮助的适用对象扩大为三类,均指向被追诉人:一是盲、聋、哑人,或者是尚未完全丧失辨认或者控制自己行为能力的精神病人没有委托辩护人的犯罪嫌疑人或被告人;二是可能被判处无期徒刑、死刑没有委托辩护人的犯罪嫌疑人或被告人;三是强制医疗程序中的精神病人。(2)指定辩护的适用阶段提前了。2012 年《刑事诉讼法》修订前,其仅在审判阶段提供指定辩护法律援助,对象仅限被告人,2012 年《刑事诉讼法》修改后,指定辩护的时间提前至侦查阶段,对象为犯罪嫌疑人和被告人。公安、检察院和法院在相应的诉讼阶段均有通知法律援助机构指派律师为法律援助对象提供辩护的职责。(3)首次在《刑事诉讼法》中规定了犯罪嫌疑人和被告人申请法律援助的情形。2012年《刑事诉讼法》修订前,有关人员申请法律援助的规定主要见于2003年9月国务院颁布的《法律援助条例》和2005年9月28日最高人民法院、最高人民检察院、公安部、司法部联合发布的《关于刑事诉讼法律援助工作的规定》,2012年修订的《刑事诉讼法》,仅吸纳了有关犯罪嫌疑人因经济困难申请法律援助的规定,对被害人申请法院援助的权利没有在《刑事诉讼法》中作出任何规定。

(三)被害人诉讼代理人与犯罪嫌疑人、被告人、辩护人权利的差异

2012年《刑事诉讼法》在被害人委托的诉讼代理人和被追诉人委托的辩护人的权利上作出不同的规定:一是介入刑事诉讼的时间不一致。2012年《刑事诉讼法》修订将犯罪嫌疑人委托辩护人权利的时间提前至"犯罪嫌疑人自被侦查机关第一次讯问或者采取强制措施之日起"。但公诉案件的被害人,仍然是"自案件移送审查起诉之日起"才有权委托诉讼代理人。结合司法实践中的办案流程,同一案件的辩护人要比诉讼代理人介入案件的时间早出3个月左右。[①] 二是在刑事诉讼中阅卷的程序不一样。在阅卷时,辩护律师可以凭三证自案件审查起诉之日起,查阅、摘抄、复制案卷材料。[②] 但被害人的诉讼代理人在审查起诉阶段查阅、摘抄、复制案卷材料的,却需要得到检察机关的许可。[③] 同样都是阅卷,立法对被害人的诉讼代理人设置了更为烦琐的程序。

(四)系列制度规则在重视被追诉人的人权时忽略了对被害人的关照

2012年《刑事诉讼法》确立了非法证据排除、不得强迫被追诉人自证其罪等制度,在对被追诉人的审讯、羁押、辩护等方面都给予极大程度的完善。这些规定有利于保障被追诉人的人权,但其同时也是一把双刃剑,若仅基于保护被追诉人而忽略其他需要考虑的因素,这些新规则可能会成为伤害被害人权利的利器。比如,基于保障犯罪嫌疑人和被告人人权,因为侦查机关违法取证导致证据被排除,无法追究被告人刑事责任。此时,国家仅仅是失

---

① 司法实践中,大多案件都是公安机关在30日的刑事拘留期限届满才会移送审查批捕,批捕后一般会用尽2个月的侦查羁押期限才移送检察机关审查起诉。

② 《中华人民共和国刑事诉讼法》第40条。

③ 《人民检察院刑事诉讼规则(试行)》第56条。

去了顺利追诉的机会,被追诉人成为程序性制裁的受益者,而被害人却成为刑事诉讼最大的失败者。比如在念斌投毒案中,因为侦查人员在侦查过程中的程序违法,导致念斌被无罪释放,在释放之后,念斌尚能领取到国家赔偿金,[①]而本案的被害人家庭,失去了两个孩子,经历了长达几年的漫长诉讼,结果却是被告人无罪,至今,被害人受到的物质和精神上的损失都无法得到弥补。在追诉程序中,过错是国家追诉机关造成的,而接受否定性后果的却是与过错无关的被害人。诚然,非法证据排除规则、不得强迫自证其罪规则有利于保护被追诉人的利益,但在进行制度设计时,让无过错的主体承担过错责任,有违基本的归责原则。

综上,我们可以得出以下结论并引发思考:在保障人权的大旗下,我国被害人人权保障与被告人人权保障拉下大段距离,失却了基本的平衡,被害人最原始的报复愿望和赔偿愿望无法满足。

三、被害人参与异化:庭审之外的角力

司法实践中,被害人在其利益受到损害后,无法或者难以通过法律途径获取理想的效果,很多被害人便在法律之外寻求解决问题的路径,通过媒体和社会的关注、炒作等方式,达到影响实体裁判的目的。这一司法乱象一方面反映了媒体和司法之间理不清的关系,另一方面也揭示了被害人在法律内寻求保护困难重重。这种被害人参与异化现象在司法实践中已屡见不鲜,其出现存在多方面的原因,但最根本的原因在于法律体制内没有被害人感到足够安全的空间,被害人无法信任现存的司法体制能为其提供庇护,长此以往,法律将被害人挤出正常的法律程序,逼迫被害人在法律之外寻求解决问题的方法。

(一)被害人参与异化现象的主要表现形式

被害人参与异化描述的是被害人放弃选择法律路径而选择在法律之外寻求救济,对刑事诉讼活动施加影响的一种现象,被害人参与刑事诉讼的方式与法律预期设计的目的和方式不一致,是一种非正常也不应被正常化的现象,称之为被害人参与异化。被害人参与异化在司法实践中主要有以下几种表象:

---

① 王辉:《念斌国家赔偿决定今16时送达 此前索赔1500万》,http://news.sina.com.cn/c/2015-02-16/104231527046.shtml,最后浏览时间:2014年2月16日。

1. 通过媒体炒作引起社会关注,进而影响刑事诉讼活动

随着国际互联网的高速发展,世界正变得越来越小,一条线几乎连起了全世界。据中国互联网络信息中心公布的数据,截至 2018 年 6 月,中国网民规模达 8.02 亿,互联网普及率达到 57.7％。① 网络的发展及普及,为公民提供了便捷的信息公布和思想交流传播的平台,很多案件中的被害人在正常的法律渠道内无法发声或者其声音不够大不至于被听到,往往转而在网络平台公开发表意见,在媒体的炒作下,意见不断发酵,放大,最后形成强大的舆论漩涡,将司法机关卷进漩涡而无法脱身。

案例一:"李昌奎杀人案"

2010 年 7 月 15 日,云南省昭通市中级人民法院以强奸罪、杀人罪判决李昌奎死刑立即执行,并赔偿王家经济损失 3 万元。2011 年 3 月 4 日,云南省高级人民法院以强奸罪、故意杀人罪,数罪并罚判处李昌奎死刑,缓期两年执行。随后引起轩然大波,受害人家属向媒体披露了相关情况,各大媒体对该案件进行了大量的报道,甚至因为不同媒体对案件的走向做出不同的预测而引发了矛盾。云南省高院在收到被害人家属的申诉后,迅速启动审判监督程序,并于 2011 年 8 月 22 日晚上当庭宣判,改判被告人死刑,剥夺政治权利终身,并依法报请最高院核准。最高人民法院终审判决死刑。该案的处理过程中,媒体发挥的作用毁誉参半,有观点认为这是舆论监督的大胜,也有法律界人士提出舆论绑架了司法的担忧。

本案中的被害人通过与媒体的沟通,实现了最初的愿望。从该案的处理程序看,如果没有媒体的介入,一般情况下,案件不可能在 5 个月就完成所有的审理程序,作出终审判决。对该案中的被害人而言,这似乎顺利实现了其愿望。但从整个案件的处理程序看,真正发挥作用的并不是法律判断,而是网络民意。这种非正常的参与并不是被害人的胜利,而是被害人在法律制度挤压之下的无奈之举。比如,为什么一个案件通过正常的申诉流程,一拖好几年都没有结果,一旦借助媒体,短短几个月就可以启动并结束流程?

案例二:"药家鑫案"

2010 年 10 月,西安音乐学院学生药家鑫将张妙撞倒并连刺数刀致受

---

① http://finance.ifeng.com/a/20180820/16461122_0.shtml,最后浏览时间:2019 年 1 月 13 日。

害人死亡,案发后,药家鑫到公安机关投案。随后,该案被害人代理人发布大量有关药家背景的言论,引发网络及社会热议。2011 年 4 月,西安市中级人民法院以故意杀人罪判处药家鑫死刑,剥夺政治权利终身,并赔偿被害人家人经济损失费。药家鑫上诉后,二审判决宣布维持原判,药家鑫被依法执行注射死刑。2012 年 2 月,受害人家属起诉药家,要求兑现微博上所说的 20 万元捐赠。整个事件中,张家和药家都成为受害者。两个家庭都失去了孩子,被害人家属也未能获得赔偿,而且案发后,双方都被置于舆论的风口浪尖,两家人被频繁地曝光、评论,影响至今未消退。

两个案件都以被害人借助媒体表达愿望开始,以被告人被执行死刑告终。但媒体和司法机关甚少关注过被害人真正需要的是什么?媒体的关注方式和程度是否如他们所愿?最后的裁判是否是他们希望看到的结果?比如,药家鑫案中,被害人家属在宣判后又向被告人家属索要赔偿费,这是否可以推断他们之前不接受赔偿是另有隐情?合议庭是否关注到?被害人看似在刑事诉讼程序中取得了胜利,实则是媒体和司法机关在案件的处理中进行了一次博弈,被害人再次成为舆论和司法的受害者。

2. 通过信访对司法机关施压

法院受理的涉法涉诉案件中,被害人上访与申诉的案件占了相当大的比例。"自 2001 年以来,我国每年刑事犯罪立案均在 400 万起以上,破案率均为 40%～50%。那么,即使不算已经破案的,我国每年有大约 200 万的被害人无法从罪犯那里获得赔偿。以 2004 年为例,全国进入诉讼的刑事死亡案是 2.4 万余件,刑事伤害案是 14.8 万余件。前后相加,除了那些经济条件相对较好的受害人外,每年可能至少有上百万被害人因为得不到加害人的赔偿而身陷绝境。"[①]这些无法通过法律程序得到救济的被害人很多无奈地走上了信访之道。比如,江西省上饶县的付某因为其女在深圳打工时被害,深圳中院一审判处被告人死刑,广东省高院二审时改判死缓,付某对此不服,先后赴京上访 13 次。

3.通过其他方式对刑事诉讼活动施压

有些案件的被害人希望自己的意见受到重视,利益得到保护,在案件审理过程中采用找熟人、托关系等方式,希望得到司法机关的关照。有的甚至在处理案件的司法机关通过拉横幅、静坐、围攻等方式对司法机关施压,实

---

① 　傅剑锋:《最高检力推被害人补偿立法》,载《南方周末》2007 年 1 月 19 日。

现其诉讼目的。

上述被害人通过非正常途径介入刑事诉讼,将目光投向法庭之外,对刑事诉讼产生影响,是被害人在刑事诉讼中参与异化的主要表现,动机都是要通过异化的参与方式引起司法机关的重视,进而对裁判结果的产生形成实质的影响,实现其在报复和赔偿等方面的诉求。

(二)被害人参与异化的危害

被害人参与异化,无论是对被害人群体利益,还是对我国法治建设,都造成了多维度的冲击。被害人在通过非正常途径寻求诉讼利益时,还容易被媒体或者他人利用,引发公众热议,将个案参与转向公共化,将法律问题政治化。

1. 干扰司法独立造成个案不公。被害人通过媒体或者信访等非正常途径引起舆论和上级机关的关注,进而给司法机关带来舆论压力和行政干扰,影响司法判断。在法官作出理性中立判断之前,媒体往往已开始了舆论审判。在没有任何阻隔信息进入法庭的机制保障的前提下,很难想象法官裁判不受舆论影响。在被害人采取拉横幅、静坐等方式对司法机关办案施加压力的情况下,办案人员在各种考核的压力下,极易受到法律以外因素的影响。

2. 被害人参与异化破坏司法和法律的权威性。被害人绕过法律最初的设计和法律制度的规制,在法律之外施加压力影响司法活动的进程和结果,一旦一个案件通过非正常途径获得了额外的诉讼利益,证明异化参与比正常的法律程序更为有效,更能满足其诉讼需求,该种异化参与则极有可能发挥示范效应,越来越多的人通过非正常的途径实现诉求,影响了现行法律制度和司法活动的权威性。

3. 影响被害人群体利益。虽然部分被害人通过异化参与的方式对诉讼活动施加影响并成为赢家,满足了其需求。但我们并不能当然地认为所有被害人将从中获利,相反,从长远及其被害人群体利益来看,这极有可能成为参与异化的牺牲品。在有被害人缠访、闹访的情形下,办案人员害怕出问题,因此格外小心,但在被害人没有做出特别的举动时,办案人员极有可能对被害人的利益不够关注甚至忽略,导致更多的被害人利益受损。

被害人参与异化存在多方面的原因,比如司法权威不足、社会文化因素的影响等,但最根本的原因还是受被害人的法律参与机制阻碍。传统刑事司法理念仍把寻求事实真相视为诉讼活动的终极目标,被害人的主体性地位和参与价值未受到足够的重视,被害人参与刑事诉讼的渠道少且不畅通,参与的程序和事项极其有限,参与的有效性不足,被害人的救济制度极其薄弱等将被害人挤出法律参与的渠道。

第二章　被害人参与刑事 诉讼的理论基础

第一节　报复正义理论

报复是行为人为了弥补自己所受的伤害对他人采取的一种积极的伤害行为。报复是一种普遍的人类特质，无法人为或者通过立法屏蔽个体的报复心理。国家的刑罚权正是来源于被害人对加害人报复权利的让渡。国家刑罚权是调整个体报复情感的阀门，国家刑罚权和个体的报复都需要在正义的范畴内存在。报复正义是社会正义的一种形式，是诉诸刑法的正义，与犯罪和处罚有关，目的是矫正人际互动关系间所产生的不平。[①]

一、无法屏蔽的报复：报复是一种普遍的人类特质

"进化研究指出，报复经过世代的自然选择已成为一种普遍的人类特质。"[②]初民（网上用的"原始"或"氏族"）社会的血亲复仇即报复的一种方式，报复的产生基于一定的人性基础和社会根源，无法屏蔽，不能也不必扼杀。美国的历史家亚迪牙斯说："亚美利加印度人，若是对于他们的血仇尚未报复时，他们的心中，便无昼夜地感觉像热烈燃烧似的。"[③]在一个人的绝对义务中，最首要的是不侵犯他人，将所有的人当人来对待，同时，也期望不要受到他人的侵犯。"我无法和伤害我的人和平共处。因为人天生就具有对自己和自己所有物极度敏感的爱，所以他无法忍受并会用一切方法除掉

---

① ［英］戈登·葛拉姆：《当代社会哲学》，黄藿译，桂冠图书股份有限公司1995年版，第59页。

② McCullough, M. E.. *Beyond revenge*：*The Evolution of the Forgiveness Instinct*. San Francisco, 2008, US:Jossey-Bass.转引自李恩洁、凤四海：《报复的理论模型及相关因素》，载《心理科学进展》2010年第10期。

③ ［法］拉法格：《宗教及正义·善的观念之起源》，熊得山、张定夫译，昆仑书店1930年版，第96页。

伤害他的人。"①据心理学家考察,报复一般具有三方面的功能:一是恢复心理的平衡,通过报复,获得平等,实现公正;二是对冒犯者进行教育,从而实现正义;三是实现心理上的自我保护,通过报复弥补因侵害行为而丧失的尊严与自信。也有学者从社会功能和个人功能角度描述其主要功能:报复的社会功能主要体现在使双方力量平等化,制止冒犯行为;其个人功能表现在对恶意行为的警示,同时也给报复者带来成就感,减轻受害人的痛苦和消极情绪。被害人通过报复对加害者进行惩罚,疏导被害人不平衡的内心,恢复自信,可以实现正义。②

报复是在被害人受到侵害后的一种正常回应,"大部分对报复的理论模型的研究表明,报复行为主要是受害者基于所受伤害,认为自己受到不公正待遇,由此产生了一系列的认知和情绪反应,为了恢复心理平衡而对冒犯者进行报复"。③ "'报复心理'可能会产生严重的后果,但新近的研究不但找到了报复心理的生理基础,还发现了报复心理如果能得到正确的运用,也有了很多积极作用。"④研究发现,表达愤怒可能获得一种快感。"威斯康星大学的神经学家发现,当人们受到羞辱时,左前额叶大脑皮层的脑电活动明显增强,而当人们在饥饿时,面对食物,大脑这个部位的活动也会增强。"⑤比如,"通过对冒犯者的还击,让受害者体验到了积极的情绪,至少减轻了冒犯所带来的消极情绪。当个人感到耻辱诸如自尊和社会地位受到严重损坏,报复被认为是一种恢复尊严和再次掌控局势的方式"⑥。在特定情形下,报复体现和遵循了正义精神,承载了正义观念,报复正义(retributive justice)

---

① [德]塞缪尔·普芬道夫:《人和公民的自然法义务》,鞠成伟译,商务印书馆 2010 年版,第 105～106 页。

② 李恩洁、凤四海:《报复的理论模型及相关因素》,载《心理科学进展》2010 年第 10 期。

③ 李恩洁、凤四海:《报复的理论模型及相关因素》,载《心理科学进展》2010 年第 10 期。

④ 樊小军:《正确运用报复心理有积极作用》,载《北方科技报》2004 年 8 月 18 日第 B11 版。

⑤ 樊小军:《正确运用报复心理有积极作用》,载《北方科技报》2004 年 8 月 18 日第 B11 版。

⑥ 李恩洁、凤四海:《报复的理论模型及相关因素》,载《心理科学进展》2010 年第 10 期。

具有理论上的正当性。有学者称之为报应观念，[1]也有学称之为报应正义。[2]

二、报复是国家刑罚权的逻辑起点

对于国家刑罚权的来源，贝卡利亚从社会契约论的政治权利架构的角度，探寻国家刑罚权的起源，"离群索居的人们被连续的战争状态弄得筋疲力尽，也无力享受那种由于朝不保夕而变得空有其名的自由，法律就是把这些人联合成社会的条件。人们牺牲一部分自由是为了平安无忧地享受剩下的那份自由"。[3] 这一份份自由的组合，就形成了国家的权力，国家负责对这一份份自由进行保存和管理。但是，仅仅实行保管还不够，"还必须保卫它不受每个私人的侵犯，这些个人不但试图从中夺回自己的那份自由，还极力想霸占别人的那份自由。这就需要有些易感触的力量来阻止个人专横的心灵把社会的法律重新沦入古时的混乱之中。这种易感触的力量就是对触犯法律所规定的刑罚"[4]。"由于人类受到其动物本性的限制，暴力、自动作用和暗示对于支持和维护人类意识，从某些方面来说是有必要的。众所周知，这些确是人类意识发展的条件。因此，要创立最美好的生活，掌握绝对权力的社会即国家就必须使用这些手段。"[5]因而，从国家刑罚权存在的逻辑起点看，其来源于每个个体让渡的那部分自由。个体让渡的那部分自由即对加害人实行报复或惩罚的自由，所以，国家刑罚权承载的是每个个体的报复或惩罚，国家刑罚权作为调整个人报复情感的阀门存在，既帮助个体实现报复愿望，又防止个体报复的泛滥。"任何一般性的法律理论，如果没有注意到复仇，就是不完整的。"[6]比如，刑罚、惩罚性赔偿、违约责任等都具备报复正义的元素。复仇与报应刑具有相当大的逻辑联系。报应刑吸纳了被

① 杨正万：《论被害人诉讼地位的理论基础》，载《中国法学》2002年第4期。
② 徐昕：《通过私力救济实现正义——兼论报应正义》，载《法学评论》2003年第5期（总第121期）。
③ ［意］切萨雷·贝卡里亚：《论犯罪与刑罚》，黄风译，中国大百科全书出版社1993年版，第8页。
④ ［意］切萨雷·贝卡里亚：《论犯罪与刑罚》，黄风译，中国大百科全书出版社1993年版，第9页。
⑤ ［英］鲍桑葵：《关于国家的哲学理论》，汪淑钧译，商务印书馆1995年版，第189页。
⑥ ［美］理查德·A.波斯纳：《法律与文学》，李国庆译，中国政法大学出版社2002年版，第63页。

害人的复仇情绪,"即使是今天,司法制度的基础动力就是人们的复仇本能:如果受害人或者亲人没有复仇意识,司法审判就很难启动,整个司法程序——即使由于国家干预而启动——也完全不同"。① 马克思说:"死刑是往古的以血还血、同态复仇习惯的表现。"②

在个体将个人的自由交出时,"没有一个人为了公共利益将自己的那份自由毫无代价地捐赠出来,这只是浪漫的空想。只要可能,我们当中的每一个人都希望约束别人的公约,不要约束我们自己,都希望成为世界上一切组合的中心"。③ 所以,每个人都希望自己留存更多的自由,将尽可能少的自由交给国家保存,"只要足以让别人保护自己就行了。这一份份最少量的自由的结晶形成了惩罚权。一切额外的东西都是擅权"。④ "国家的行动体现在一种权利制度中,而其组成因素则无不取决于与公共利益的关系。"⑤从国家刑罚权的来源看,其与个人报复的性质无本质差异。国家的目的就是社会的目的和个人的目的——由意志的基本逻辑所决定的最美好的生活。

三、对报复的制度性干预:刑事诉讼的规制

诚然,在特定的时空条件下,报复具有正当性,有利于恢复和实现正义。但也有学者认为,报复只会让报复者在短期内愉悦,无法真正解脱痛苦,并可能形成恶性循环。⑥ 因此,对原始的报复心理进行制度性干预是文明社会的当然选择。如何尊重并容忍被害人对冒犯者的报复且又不让报复越界、失控,是刑事司法制度是否具备正义元素的一项重要参考指标。遗忘或者人为地屏蔽客观存在的报复,会让被害人受到二次伤害,失却刑事司法制度应有的基本公平正义,过度的纵容被害人的报复,又可能导致恶性循环。对刑事诉讼制度进行规制以引导报复向良性发展,需要面对以下几个主要

---

① 苏力:《法律与文学——以中国传统戏剧为材料》,生活、读书、新知三联书店 2006 年版,第 44 页。

② 《马克思恩格斯全集》(第八卷),人民出版社 1995 年版,第 358 页。

③ [意]切萨雷·贝卡里亚:《论犯罪与刑罚》,黄风译,中国大百科全书出版社 1993 年版,第 8 页。

④ [意]切萨雷·贝卡里亚:《论犯罪与刑罚》,黄风译,中国大百科全书出版社 1993 年版,第 9 页。

⑤ [英]鲍桑葵:《关于国家的哲学理论》,汪淑钧译,商务印书馆 1995 年版,第 228 页。

⑥ 李恩洁、凤四海:《报复的理论模型及相关因素》,载《心理科学进展》2010 年第 10 期。

问题：

1. 报复主体：国家还是个人

在刑事诉讼发展过程中，被害人经历了从刑事诉讼中心地位到边缘甚至被遗忘的过程，国家取代被害人成为犯罪的追诉者。这一取代，在特定的历史情境中具有特定的历史功能，比如，国家比个人具有更强大的追诉能力，能更迅速地做出反应打击犯罪；又如，能让追诉活动更加规范自律，不陷入报复行为的恶性循环中，但这种替代是否具有天然的正当性？在这种替代完成之后如何满足被害人的报复愿望？这都需要理论及实践的验证，但理论界和立法界往往将其当成无须证成的事实，这极有可能导致被害人立法和司法的偏差。

刑事犯罪中，加害人的侵害行为既侵害了被害人的权利，也对国家管理秩序造成了侵犯，被害人在侵害行为中受到了直接的伤害，其侵害的最直接的对象是个人利益，随后才蔓延到抽象的国家利益。如果以侵害的权利原点，对各侵害对象与侵害的权利之间的距离进行测量，个人与被侵犯的权利距离最近。因而，在刑事犯罪发生后，被害人具有最强烈的报复动机，如果不能证明报复是不正当的，那么，报复的主体无疑是被害人。被害人报复主体地位的确定，来源于其与被侵害权利的关系和距离，不受其他因素的影响。在任何情形下，忽略其报复主体地位也是不正当的。即使在国家追诉的情境下，被害人仍然是报复的主体，国家只是基于被害人的委托，代替被害人实施了一些报复行为。基于检察官的客观义务，检察官不仅要从被害人的立场考虑被害人利益，还要基于被告人、国家与社会的立场综合考虑被告人、国家与社会的利益。因此，在追诉活动过程中，检察机关并不必然与被害人利益一致。在国家未能有效维护被害人的利益满足被害人的报复愿望时，被害人有权基于委托人的身份对某些国家行为提出异议。

2. 报复时间的限制

基于报复正义的理论，报复也应予以节制，尽可能宽容。因而，在报复的时间上应该有限制。结合现代刑事诉讼制度维护社会秩序和容忍报复的多种制度功能，报复的时间可以从刑事诉讼启动开始到刑事诉讼活动结束止。确定该时间段主要是基于以下两个方面因素的考虑：一方面，为了维护正常的社会管理秩序，报复不能是即刻的。若允许报复是即刻的，冤冤相报何时了。当事人相互之间的报复将形成恶性循环，造成更多的伤害，危害正常的社会管理秩序。同时，若允许即刻的报复，现代刑事诉讼制度的很多基础将被破坏,比如,刑事公诉制度存在的基础将受到这种即刻的私力救济的冲击,所以,被害人的报复不能是即刻的。另一方面,为了保证报复能发挥其功能,帮助被害人缓解怨恨情绪,报复又不能过于滞后。过于滞后的报复将影响报复情绪的平复,影响被害人的身心和财产的恢复,无法发挥报复的正常功能。基于前述两个理由,报复的时间不宜过早,也不宜过晚,原则是限定在可控的范围内,因而宜从刑事诉讼启动开始到刑事诉讼活动结束止。在该范围内,被害人的报复情绪和报复活动一直跟随刑事诉讼活动的进行而进行,这一方面保证了被害人的报复情绪得到容忍并在刑事诉讼活动中舒展,另一方面又不至于逾越刑事诉讼活动的边界造成秩序混乱。

3. 报复愿望的满足路径分析:以影响报复的主要因素为起点

有学者通过对被害人及报复行为有关的变量进行研究发现,影响报复的主要有冒犯者的动机、冒犯者的道歉、赔偿、公正的程序、个体特征等因素。[1] 研究表明,有预谋的有目的的侵害会比没有目的的侵害造成的伤害更大,因为有目的的冒犯不仅损害他们的身体,还影响到尊严和威望,被害人情感上受到了误解和中伤。因而,被害人认为冒犯者出于恶意或私心进行攻击时,报复的动机会更强,也不会因为报复行为而愧疚。在对与报复行为有关的变量和预测指标进行了研究后证实,在冒犯者对自己的侵害行为进行解释说明、进行物质赔偿并予以道歉的情况下,被害者的心理会更易实现平衡,其报复动机会减弱。在对决策结果做出反应时,人们会依据产生决策结果的程序予以判断;在无法直接评价和操控某项决策时,公正的程序则成为一种控制和评价工具。在有公正的程序做保障时,人们会觉得其利益受到了保护,对决策结果能更加欣然接收。[2] 基于这些影响报复的因素,在刑事诉讼程序的规制中,我们也应该注意从以下几个方面给予制度回应:

(1)加害人能提供的:解释、认错、赔偿

根据上文影响报复的因素分析,加害人的动机和目的直接影响被害人的报复心理,在不明白加害人的加害动机和目的的情况下,加害人通过自己的猜测,有可能将无端的侵害视为蓄谋已久的侵害,并产生懊恼或者担忧的

---

① 李恩洁、凤四海:《报复的理论模型及相关因素》,载《心理科学进展》2010 年第 10 期。

② 李恩洁、凤四海:《报复的理论模型及相关因素》,载《心理科学进展》2010 年第 10 期。

情绪,懊恼之前的并无不妥的言行,担心下一次的侵害等。为了减轻和避免被害人的这种无端猜测,法院应该让加害人坦诚叙说他犯罪的动机和目的,并为之道歉,消除被害人懊恼和担忧的消极情绪,帮助被害人恢复信心。在刑事诉讼过程中,应由一定的机构提供一定的环境,让加害人与被害人见面,加害人陈述自己在实施加害行为时的动机和心理,选择被害人作为加害对象的原因,实施加害行为后的心理负疚等,让被害人知晓犯罪的过程、行为人的加害动机,等等,消除期间可能产生的臆想,将负面情绪导向积极的正面情绪。

在给被害人造成身体伤害和物质损害的情况下,应保证被害人在第一时间得到救助,让加害人在最短的时间内弥补已经和可能造成的损失。在造成身体损害的情况下,及时送往医院救治,在造成物质损失的情况下,及时给予经济赔偿,弥补给被害人造成的损失。加害人的这种积极赔偿弥补损失的行为对被害人而言,无疑具有很大的心理安慰,继而打消或者减弱其报复欲望。功利主义大师边沁认为:“补偿包括两个方面或两个部分,即过去的补偿和将来的补偿。前者称作损害赔偿;后者则在于抑制罪恶。如果补偿的机制发挥了实际功效,罪恶得以抑制,法官在这方面就没有过多的工作。”①

（2）国家和社会能提供的:鼓励被害人参与的程序

在无法分析和评价实体结果是否公正时,程序的公正可以满足被害人对公平正义的需求。国家在设计司法制度时,应对程序给予更多的关照,比如让被害人在刑事诉讼中有更多的参与权、知悉权、异议权等,让被害人感受到其在程序中的存在。为了让加害人和被害人之间能有更好的沟通和交流,应由一定的机构专门负责联络并提供双方沟通的平台。比如,美国为了促进被害人与加害人的和解,提供了一些组织形式,如设立了“囚犯与社区联合会”以及纠纷和解中心等调停机构,为促进加害人与被害人矛盾的化解提供了重要的契机与平台。我国《刑事诉讼法》虽然规定了和解程序,但是未确立调停机构,和解的程序规定极为简陋,和解的范围极其小,不能从根本上满足加害人和被害人和解的需求,需要在这方面作出极大的改善。

（3）特殊个体的引导

---

① ［英］吉米·边沁:《立法理论——刑法典原理》,中国人民公安大学出版社 1993 年版,第 34 页。

不同的被害人对侵害行为有不同的反应,在加害行为产生后,应该对不同被害人的心理给予更多的关注,比如,对未成年被害人、女性被害人、老年被害人等给予更多的关注,对报复愿望强烈的予以及时的疏导,让报复在边界内进行。

第二节　主体性原则理论

一、主体性原则理论的缘起及内涵

主体性原则是一个哲学概念。笛卡儿提出"我思故我在"奠定了近现代主体性哲学的基础,他认为主体需要并且能够运用理性去认识和感知客体。康德确立了人在认识论体系中的主体地位,认为在认识论体系中,人是主动的,对象是被动的,是对象符合知识而不是知识被动地符合对象,从而确立了认识论中的主体性原则。[①] 黑格尔将主体性提升为一种能够自我认识并能统摄一切的能动的"活的实体",从而将主体性哲学推至顶峰。[②] 在辩证唯物主义和历史唯物主义的基础上,马克思主义主体性原则强调人作为主体,必须面向客体。

作为一个哲学概念,主体性原则具有相对较为确定的内涵,马克思主义认为,人的主体性"是人作为活动主体的质的规定性,是在与客体相互作用中得到发展的人的自觉、自主、能动和创造的特性"。[③] 其内涵主要是通过主体性原则这一概念涵摄的主要内容或要求获得确定性:

(一)个体主义(individualism)

在现代社会,"个人"是社会的中心,每个个体都以其自身独特的个性和特征存在于社会。作为社会伦理价值的载体,个体成为现代社会中一切事物的出发点与归宿。但个体主义作为一种独立的意识形态也经历了漫长的发展过程。文艺复兴时期,出现了"人文主义""人道主义"理论,17、18 世纪,社会契约论这一社会和政治理论的出现进一步强化了社会中个体的独

---

① ［德］康德:《任何一种能够作为科学出现的未来形而上学导论》,庞景仁译,商务印书馆 1978 年版,第 93～94 页。

② ［德］黑格尔:《逻辑学》(上卷),杨一之译,商务印书馆 1966 年版,第 10～11 页。

③ 郭湛:《人的存在及其意义》,云南人民出版社 2002 年版,第 31 页。

立色彩。英国哲学家霍布斯从哲学上论证了个体主义的重要性，认为一个人基于保护身体的需要，运用一切手段和必要措施，都是正当和合理的，人生来就有权利享有一切事物。洛克以社会契约论这一分析工具来证成公民权利的神圣性以及公民和国家的关系。洛克认为，人的权利来自于自然法，但是"在自然状态中，缺少一种确定的、规定了的、众所周知的法律，为共同的同意接受和承认为是非的标准和裁判他们之间一切纠纷的共同尺度"。① 人们出于更好地保护自己、他人的自由和财产的动机，将自然状态下的这些权利交给国家和社会，通过自己委派的官吏来执行那些法律，但在人们发现委托的目的被忽略，则可以取消委托，重新授权。"因为任何人或人们的社会并无权力把对自己的保护或与此相应的保护手段交给另一个人，听凭他的绝对一致和专断统辖权的支配。"②

随着康德哲学的流行，个体的独立性与重要性受到越来越多的关注。"人，一般来说，每个有理性的东西，都自在地作为目的而实存着，他不单纯是这个或那个意志所随意使用的工具，在他的一切行为中，不论对自己还是对其他有理性的东西，任何时候都必须被当作目的。"③康德非常崇尚人的独立和内在尊严，认为在任何情况下，人都是目的，不能被当作手段使用，无论那人是自己还是别人。这一方面提升了作为个体的人的主体地位，另一方面也强调了人与人之间互为目的、互相尊重。在个人权利与他人权利发生冲突的时候，我们要基于理性互相尊重，彼此承认对方的主体地位，在行使自己权利的时候不要侵犯他人的权利。这样才不至于使每个人陷入受到无情对待的境遇。康德的伦理哲学强调人与人之间的彼此认同和尊重，对现代法律思想及一系列法律制度产生了重要影响。现当代的政治哲学，将个体主义作为推动人权发展的重要立论基点，并将个体主义作为政治、哲学、社会学分析的最基本的单位，主体性原则成为政治哲学理论的"原子理论"。在个体主义理论下，各类社会组织、团体、社群甚至国家都可视为个体，个体的独立性和尊严受到了极大的推崇。马克思主义认为，个人、社会、

① ［英］洛克：《政府论》（下），叶启芳、瞿菊农译，商务印书馆出版社1964年版，第77～78页。

② ［英］洛克：《政府论》（下），叶启芳、瞿菊农译，商务印书馆出版社1964年版，第94页。

③ ［德］康德：《道德形而上学原理》，苗力田译，上海人民出版社1986年版，第80～81页。

人类等都是现实的主体。

（二）理性（rationality）或批判的权利（the right to criticism）

理性的概念也经历了历史的变迁。本体论意义上的理性指的是一种与物质性、动物性相对应的特殊的实体。价值论上的理性指的是人类拥有的许多动物所没有的认识、理解和适应世界的能力，是人脑的一种特殊的机能。行为论上的理性指的是人具有的自我约束和控制自己行为的能力。理性作为一个哲学概念，主要涵摄以下几个方面的内容：一是人只应当接受真理，该真理是应该经得起批判、考察和验证的事物；二是作为认识对象的现实是客观的、可知的，认识对象作为一个整体具有内在联系，具有一种可以被认识和理解的结构；三是人具有认识和批判的权利和能力，人作为认识主体，具有理性能力，能够对事物进行批判、验证和推理，发挥人的理性则可以掌握认识和理解事物的方法，揭示和把握认识对象；四是人在面对选择时，具有合理指导自己行为的能力。在有多重选择时，人具有一种能力，帮助自己作出判断，使自己的行为具有一定的合理性。[①]

（三）行动的自主（autonomy of action）

在拥有独立的主体地位之后，个体拥有自决或自治的意志自由，并应对自己的理性行动负责。经历了文艺复兴与启蒙主义，上帝不再是真理之源，也不再被认为是自明的存在。人作为独立的个体，不再受制于上帝与神灵，具有意志自由。个体根据理性决定自己的行为。

关于个体意志自由或自由，其涵摄的内容和指向也有一个发展的过程。霍布斯率先提出了个体意志自由原则，认为自由是人"在从事自己具有意志、欲望或意向想要做的事情上不受阻碍"的状态，并认为"在法律未加规定的一切行为中，人民有自由去做自己的理性认为最有利于自己的事情"[②]，也即明确提出了法律自由概念。洛克提出了否定性自由的概念，认为"人的自然自由，就是不受人间任何上级权力的制约，不处在人民的意志或立法权之下，只是以自然法作为它的准绳"。[③] 但自由并不是不受任何法律束缚，社会中人的自由是"除经人们同意在国家内所建立的立法权以外，不受其他

---

① ［英］H.P.里克曼：《理性的探险》，姚林等译，商务印书馆 1996 年版，第 11 页；葛洪义：《法与实践理性》，中国政法大学出版社 2002 年版，第 29 页。

② ［英］霍布斯：《利维坦》，黎思复、黎廷弼译，商务印书馆 1985 年版，第 163 页。

③ ［英］洛克：《政府论》（下），叶启芳、瞿菊农译，商务印书馆出版社 1964 年版，第15 页。

任何立法权的支配;除了立法机关根据对它的委托所制定的法律以外,不受任何意志的统辖或任何法律的约束"。[①] 康德则提出了"责任自负"的论述,认为责任和义务是自由行为的前提,为了使理性的人获得道德至善,要求行为人必须履行自己的义务和责任,从而实现个体的意志自由,提升个体的尊严。马克思主义也强调人的权利和责任的统一。主体性原则并不意味着人可以不可限制地做任何事,享有绝对意志自由,而是要求主体在享有权利的同时,应负有一定的责任。

二、主体性原则的实践

主体性原则强调个体的独立性和至高的人格尊严,在很多国家的法律中已得到体现。美国于 18 世纪制定了《权利法案》,规定公权力不得任意侵犯人的基本权利。受启蒙运动"天赋人权"思想的影响,法国大革命成功后,于 1789 年制定了《人的公民权利和政治权利宣言》。近代人权和宪政运动的过程正是体现了对人的主体的承认和尊重,通过宪法及宪法类文件这种法定形式确立人在法律上的主体地位及人格尊严,使得个体的人所应享有的基本权利由道德范畴的权利依归到法律范畴,正式确定为法定权利。德国在第二次世界大战后,于 1949 年制定了基本法,以实在法的形式最大限度地规范和保护人权,并在基本法中规定,人的尊严不可侵犯,尊重和保护人权是国家的一项义务。同样,在二战后的日本,其宪法中也作出类似规定。现代宪政和人权运动的发展最直接和充分地体现了主体性这一哲学原则,法作为这一实践理性的结果,将人的主体性推至稳定且不可侵犯的地位。有着"小宪法"之称的《刑事诉讼法》,在近代社会也发生了诸多变化,个人的独立性和尊严受到越来越多的关注和重视,并在实定法中得以体现。这些实定法的规定及有利于人权保护的刑事司法制度的诞生和发展,都与主体性原则不无关联。在刑事诉讼法理论中,也诞生了刑事诉讼主体理论。"比较公认的看法是,刑事诉讼主体理论产生于大陆法系的德国。从整个刑事诉讼的历史演进来看,刑事诉讼主体理论的产生应当是针对被告人而言的,基于对中世纪末期欧洲大陆盛行的纠问式诉讼程序中被告人沦为诉讼

---

① ［英］洛克:《政府论》(下),叶启芳、瞿菊农译,商务印书馆出版社 1964 年版,第15 页。

客体的反思和批判而产生的。"①中世纪的欧洲大陆法系国家实行纠问式诉讼，被告人只是诉讼的客体，在被追诉的过程中没有任何防御权，只能消极等待国家惩罚。但18、19世纪欧洲大陆，开始了宪政改革和一系列的刑事司法改革，比如，法、德等欧洲大陆国家实现了司法与行政的分离，即控审分离，被告人被赋予了一定的防御权利，能够在一定程度上决定和影响诉讼的进程和结局，其在诉讼中的客体地位逐渐变为诉讼的主体地位。后来，刑事诉讼主体理论传入日本，又经日本、德国传入我国。因此，主体性原则在刑事诉讼理论上的概念一般被表述为刑事主体性理论，要求法律必须尊重每个个体的独立性和人格尊严。

三、主体性原则对被害人有效参与刑事诉讼的理论贡献

在刑事诉讼主体理论传入日本，又经日本、德国传入我国大陆和台湾地区时，德国和日本的刑事诉讼在当时已经初步完成了由纠问式到职权式的转变，犯罪嫌疑人、被告人已经获得了诉讼主体地位，但"民国时期和我国台湾地区的学者乃至日本学者在继受这一理论时并没有关注和考察这一理论形成的特殊历史背景，仅仅是将刑事诉讼主体作为既成范畴和事实予以接受，或者说将其作为标签予以运用，用以标识刑事诉讼主要的参与者"。②因此，发源于欧洲大陆的刑事诉讼主体理论，在理论的移植和继受过程中，发生了一些变化。"其中对刑事诉讼主体的介绍已经不是着眼于被告人的诉讼主体地位，而是着眼于本国立法关于诉讼参与人的相关规定。"③随着理论的发展和社会需要的不断变化，被害人的诉讼地位问题也被纳入刑事诉讼主体理论的框架内予以分析，刑事诉讼主体理论在被害人权益保护方面也发挥了其重要价值：

（一）被害人应作为有其自身目的的主体对待

刑事诉讼中，被害人与被侵害的权利有着最近的距离，被害人作为加害行为的直接受害者，其不应只被视为国家追诉犯罪的客体和工具，仅仅在国家需要其提供证据和协助的时候才被关注，被害人具有当然的诉讼主体地位。刑事诉讼活动中，被害人参与刑事诉讼活动有其自身的目的，比如，被

---

① 刘涛：《刑事诉讼主体论》，中国政法大学2004年博士论文，第9～10页。
② 刘涛：《刑事诉讼主体论》，中国政法大学2004年博士论文，第11～12页。
③ 刘涛：《刑事诉讼主体论》，中国政法大学2004年博士论文，第13页。

害人的愿望可能与国家公权力参与诉讼的目的一致,也可能不一致,被害人有其自身独立的目的和愿望。因而刑事诉讼程序应合理安放被害人这一独立主体的自身目的,不应将其作为查明案件事实,维护国家和社会管理秩序的工具对待。在政治、经济、文化等多方因素的影响下,在不同时期,不同国家和地区,被害人在刑事诉讼中的地位也有不同的呈现。原初社会,被害人作为惩(刑)罚的执行者,对是否处置、如何处置加害人,均由自己决定。在纠问式诉讼模式下,被害人成为国家进行追诉的客体和工具,其独立存在的意义和价值完全被否定。现代刑事诉讼制度下,不同国家的被害人在该国刑事司法体制中也有不同的地位,有的被赋予当事人身份,有的仅仅是证人,但普遍的,被害人的主体地位被忽略,被害人成为被刑事司法遗忘的人。在主体性原则下,被害人独立的主体地位不仅仅是一种身份,而是与被害人这一法律概念相伴而生的一种存在。

(二)被害人在诉讼活动中有获得尊严的权利

在主体性原则下,被害人的尊严和权利受到重视,被害人才有可能充分、全面地介入诉讼,从而实现道德自治。比如,为使被害人在刑事诉讼程序中获得尊严,参与刑事诉讼的国家公权力机关则应采用合法合理的方式询问,在被害人有需要的情况下,应让被害人在有人陪伴的情况下接受询问,在国家公权力机关掌握了被害人被害及有关人身隐私后,被害人即应享有得到国家提供人格尊严及隐私方面的各项保障,免受二次被害。国家在行使刑罚权的过程中,被害人的尊严和隐私应该得到更多的关注,不能以控制犯罪、维护公共利益等任何理由侵犯被害人的人格尊严及隐私,为使这一权利得到保障,国家应该采取足够有力和有效的多项措施。比如,美国2004年《犯罪被害人权利法》就规定,被害人享有受到合理保护免受犯罪嫌疑人侵害的权利,在任何法庭程序中,只要涉及针对某一犯罪被害人的加害行为,法庭即应当确保向犯罪被害人提供该法所规定的权利。德国1986年的《被害人保护法》规定,被害人如果认为存在严重不利于其身心健康的危险,法庭审判请被害人作证时,可以要求被告人不在场。[①] 在性犯罪类案件的审理程序中,不允许对被害人个人私生活进行侵略性的发问,除非这一问题对查明案件事实必不可少。[②]

---

① 《德国刑事诉讼法典》第247条第2款。
② 《德国刑事诉讼法典》第68条a第1款。

我国《刑事诉讼法》规定,在报案、控告和举报时,被害人不愿公开自己姓名的,公安司法机关应当为其保守秘密,[①]同时也规定不公开审理个人隐私案件。其对特殊案件被害人、证人的特殊保护也作了较详细的规定。但是这些规定都缺乏权利实施的保障措施以及救济途径。对于公安、司法机关未能提供的保护和救济,没有任何机关和个人因此承担法律项下的后果,不能对其进行程序性制裁,导致很多所谓的权利只是纸面上的权利。主体性原则为被害人有尊严地参与诉讼提供了更坚实的理论基础。

(三)被害人与所有诉讼参与人平等的互为目的

在刑事诉讼中,存在多个诉讼主体,这些主体之间存在不同的诉讼需求。如何通过制度安排这些不同主体之间的关系,直接关系到各主体的地位和权利。根据主体性原则,每个个体都是一种独立的存在,都有其自身的目的。任何参与诉讼活动的诉讼主体在参与过程中均是出于自主,即其个人的思想和行为不受任何其他主体和力量的控制,仅基于其个人的认识、判断和评价。这意味着任何主体在参与某项或某些诉讼活动时,始终保持着意志自由,在强调被害人在刑事诉讼中的主体性地位时,同样不能忽略其他诉讼主体的权益。主体性原则的确立,每个个体的个人利益和诉讼需求具备了被考虑和关照的基础,才可能让正义和公平之光照耀刑事诉讼活动的每个主体、每个环节。不同利益主体之间可能存在重叠或者冲突,国家在制度设计中要通过协商和妥协,互为目的,实现整体利益的增加。比如,在保障被害人一系列诉讼权利时,我们不能以过多地牺牲被追诉人的利益为代价,被追诉人作为刑事诉讼的主体,其也有独立存在的个体利益,不是国家实现报复和制裁的工具。

(四)被害人享有选择是否与诉讼产生关联的权利

在拥有独立的主体地位之后,个体拥有自决或自治的意志自由,并应对自己的理性行动负责。人作为独立的个体,不再受制于上帝与神灵,具有意志自由。个体根据理性决定自己的行为。人性和理性最终融为一体;作为认识主体的人不同于动物与神灵,有各种各样的追求、欲望和目的,理性基于人性而存在。同时,理性是人的特殊机能,人具有认识、理解和支配认识对象的能力。主体性原则强调主体的自治,在刑事诉讼中,被害人是否介入诉讼、何时介入诉讼、以何种方式介入诉讼,其应享有充分的自主权。刑事

---

① 《中华人民共和国刑事诉讼法》第 111 条第 3 款。

诉讼制度应给被害人的选择提供平台，并对其选择予以认可。比如，对于我国刑事诉讼程序中存在的自诉程序和公诉程序，在法律规定的诉讼阶段，其应赋予被害人一定的程序选择权，在赔偿方式上，被害人也应被赋予一定的选择权，自主决定并选择对其自身最有益的赔偿方式。

（五）在主体未能得到尊重和自主参与的保障时，提供救济途径

在诉讼活动中，应保障诉讼主体作为有其自身目的的主体对待，在诉讼活动中有至高的人格尊严，能够自主参与诉讼活动。在其保障出现故障或纰漏时，主体性原则要求应有及时有效的救济予以保障。无救济则无权利。在无法提供制度性的救济途径时，上述权利和地位则将无任何存在的价值和意义。

第三节　符号互动理论

一、符号互动理论的源起

符号互动理论（Symbolic Interactionism）是当代西方诸多社会学理论中的重要理论流派之一。其创立于 20 世纪 30 年代的美国，六七十年代盛行一时。美国著名哲学家、社会心理学家乔治·赫伯特·米德（George Herbert Mead）是该理论的奠基人。但符号互动理论这一概念则是美国社会学家赫伯特·布鲁默（Hertert BLumer）在 1937 年提出的。[1] 戈夫曼（Erving Goffman）对该理论进行了创造性的发展，提出了拟剧理论。

早期符号互动理论并不是一个统一的思想流派，也没有学者曾明确地提出"符号互动论"这一名称，但有很多学者对人类社会的符号互动保持浓厚的兴趣。比如威廉·詹姆斯（William James）、约翰·杜威（John Dewey）、查尔斯·霍顿·库利（Charles Horton Cooley），他们在哲学、社会学、心理学、社会心理学等学科研究中提出了很多有价值的概念和思想，詹姆斯对"自我"的分析，库利提出的"镜中我"概念，杜威的实用主义等相关概念，直接促成了符号互动理论的诞生。符号互动理论是在一系列因素的作用下形成的，比如，欧美的思想传统、美国的社会历史、美国社会学的制度化发展等。康德、黑格尔、狄尔泰等人的思想对早期美国符号互动

---

[1]　贾春增主编：《外国社会学史》（修订本），中国人民大学出版社 2000 年版，第312 页。

理论的形成发挥了积极的作用。美国社会历史发展过程中的一些特殊情况以及社会学这一学科的发展,都为符号互动理论的诞生和发展提供了土壤。①

符号互动理论的奠基人米德认为,对于姿态的理解有利于人类彼此间的合作,同时也是人类自我评价的基础。自我概念并非天生就有,而是在与他人的互动中逐渐获得的。"自我具有下列特征,即它是它自己的一个对象——这种特征既使它与其他对象区别开来,也使它与身体区别开来。"②同时,"自我是某种不断发展的东西;它并不是与生俱来的,而是在社会经验过程和社会活动过程中出现的——也就是说,它在既定的个体那里是作为他与这种作为整体的过程,以及作为脱离与这种过程所包含的其他个体的关系的结果而发展的。"③社会个体的自我本质上也是一种社会存在,因此,我们应把社会个体当作整个社会系统和社会过程的组成部分来认识和理解,在社会不断进行的互动过程,个体才能产生和存在,所以,社会个体的存在不仅与直接的社会小环境相关,而且与间接的社会大环境相关。

"符号互动"这个语词,是由布鲁默提出的。布鲁默强调人类的互动产生于个人所处的情境,社会在个人间的互动中不断改变。社会互动并不是角色互动,而是人与人之间的互动,角色会影响行动,但行动不是角色的产物。参与者在互动过程中需要做的是解释和把握它们所面临的事物,而不是对他们的角色予以表达。布鲁默认为,"在非符号的相互作用中,人们彼此直接对姿势或动作起反应,在符号的相互作用中,他们解释彼此的姿态,并根据交互作用过程中所获得的意义进行活动。"④戈夫曼把戏剧比拟引入社会学,开创了社会学理论中的戏剧分析的范例。他用戏剧和舞台的比喻来描述个人的行动,研究日常生活中人类的行为。

---

① 贾春增主编:《外国社会学史》(修订本),中国人民大学出版社 2000 年版,第 312~323 页;侯钧生主编:《西方社会学理论教程》,南开大学出版社 2001 年版,第 215~217 页。

② [美]米德:《心灵、自我和社会》,霍桂桓译,译林出版社 2012 年版,第 150 页。

③ [美]米德:《心灵、自我和社会》,霍桂桓译,译林出版社 2012 年版,第 150 页。

④ 华红琴编:《社会心理学原理和应用》,上海大学出版社 2012 年第 2 版,第 74 页。

二、符号互动理论与刑事诉讼中的被害人参与

符号互动理论认为,社会正是基于个体与个体、个体与组织之间的互动而存在并展开的。在刑事诉讼的场域,刑事诉讼的存在同样是基于不同个体之间、个体与组织之间的互动而存在并发展的。缺失了个体的存在与互动,刑事诉讼将失却其存在的基础,这一概念将不复存在。

（一）加害人与被害人的互动

符号互动理论认为,在具有沟通意向的行动中,作为个体的"我"始终把自己放在行动者的位置,把他者的目标当成自己的目标,并幻想着"我"在执行着他者的行为,此时,"我"是以未来完成式的方式将行动设计成已完成的状态,通过记忆和再生等想象形式来完成行动,并对是否已实现了之前的设计进行验证。此刻,他者就是他我,他者是构成自我的一部分。"我"也通过他者将自身指定为对象,具有了客我的意涵。"我"以"我"的意义脉络对他者的经验进行解释,并且他者根据同样的意义脉络对"我"的经验进行解释,以实现同步的经验流。

在加害行为产生后,加害人把被害人的目标当成自己的目标,将自己想象成是被害人,基于他者的立场想象此刻的自己应该如何行动,继而设计自己认为正确的行动方案,完成自己的行动。比如,在加害人伤害被害人的身体以后,加害人基于被害人的立场,最迫切的需要是可能是得到迅速有效的医治,减少当下的痛苦,并给未来带来最少的伤害。所以,加害人最应该采取的行动就是救治被害人而不是逃离现场。从被害人角度,以其意义脉络检验加害人的行动,其最迫切的需要是得到加害人的关注和回应,在互动机制下,加害人基于被害人的意义脉络采取行动,与被害人的意义脉络实现同步,也即实现了同步的经验流,二者意义脉络的同步实现了意义最大化。同样,在其他加害行为产生后,加害人基于被害人的目标设计自己的行为,通过对外表达自己的主观经验,解释加害行为产生的动机和目的,以满足被害人的需求,让被害人接收并感受到加害人加害行为的认识和理解,减少或消除其主观上的恐惧、愤怒情绪。在刑事诉讼中,加害人与被害人的互动自始存在并贯穿始终。

同时,从犯罪的产生看,"刑事犯罪,特别是针对人的犯罪,是在社会学习过程和社会互动过程中产生发展的。在这些过程中,罪犯和被害人对他们的行为相互进行解释和评价。在这些罪犯对于被害人的行为和被害人对

于罪犯的行为的主观解释中,对于被害人和罪犯的态度的学习与对于被害人和罪犯的角色的学习被结合起来了。"①某些情况下,被害人推动了犯罪的产生,比如,因被害人挑衅或者被害人虐待加害人导致加害人实施犯罪的案件中,被害人就起了积极的推动作用,加害人不认为自己的行为是犯罪行为,不具有加害人的态度和角色,被害人也不具有一般情形下被害人的态度和角色,该种情形下,被害人应该对犯罪承担一部分责任。被害人通过参与刑事诉讼活动,知晓自己的过错,有利于防止继续被害,也有利于法院对加害人判处正确的刑罚。

刑事诉讼中,个体之间的互动主要是参与诉讼活动的各个主体之间的互动。其间的互动主要是基于平等主体之间的关系的互动。比如,加害人与被害人之间的互动,加害人之间的互动,被害人之间的互动,加害人与辩护人之间的互动,被害人与诉讼代理人之间的互动,加害人与证人之间的互动,被害人与证人之间的互动,被害人与鉴定人之间的互动,加害人与鉴定人之间的互动,等等。鉴于本书的主旨,被害人与其他个体之间的互动是本书关注的重点。刑事诉讼中,被害人与证人、鉴定人、诉讼代理人、辩护人之间同样存在互动并需要互动。通过被害人与证人及其他诉讼参与人的互动,被害人可以全面、准确地了解案件事实,充分地表达自己的意愿。

（二）个体与共同体的互动

刑事诉讼中,除了个体之间的互动外,还包括个体与共同体或组织的互动。符号互动理论认为,在一个既定的、有组织的人类社会的各种个体成员之间发生社会冲突后,这些个体为了消除它们必须面对这个社会进行有意识的重建和修改,同样,他们对自我或者人格也进行这样的重建和修改。"社会重建与自我重建或者人格重建之间的关系,具有相互性、内在性以及有机性。"②两种重建分别从不同角度出发进行处理,但二者其实是同一个过程——人类社会进化过程的两个侧面。

一个人在实现他自己的时候,必定要在某种特殊的、使他有正当理由维护自己和反对其他人的情境中,坚持他所具有的、影响他人的权利,如果他不坚持本人具有的独到之处并使其他人承认,最终使得其他人采取他的这

---

① [德]汉斯·约阿希姆·施奈德主编:《国际范围内的被害人》,许章润等译,中国人民公安大学出版社 1992 年版,第 433 页。

② [美]米德:《心灵、自我和社会》,霍桂桓译,译林出版社 2012 年版,第 343 页。

种态度,那么,从情绪方面他就无法得到欣赏,无法成为他努力成为的那种自我,这种自我实现的过程具有社会性。个体是共同体的有机组成部分,"要想公平对待一个个体在社会方面所具有的独到之处的承认,则不仅我们在一个组织程度很高的社会中所确实具有的分化必须存在,而且,使群体的其他成员能够采取各种有关态度的分化也必须存在。"①在刑事诉讼中,每个参与刑事诉讼的个体都有其自身的态度及行动方法,社会组织无法消除这些差异或者分化,因为这些不一样的利益及态度构成了刑事诉讼本身。在所有参与刑事诉讼的共同体内,每个个体通过与共同体的互动,确定权力与权利之间的边界。

刑事诉讼中,每个个体都有其自身的利益和态度,每个个体从其自身利益出发确立一个坐标系,在刑事诉讼的场域,尽管存在多个坐标系,这些坐标系的原点不在一处,因为视角交互性的存在,为坐标的转换提供了可能性。每个个体通过与个体自我、个体之间、个体与共同体的互动实现坐标的转换,实现各种地位、权利和利益调节。比如,被害人基于自身的态度和利益,期待自己受到更多的重视,期待加害人得到更及时更严厉的处罚,加害人基于自身的态度和利益,期待自己得到被害人的原谅,在人身自由方面不受到过多的限制。在互动体系内,我们更多地考虑并关照多个个体的利益,并据此调节坐标原点,让双方或者多方的权利和利益尽可能地趋近于同一个坐标系,搭建刑事诉讼的理想模型。

第四节　恢复性司法理论

一、恢复性司法的含义及发展

"恢复性司法"(Restorative Justice)在不同国家和地区有不同的称谓,比如,在日本称之为"修复性司法",在我国香港特区则被翻译成"复合公义",在我国台湾地区被翻译成"修复式正义",联合国的标准翻译是"恢复性司法"。根据联合国经社理事会的《关于在刑事事项中采用恢复性方案的基本原则》宣言草案(Basic Principles on the use of Restorative Justice Programmers in Criminal Matters'[UN]2000)中的界定,恢复性司法"是指运

---

①　[美]米德:《心灵、自我和社会》,霍桂桓译,译林出版社 2012 年版,第 351 页。

用恢复性过程或目的实现恢复性结果的任何方案"。① "恢复性司法是对犯罪行为作出的系统性反应,它着重于治疗罪行给被害人和社会所带来的或者引发的伤害。以恢复原有社会秩序为目的的犯罪矫治实践或计划,主要通过以下几个方面得以体现:(1)确认并采取措施弥补违法犯罪行为带来的损害。(2)吸纳所有的利害关系人参与其中。(3)改变应对犯罪行为时社会与政府之间的传统关系。"②

恢复性司法作为一项刑事司法革新运动,在世界上的许多国家和地区有很大的影响力。"1974 年,在加拿大安大略省的基切纳市(Kitchener)建立了第一个被害人与加害者和解计划(Victim-Offender Reconciliation Program,简称 VORP);1978 年,在美国印第安纳州的厄克哈特(Elkhart)建立了加害者和解计划。"③现在,美国已有数百个被害人与加害者和解计划。其影响力慢慢扩大到国际范围,我国的刑事司法观念也受到了恢复性司法的影响和冲击。1999 年 7 月,联合国作出《制定和实施刑事司法调解和恢复性司法措施》的第 1999/26 号决议。2000 年 7 月,联合国作出《关于在刑事事项中采用恢复性方案的基本原则》的第 2000/14 号决议。2002 年 4月,联合国预防犯罪和刑事司法委员会第十一届会议讨论通过了《关于在刑事事项中采用恢复性司法方案的基本原则》,确立了联合国对恢复性司法的基本立场。④ 该原则对恢复性司法的相关术语、恢复性司法的运作模式和方案等作出原则性规定。

二、恢复性司法的主要特性

恢复性司法作为一种司法理念,主要体现了以下几个特性:

1. 参与。恢复性司法鼓励充分有效的参与和协商,鼓励所有与犯罪有关的当事人参与,主要是指被害人与加害人的参与,同时,利益受到犯罪行

---

① 2000 年 7 月联合国《关于在刑事事项中采用恢复性司法方案的基本原则》2000/14号决议。

② [美]丹尼尔·W.凡奈思:《全球视野下的恢复性司法》,王莉译,载《南京大学学报(哲学·人文科学·社会科学版)》2005 年第 4 期。

③ 周彬彬:《当代法学》,载《被害人权利保护与恢复性司法》2008 年第 5 期。

④ [美]丹尼尔·W.凡奈思:《全球视野下的恢复性司法》,王莉译,载《南京大学学报(哲学·人文科学·社会科学版)》2005 年第 4 期;周彬彬:《当代法学》,载《被害人权利保护与恢复性司法》2008 年第 5 期。

为影响的人或者社区也可以参与。"我们无法抽象地理解伤害,所以修复不能在受犯罪影响最深的人缺席的情况下得到实现。"①传统的与犯罪有关的当事人是指政府和犯罪人,恢复性司法则将被害人和社区也纳入其中。这要求司法程序进行一定的调整,允许各方当事人均能参与其中并维护自身利益。参与的目的不是加剧对抗,而是为协商提供机会与平台。恢复性司法特别强调被害人的参与和协商,认为在传统司法模式下,国家代替被害人与犯罪人进行对抗,这种家长制的作风并不能很好地关照被害人的利益,被害人的利益容易在国家强权下被忽略,犯罪造成的后果不可能真正得到圆满解决。"被害人对案件的处理是满意还是不满意,不是取决于选择了哪种处理机制,而是取决于被害人是否认为人员安排和程序安排有用和有效。"②在恢复性司法程序中,"被害人比起参与传统刑事司法程序的被害人,更能产生和表达满意之情,更能感受到:他们经历了真正的司法"③。

2. 利益平衡。利益平衡意味着"恢复性方案避免了只考虑一方利益而忽视其他各方,并尝试协调所有参与方的利益"。④ 恢复性司法在解决犯罪问题时,需要考虑公共利益的重要性,但同时不能忽略其他相关方比如被害人的利益。其目标是寻求所有参与恢复性司法的主体包括国家、犯罪人、被害人和社区的利益的适当平衡。

3. 自愿。参与恢复性司法的各方基于自愿选择了该程序,期间不应存在任何强制和蒙骗。与犯罪相关的当事人是否参加恢复性司法方案,是在有其他可选择方式的前提下做出的,当事人基于两害相权取其轻的原则做出对自己有利的选择,"与自愿相对的另一端是依靠强制而使犯罪人和证人参与司法"。⑤

---

①　[美]戈登·贝兹莫尔、桑德拉·奥布赖恩:《探寻犯罪人康复的一种恢复性模式:实践的理论化和理论指导下的实践》,载王平主编:《恢复性司法论坛》,中国人民公安大学出版社 2011 年版,第 54 页。

②　[英]格里·约翰斯通:《恢复性司法:理念、价值与争议》,郝方昉译,中国人民公安大学出版社 2011 年版,第 30 页。

③　[英]格里·约翰斯通:《恢复性司法:理念、价值与争议》,郝方昉译,中国人民公安大学出版社 2011 年版,第 30 页。

④　[美]丹尼尔·W.范内斯:《构建恢复性体制》,载王平主编:《恢复性司法论坛》,中国人民公安大学出版社 2011 年版,第 161 页。

⑤　[美]丹尼尔·W.范内斯:《构建恢复性体制》,载王平主编:《恢复性司法论坛》,中国人民公安大学出版社 2011 年版,第 162 页。

4. 面向未来。"恢复性司法以解决问题为导向。"[①]这意味着恢复性司法在程序推进过程中,不仅要解决发生在过去的事情,还要面向未来解决加害行为带来的所有问题。报应性司法过多地强调如何报复犯罪人,却少有关注如何弥补给被害人造成的伤害,以及被害人和犯罪人的复归社会问题。恢复性司法寻求愈合因犯罪而造成的创伤。在恢复性司法过程中,其核心问题是如何使被害人受到更少的伤害,让被害人的创伤得到更快的愈合,或者消除焦虑,重新找回安全感。这需要从两个角度去解决:一方面,要为被害人表达愤怒、沮丧、害怕等情绪提供宣泄口,让其顺利平复情绪,同时要对加害人给其造成的物质、精神损失予以及时赔偿或补偿;另一方面,也需要对加害人的情绪进行疏导,通过致歉、赔偿等方式缓解其罪过和恐惧情绪,从而更好地解决各种冲突,这既是人道主义的表现,也有利于弥补传统刑罚无法从根本上解决冲突的弊端。"参与的最重要意义还是在于利害相关者可以掌控作出决议的程序,并对之负责。"[②]

5. 直接责任。恢复性司法过程,并不单单强调加害人的加害行为触犯刑法需要承担抽象层面的刑事责任,而是更加强调加害人对被害人的具体责任。实施加害行为后,加害人必须直接面对其加害行为给被害人造成的伤害,充分了解其行为造成的一系列后果,比如,因其伤害造成被害人无法正常生活,比如,因其抢劫行为给被害人造成的心理恐惧等应让加害人有较直观和全面的了解。在了解给被害人造成的伤害后,加害人真心悔过,寻求与被害人及社区的沟通,尽可能地采取措施弥补给被害人造成的损害,主动、充分承担应该承担的直接责任。

---

① [美]丹尼尔·W.范内斯:《构建恢复性体制》,载王平主编:《恢复性司法论坛》,中国人民公安大学出版社 2011 年版,第 162 页。

② [美]戈登·贝兹莫尔、桑德拉·奥布赖恩:《探寻犯罪人康复的一种恢复性模式:实践的理论化和理论指导下的实践》,载王平主编:《恢复性司法论坛》,中国人民公安大学出版社 2011 年版,第 54 页。

三、恢复性司法与传统司法的差异及其主要目标

（一）恢复性司法与传统司法的差异

恢复性司法作为传统司法的重要补充，与之存在较大差异，主要表现在以下几个方面：

1. 对犯罪的本质认识有异。传统刑事司法理论下，犯罪的本质是对国家利益的侵害，是个人与国家的关系。因而，是否处理犯罪、如何处理犯罪等问题均被视为国家和政府的职能，刑事诉讼程序没有被害人的身影。恢复性司法则认为，犯罪首先是对个人和社区中具体个体的侵害，其次才侵害了国家利益。因而，"恢复性刑事司法的任务不仅仅是惩罚犯罪人，还要全面恢复加害人因犯罪而对被害人和社区造成的损失。"[1]在犯罪的本质上，恢复性司法反对国家利益至上的原则，反对国家对犯罪行为反应方面的独占权力，倡导被害人和社区参与诉讼活动。

2. 对犯罪的原因认识有异。恢复性司法认为，一个犯罪行为的产生，在客观上与具体的不良的社区环境具有关联，与犯罪人具体的个人因素有关，而较少去谈论宏观的社会环境对犯罪行为发生的影响，也较少谈论抽象的世界观、价值观对犯罪行为的影响。在此基础上，恢复性司法"主张建立提高犯罪人的情绪控制能力和社会交往能力、帮助他们形成积极健康的生活态度的机构"。[2]

3. 对刑事责任的认识有异。恢复性司法认为，加害人需要承担的刑罚责任是一种抽象责任，在刑事追诉过程中，国家取代了被害人，加害人应该对被害人承担的具体责任被抽象责任掩盖。恢复性司法以被害人利益为中心，强调加害人应对被害人承担的具体责任。

4. 对刑罚的目的认识有异。传统刑事司法以监禁刑为主，强调事后的惩罚和报复，刑罚的惩罚功能体现得充分，但缺少事前的预防，也缺少惩罚后的回归。恢复性司法主张对犯罪的正确反应不是惩罚，而是弥补犯罪造成的损害，恢复犯罪破坏的社会关系。恢复性司法在谴责犯罪的同时也保持对犯罪人的尊重，防止其再犯。

---

① 陈茜：《恢复性司法之初探》，载《前沿》2008 年第 1 期。

② 刘仁文：《恢复性司法与和谐社会》，载《福建公安高等专科学校学报》2007 年第 1 期。

（二）恢复性司法的主要目标

基于恢复性司法的含义、要素,恢复性司法主要具有以下几个目标:

1. 被害人的需要是恢复性司法的核心

恢复性司法的基本理念在于:"犯罪不应当被认为是对公共规则的违反或者对抽象的法道德秩序的侵犯,而应当被认为是对被害人的侵害,对社区和平与安全的威胁以及对社会公共秩序的挑战。"①因而,被害人的需要是恢复性司法的核心。恢复性司法倡导者认为:"当犯罪发生后,我们面临的首要问题不应当是'该如何处置犯罪人',而应当是'该为被害人做些什么';并且,回答这一问题的出发点应当是'被害人想要什么'。"②因而,在诉讼活动中,我们应该全面关注被害人的物质、情感和顺利复归社会的需要,以被害人的需要为基点,全方位地为被害人提供赔偿、补偿、叙说、复归社会的平台,让被害人在恢复性司法中获得最大收益。

2. 帮助犯罪人重返社会预防犯罪

在对被害人进行足够关注的同时,恢复性司法也强调对加害人复归社会问题的关注,注重对加害人的矫正,通过多种方式帮助加害人重新融入社区,防止加害行为的继续发生。通过面对面的交流方式,犯罪人会更全面地了解犯罪造成的后果,并"开始良心发现,对他们的错误行为感到羞耻,因而将来不太可能再做出这种行为"③。

3. 提供加害人承担积极责任的平台

传统刑事司法模式单一地强调对加害人刑事责任的追究,过于关注抽象的刑罚,对于其加害行为给被害人和社区造成的具体的伤害并不在意。恢复性司法为加害人积极承担对被害人的具体责任提供了媒介和平台,加害人可以通过这个媒介对被害人道歉、赔偿等。恢复性司法程序中,被害人的赔偿愿望能得到更大程度的满足。"1994 年,安布里特在阿部克约克和明尼阿波利斯两地对被害人和犯罪人和解程序运作情况展开了调查,调查结果显示,在刑事和解程序中,犯罪人对损害赔偿协议的履行率要大大高于

---

① 梁根林:《解读刑事政策》,载《刑事法律评论》第 11 卷,法律出版社 2002 年版,第 24 页。

② ［英］格里·约翰斯通:《恢复性司法:理念、价值与争议》,郝方昉译,中国人民公安大学出版社 2011 年版,第 30 页。

③ ［英］格里·约翰斯通:《恢复性司法:理念、价值与争议》,郝方昉译,中国人民公安大学出版社 2011 年版,第 18 页。

由法院判决的损害赔偿,81％的犯罪人在刑事和解程序中履行了他们的损害赔偿义务,而由法院没有通过调解而直接做出的损害赔偿判决,只有58％得到了履行。"①

4. 弥补传统司法之不足

传统司法具有诸多弊端,比如,行动迟缓效率低下,无法实现司法正义;救济方式单一,无法满足当事人的需求;诉讼成本高昂,无法关照被害人的利益。传统的司法体制"阻碍了——而非有助于——冲突的解决、犯罪人的重新融入社区以及被害人—犯罪人的和解"。"冲突的解决总是对一方有利而对他方不利,也即有胜者,有败者。"②但恢复性司法可以弥补传统司法的这些弊端。参与各方不被犯罪的法律定义、标准和程序所束缚,允许他们以自己的方式表达,解决方案让参与人都感到满意,而不会认为自己是失败者。③《联合国为罪行和滥用权力行为受害者取得公理的基本原则宣言》也对其进行规定,扩充解决争端的方式和途径。其规定:"应当斟酌情况尽可能利用非正规的解决争端办法,包括调解、仲裁、常理公道或地方惯例,以协助调解和向受害者提供补救。"④恢复性司法在不同国家和地区有不同的实践基础及运作模式,适用范围、运作程序和效果也不尽一致,但恢复性司法的宗旨无疑是保护被害人和社区利益,帮助被害人和加害人顺利复归。其强调加害人与被害人的参与、叙说、赔偿等,除此,还涉及刑事案件的程序分流和非刑罚化等程序问题。作为传统刑事司法的补充,其发展规模越来越壮观,"恢复性司法已经成为世界刑事司法改革的一股强大推动力。目前有80多个国家采用了某种形式的恢复性司法实践来解决犯罪问题,而确切数字可能要接近100"⑤。

恢复性司法根植于参与哲学,将被害人重新拉回刑事诉讼的中心,为被

---

① 刘东根:《恢复性司法及其借鉴意义》,载《环球法律评论》2006 年第 2 期;刘东根:《恢复性司法及其对我国刑事司法实践的借鉴》,载《北京科技大学学报(社会科学版)》2005年第 2 期。

② [英]格里·约翰斯通:《恢复性司法:理念、价值与争议》,郝方昉译,中国人民公安大学出版社 2011 年版,第 14 页。

③ [英]格里·约翰斯通:《恢复性司法:理念、价值与争议》,郝方昉译,中国人民公安大学出版社 2011 年版,第 15 页。

④ 《联合国为罪行和滥用权力行为受害者取得公理的基本原则宣言》第 7 条。

⑤ [美]丹尼尔·W.范内斯:《世界恢复性司法概论》,章祺译,载《恢复性司法论坛》(2006 年卷),群众出版社 2006 年版。

害人参与并影响刑事诉讼提供了大量机会,并强调所有与案件有关的当事人的修复与愈合,为所有被加害行为所害的当事人的康复预留空间,着眼于未来更加和谐、友好关系的构建,鼓励当事人之间自愿的忏悔、道歉、补偿。它为被害人参与刑事诉讼程序并影响国家公权力机关的决定提供了新的理论源泉。

第三章 传统刑事诉讼模式的缺陷 及被害人参与模式的提出

第一节 刑事诉讼模式概览

一、模式的含义

（一）模式的界定

模式（pattern），是解决某一类问题的方法论。模式这一概念由建筑师 Christopher Alexander 最先用在建筑学领域，提出的经典定义是："每个模式都抽取了一个在我们的环境中不断出现的问题，然后描述了该问题的解决方案的核心。通过这种方式，我们可以无数次地使用那些已有的解决方案，无须再重复相同的工作。"①模式描述的主要是各要素的组合关系及事物运行过程中体现的结构与功能样态，是人们在生产生活实践当中，对积累的经验的一种抽象和升华，是一种认识论意义上的确定思维方式，是一种认识和分析事物的工具。

一个完整的模式一般包括以下几个要素：语境或情境、问题、方案和评价。一是语境。一个模式必然是在一定的语境中存在的，也即模式运行的情景。只有将语境特定化，才能在特定的框架内描述和分析问题。二是问题。问题即在特定的语境中反复出现的问题或现象，明确要解决的具体问题是什么，并分析影响该问题的关键因素，便于解决存在的问题。三是解决方案。解决方案是一个模式的关键要素，对影响问题存在的关键因素进行分析后，找寻平衡相关因素的方法，并最终解决存在的问题。解决方案能解决存在的主要问题，但并不意味着能解决所有存在的问题。模式就像一个公式或者模板一样，在通常情况下解决许多普遍存在的问题。对于特殊问

---

① ［美］阿道夫等：《有效用例模式 Patterns for Effective Use Cases》，清华大学出版社2003 年版，第 7 页。

题,我们并不要求其完全解决。四是评价。评价就是对围绕问题提出的解放方案付诸实践,并对方案在实践中的运行结果进行评价和权衡,分析该模式的优势和缺陷,并进一步改进和完善。

（二）模式与结构的关系

生活中,很多人常常将模式与结构混同使用,认为二者指称的为同一个事物,可以在不同的情景下交互使用。但从两个词的本质特征看,二者具有差异。结构是指"有机整体（即系统）的各个部分、要素、成分相互结合的方式或构成形式,它是由各要素、成分的特殊本质共同决定的,按照其本身发展规律逐步形成的内在关系。通俗地说,结构即事物内部诸要素的组织形式"①。结构面向的是一种关系,是对一个事物内部诸要素之间相互关系的一种描述。不同的内在关系使事物具有不同的特征和功能。一个结构必然具有整体性,结构内部之间的要素又彼此独立并相互作用,形成一定的形式。

模式和结构两个概念,既有联系,又有本质的区别,二者不能混同。二者的关系主要可以从以下几个方面来认识和理解:

1. 二者的本质不一样。模式是一种方法论,涵摄了价值判断,是从社会经验中提炼的理论,属于主观世界的范畴。而结构是事物内在关系的客观描述,不包含价值判断,是对各组成部分运行轨迹的一种记载形式,属于客观世界的范畴。

2. 二者的构成要素不一样。模式的要素主要包括情境、问题、方案和评价。这些要素之间是一个有机的整体,如果只具有部分要素,则不能构成一个完整的模式。结构的要素主要是该事物内部的组成部分或成分及其相互之间的关系、结构。

3. 二者的功能也不一样。模式是理论和实践之间、经验和科学之间的媒介和桥梁。它通过提炼实践中产生的经验,将其升华,从理论上作出系统化、规范化处理,将其提炼成一种理论,用于分析、预测、解决一类问题。结构则主要强调对事物运行的客观记载,不能从中提炼出理论用于指导实践。

4. 二者既相互独立又彼此依赖。二者虽然具有诸多相异之处,但在很多情形下,二者又彼此依赖。比如模式的功能,有时需要借助构造这一概念来承载,模式是一个非常抽象的概念,其蕴含的主导价值往往反映在一定的

---

① 阮纪正:《试论改革中宏观和微观的关系》,载《哲学研究》1985 年第 4 期。

结构中,同时,事物在运行过程中形成的构造,又有利于帮助我们分析问题的本质,提炼成理论,最后形成具体的模式。

二、刑事诉讼模式的含义及功能

(一)刑事诉讼模式的含义

刑事诉讼模式作为一种分析刑事诉讼的工具,并不指向具体的制度或原则,而是通过简化刑事诉讼中烦琐的细节,根据刑事诉讼实践,提炼主题,概括刑事诉讼的发展趋势,为刑事诉讼顺利实现诉讼目的提供一种有效的处理方法。概言之,刑事诉讼模式就是在一定的价值指导下,形成的关于顺利实现刑事诉讼目的的理想图景和有效方法。我们可以从以下几个方面理解刑事诉讼模式的界定:

1. 刑事诉讼模式是在一定的价值理念指导下的方法论。这是刑事诉讼模式的语境要素。这意味着在不同的国家,一个国家在不同的时期,可能存在不同的诉讼价值理念,因而在不同的国家,一个国家的不同时期,可能具有不同的诉讼模式。同时,一个国家的诉讼价值可能是多元的,因为一国就可能存在多种刑事诉讼模式。

2. 刑事诉讼模式的目标是顺利实现刑事诉讼目的。刑事诉讼目的是刑事诉讼模式的问题要素。刑事诉讼的目的是刑事诉讼模式首先面对并需要解决的问题,不同国家不同时期可能具有不同的诉讼目的,也可能存在多元的诉讼目的,这也是刑事诉讼模式多元化的一个重要原因。

3. 刑事诉讼模式为实现其目标必然要有一定的理想图景和有效方法。理想图景和有效方法是刑事诉讼模式的方案要素。刑事诉讼模式要为实现刑事诉讼目的提供一定的路径、方法和步骤。比如,有时刑事诉讼模式需要一定的诉讼构造来承载其功能。

4. 刑事诉讼模式作为一种理论,存在描述和分析问题不全面的可能,需要在实践中检验、评价,逐步调整和完善。

从宏观而言,刑事诉讼模式的理论关乎三个维度的问题:一是犯罪的本质问题,犯罪的本质究竟该如何界定;二是社会控制问题,即一个社会决定采用惩罚方式对待社会失范(异常)行为实现对社会的控制问题,还是采用平和中立的态度解决纠纷以维护社会秩序和安全;三是个人与国家的关系问题,即在国家权力与个人权利之间出现冲突时如何划分二者的界限。对这些问题的不同回答决定了一个社会选择的刑事诉讼模式。

（二）刑事诉讼模式的功能分析

具体而言，刑事诉讼模式主要具有以下几个基本功能：

1. 提供了判断刑事司法制度实际运行的指南，免受具体制度的干扰，用于分析研究整个制度是如何运行并完成既定的任务。"在某种意义上，模式正是对那些调整刑事诉讼程序运作的宪法及制定法进行审查的产物。"[①]

2. 用于描述有关刑事司法的理念和学说，模式并不对应现实，也不代表某种理想状态，多种模式之间并非处于完全排斥的关系，但模式提供了一种讨论刑事诉讼程序运作的便捷途径。比如，帕克提出的犯罪控制模式和正当程序模式在某种层面上被视为已经自我证成的预言。

3. 明确识别具体刑事诉讼制度背后的价值选择。"我们需要的模式，是一个可以使我们明白认识到作为刑事诉讼程序细节基础的价值选择的模式。"[②]

4. 有助于将刑事司法视为动态的，而非静止的程序。"我们需要了解制度变化的潜在可能以及这些变化现在的以及其预期的可能的发展方向……做这个工作的方式之一就是从现实中进行抽象，建立一个模式。"[③]

5. 有助于解释刑事诉讼与实体刑法之间的关系。"我们所拥有的刑事诉讼程序类型，是刑法应该理性地包含何种类型的行为内容的决定性因素。从逻辑上讲，实体问题先决定人们想通过刑事诉讼程序对付什么类型的行为，然后决定为处理这些类型的行为最好设计什么类型的程序。"[④]

三、欧美理论界对刑事诉讼模式的研究简述及主要分类

（一）研究简述

欧洲学者在 19 世纪八九十年代就已将刑事诉讼模式界定为三种类型：一是控诉式模式；二是纠问式模式；三是混合式模式。德国学者在研究中将

---

① [美]赫伯特·L.帕克：《刑事诉讼的两种模式》，梁根林译，载《争鸣与思辨——刑事诉讼精简论文选译》，虞平、郭志媛编译，北京大学出版社 2013 年版，第 6 页。

② [美]赫伯特·L.帕克：《刑事诉讼的两种模式》，梁根林译，载《争鸣与思辨——刑事诉讼精简论文选译》，虞平、郭志媛编译，北京大学出版社 2013 年版，第 6 页。

③ [美]赫伯特·L.帕克：《刑事诉讼的两种模式》，梁根林译，载《争鸣与思辨——刑事诉讼精简论文选译》，虞平、郭志媛编译，北京大学出版社 2013 年版，第 6 页。

④ [美]赫伯特·L.帕克：《刑事诉讼的两种模式》，梁根林译，载《争鸣与思辨——刑事诉讼精简论文选译》，虞平、郭志媛编译，北京大学出版社 2013 年版，第 5 页。

欧洲18、19世纪以来所建立的新的刑事诉讼制度称为革新的纠问式制度。在20世纪,西方法学理论界将现代英美法和大陆法的刑事诉讼制度分别界定为对抗制和纠问制。日本和我国台湾地区的学者则将其界定为当事人主义和职权主义。美国学者对刑事诉讼模式进行了持续和全面的研究,并影响了日本学者和我国台湾地区学者的研究,对我国刑事诉讼理论的研究也有着重大的影响。20世纪50年代,美国学者卡尔·卢威林提出了内部者结构模式与外部者结构模式。帕克提出的犯罪控制模式和正当程序模式的学说为解析复杂的刑事司法制度提供了十分有效的分析工具,至今仍占据着重要的学术理论地位。随后,耶鲁大学法学院约翰·格里菲斯在帕克的二元模式理论下,提出了第三种模式——家庭模式,纽约大学亚伯拉罕·S.戈尔茨坦也在肯定帕克两种模式的基础上,提出了美国刑事诉讼中的纠问因素,并在此基础上提出了弹劾模式与纠问模式。马尔科姆·M.菲利教授利用宏观构造理论归纳刑事司法制度的特征,提出了理性目标模式和功能系统模式,米尔吉安·R.达马斯卡抛开两大法系刑事程序比较研究主要着眼于对抗制和纠问式的传统定式,提出了职权纠明模式、当事人抗争模式、阶层模式与同位模式。进入90年代,美国和加拿大学者对传统的刑事诉讼模式进行了反思,在帕克两种诉讼模式的基础上,提出了更多的模式,比如西北大学法学院教授道格拉斯·埃文·贝洛夫在帕克提出的两种模式基础上,提出了被害人参与模式,加拿大多伦多大学肯特·罗奇则提出了两种新的模式:一是依赖刑事制裁与刑罚的被害人权利的惩罚模式;二是强调犯罪预防和恢复性司法的被害人权利的非惩罚模式。东京大学丹尼尔·福特教授将日本刑事司法制度模式标签为"宽宥仁慈的家长制",提出了日本刑事司法中的家长模式。

（二）主要分类

关于刑事诉讼模式的分类,欧美、日本刑事诉讼法学界主要有以下几种分类:

1. 弹劾式诉讼模式、纠问式诉讼模式与混合式诉讼模式

对于奴隶制、封建制时期的刑事诉讼模式,理论界一般分为弹劾式诉讼模式和纠问式诉讼模式两种。

弹劾式诉讼模式是诉讼文明史上出现最早的一种诉讼模式,经由氏族社会调整氏族成员之间冲突的习惯做法演变而来。"'弹劾'意为'控诉',主要是对诉讼启动特征的描述,而且这种特征贯穿整个诉讼过程中,所以在有

的国外著述中又将弹劾式诉讼称为'控诉式诉讼'。"①古代罗马、中国、埃及、印度、欧洲日耳曼、法国前期时代和英国早期的私诉,实行的都是弹劾式刑事诉讼模式。

弹劾式诉讼模式的目的在于追求纠纷的解决,因而也被视为"纠纷解决型"的诉讼模式。它具有以下主要特征:第一,在诉讼的启动方式上,实行不告不理,并实行私人告诉制度。只有在原告起诉后,法院才能进行审判,法院没有主动追究犯罪的权力。告诉者大多是被害人及其亲属,对于某些社会危害性较大特别是危害社会公共安全的犯罪行为,任何享有完全公民权的公民均可以提起诉讼,并不要求该诉讼与其有直接的利害关系。第二,诉讼当事人的地位完全对等。双方当事人享有平等的诉讼地位和诉讼权利,由双方当事人承担举证责任说服裁判者。第三,审判机构是集行政、司法于一体的司法机关。虽然裁判机构行使司法职能,但与行政职能并无明确区分。第四,裁判者处于中立、消极的地位。诉讼过程中,诉讼的结果有赖于双方当事人的举证和辩论,裁判者没有核查证据的责任,只需在听审的基础上居中裁判。第五,诉讼制度带有较明显的原始世俗色彩和痕迹。比如实行神示证据制度,对于真伪不明的案件,裁判者根据神灵的指示作出裁判。

纠问式刑事诉讼模式,"是指司法机关对于犯罪事实不论受害人是否提出控告都可以根据职权主动进行追究和审判的诉讼形式。纠问式刑事诉讼,是国家集权统治日益强化的产物,它起源于中世纪罗马的教会法程序。"②其主要实行于中世纪的欧洲大陆国家以及英国君主专制时期的星座法庭。我国封建社会的诉讼制度,也带有纠问式色彩。相较弹劾式诉讼的纠纷解决功能,纠问式诉讼更强调对社会的控制,因而也被视为"社会控制式"的诉讼模式。在该模式下,刑事诉讼是统治者进行社会控制的一种手段或工具,更多地强调对秩序的维护和对行为人的惩罚。

纠问式诉讼模式具有以下几个主要特征:第一,刑事诉讼的启动实行主动追诉。即使被害人及其亲属没有告诉,司法机关一旦发现犯罪行为的发生,就可以根据职权主动追究犯罪和审判。第二,诉讼主体单一。纠问式诉讼模式的早期,法院是唯一的诉讼主体,既享有控诉职能,又享有审判职能。

---

① 汪海燕:《刑事诉讼模式的演进》,中国政法大学 2003 年博士论文,第 7 页。

② 谢佑平:《刑事诉讼模式的历史演变和文化成因》,载《河南省政法管理干部学院学报》2003 年第 3 期。

14世纪,法兰克王国设立了检察官,由检察官行使从审判权中分立出来的侦查、起诉权。第三,被告人在诉讼中是诉讼客体。某人一旦受到控诉,他就被推定为有罪的人,在诉讼中,没有辩护权等诉讼权利。被告人的口供是所有证据中证明力最强的证据,为了追究犯罪,法官可以刑讯逼供,采用各种野蛮、不人道的手段收集证据,被告人自己承担证明自己无罪的责任。第四,诉讼的中心是审前阶段而非审判阶段。法庭对被告人的审讯过程不公开,审判过程中不允许当事人在法庭上辩论,法官在审判阶段居于主导地位,在侦查、起诉等审前程序中也发挥着决定性的作用,法官主要以被告人的口供笔录为裁判依据。比如,"中世纪的希腊、罗马以及参照罗马法的欧洲各国,都准许法庭对嫌疑犯使用刑讯。《加洛林纳刑法典》规定,有一定的证据怀疑被告人犯罪而他不供认时,允许以拷问方式强制其自供。"[1]

混合式诉讼模式主要是欧洲大陆自近现代以来,在原有"纠问式"诉讼的基础上借鉴"弹劾式"诉讼形成的,现代刑事诉讼中所称的"职权主义诉讼模式"和"当事人主义诉讼模式"在西方理论中本身就是"混合式"的诉讼模式。

2. 犯罪控制模式与正当程序模式

1963年,美国斯坦福大学法学院赫伯特·帕克(Herbert L. Packer)于1964年在《宾夕法尼亚大学法学评论》上发表了名为《刑事诉讼的两种模式》的文章,首次提出了犯罪控制模式(crime control)和正当程序模式(due process),在美国引发了有关刑事诉讼模式的激烈讨论,并对日本和我国台湾地区的刑事诉讼模式研究产生了很大的影响。犯罪控制模式和正当程序模式理论自产生之日起就饱受各种争议,但其理论生命力至今仍然非常顽强,在很多国家和地区的刑事诉讼的程序分析和政策研究中得到了广泛运用。该理论客观分析了刑事司法制度下相互冲突的不同价值观,一改以往的理论模式所采用的"主体—关系—权力(权利)"的分析框架,立足于制度价值分析,根据刑事诉讼目标优位的差异,将刑事诉讼模式分为犯罪控制模式和正当程序模式。

"犯罪控制模式的基础价值体系建立在这样的命题之上,即抑制犯罪行为显然是刑事诉讼程序要履行的最重要的功能。执法活动如果不能将犯罪

---

① 谢佑平:《历史视野和文化语境下的刑事诉讼模式》,载《复旦学报(社科版)》2007年第3期。

行为置于严密的控制之下,会被视为将导致公共秩序的崩溃,从而丧失人类自由的一个重要条件。"①该模式强调对社会自由的保障,为了实现这一目标,必须要关注甄别犯罪嫌疑人、确定罪犯进行处置的效率、速度与终结性,必然在案件数量多但司法资源相对有限的情况下产生较高的逮捕率和有罪判决率,帕克将其描述为流水线作业。它主要有以下几个特征:第一,侦查的任意性较强。警察与检察官被赋予广泛的权力,侦查程序不做较多的限制,比如,可以逮捕嫌疑人,使用窃听等秘密侦查手段,不规定严格的、无弹性的侦查羁押时限,对于非法手段取得的证据,虽然可以通过内部程序追究有关行为的责任,但该证据只要属实,仍可作为证据使用,以提高侦查效率。第二,嫌疑人的防御权受到抑制。在侦查阶段,警察讯问犯罪嫌疑人时不允许律师有在场权,律师在案件调查过程中的权利也受到很严格的限制。审前羁押是一种常态,对犯罪嫌疑人的羁押率高,以实现诉讼经济的目标。第三,实行有罪推定。有罪推定有可能提高处理案件的效率,这是犯罪控制模式的要求,在有罪推定的指引下,"一旦某人被逮捕,并且调查未发现他可能无辜,或者换句话说,一旦可以认为有足够的有罪证据允许对他采取进一步的行动,随后对他采取的所有行动就都是建立在他可能有罪的观点之上"②。第四,侦查活动而非审判活动是诉讼的中心。诉讼程序的中心在审前阶段,因为审判程序相对简单,在被告做有罪答辩的情况下,法官只需进行一般性审查。"早期的行政性事实认定活动阶段在程序中具有核心地位。相应的观点就是,随后的阶段显得相对不重要,应尽可能缩短。"③判决作出后强调案件的及时终结性,比如,在程序设置上不鼓励当事人上诉。

正当程序模式并不是与犯罪控制模式完全相对立的概念,"正是由于刑事诉讼程序具有使个人遭受国家强制力的能力,正当程序模式建立在此理念上,即必须控制程序以防止其以最高效率运作。依照这一理念,最高的效

① 〔美〕赫伯特·L.帕克:《刑事诉讼的两种模式》,梁根林译,载《争鸣与思辨——刑事诉讼精简论文选译》,虞平、郭志媛编译,北京大学出版社 2013 年版,第 9 页。

② 〔美〕赫伯特·L.帕克:《刑事诉讼的两种模式》,梁根林译,载《争鸣与思辨——刑事诉讼精简论文选译》,虞平、郭志媛编译,北京大学出版社 2013 年版,第 11 页。

③ 〔美〕赫伯特·L.帕克:《刑事诉讼的两种模式》,梁根林译,载《争鸣与思辨——刑事诉讼精简论文选译》,虞平、郭志媛编译,北京大学出版社 2013 年版,第 12 页。

率就意味着最大的暴政。"①正当程序模式主要具有以下几个特征:第一,对侦查权予以较多的限制。其为刑事诉讼设置了诸多限制,对警察的侦查行为进行监督和制约,比如,严格限制设置搜捕的条件和程序,对于非法取得的证据予以排除。第二,坚持诉讼对等原则,赋予被告人较多的诉讼权利。其以两造平等对抗为诉讼结构的目标,在制度设计上对处于劣势地位的被告给予更多的关注,赋予被告人充分的辩护权和沉默权,禁止自证其罪。第三,实行无罪推定。其要求政府承担证明被告人有罪的证明责任,扩大个人得到有利结果的可能性和机会。第四,审判活动是诉讼程序的中心。被告人有权要求通过法定的方式审判其受到的指控,无论有罪证据多么有力,"不能将刑事审判看作是不受欢迎的负担,而是程序的合乎逻辑的正当结果"②。

四、我国理论界对刑事诉讼模式的研究简述及主要分类

(一)研究简述

我国大陆刑事诉讼理论界对刑事诉讼模式的全面研究始于 20 世纪 80 年代末,但我国学者在对刑事诉讼模式进行研究之初,对"诉讼模式""诉讼构造""诉讼结构""诉讼形式"等概念并未做详细的界分。1992 年,李心鉴博士出版了专著《刑事诉讼构造论》,介绍了美国和日本刑事诉讼模式的多种流派和学说,详尽介绍了帕克的两种模式学说,以及其他学者对该理论的批判和争论。其对日本理论界的研究进行了一定程度的借鉴,对我国的刑事诉讼构造进行了研究,首次提出了"刑事诉讼构造"的概念,由此引发了中国学者的思考。

进入 21 世纪初,开始有学者对刑事诉讼模式和刑事诉讼构造进行了界分。③ 学界逐渐将两个概念进行了区分并进行了界定和研究。④ 2003 年,汪海燕教授在其博士论文《刑事诉讼模式的演进》中,对历史上存续的几种主

---

① [美]赫伯特·L.帕克:《刑事诉讼的两种模式》,梁根林译,载《争鸣与思辨——刑事诉讼精简论文选译》,虞平、郭志媛编译,北京大学出版社 2013 年版,第 14 页。

② [美]赫伯特·L.帕克:《刑事诉讼的两种模式》,梁根林译,载《争鸣与思辨——刑事诉讼精简论文选译》,虞平、郭志媛编译,北京大学出版社 2013 年版,第 38 页。

③ 宋世杰:《刑事诉讼理论研究》,湖南人民出版社 2001 年版,第 157 页。

④ 杨开湘主编:《刑事诉讼法学》,湖南人民出版社 2003 年版,第 40~44 页;谢佑平主编:《刑事诉讼法学》,复旦大学出版社 2002 年版,第 16、36~48 页。

要刑事诉讼模式的形成及演进进行了系统介绍。相比欧美国家的刑事诉讼模式理论研究，我国对该问题的研究显得非常不够，除了李心鉴博士在20世纪80年代末进行了开创性的研究外，中间近10年时间，我国学者关于刑事诉讼模式的理论研究视角仍停留在刑事诉讼构造的层面上，强调具体的诉讼程序中各方地位及主体之间的关系，较少对制度进行概括、抽象，从而提炼出理论模型，这也是我国被害人在法律上享有至高地位亦被赋予了各种权利，在实践中却处境艰难的一个重要原因，这种思路仍属于头痛医头、脚痛医脚式的治疗方案。

（二）主要分类

根据我国理论界对刑事诉讼模式的研究状况，我国主要有以下几种较为主流的观点：

1. 当事人主义诉讼模式、职权主义诉讼模式、混合主义模式

当事人主义、职权主义和混合式的划分在我国对刑事诉讼模式的理论研究中占有重要地位，多个版本的刑事诉讼法教材都采用了此分类方法。这种划分的主要依据是诉讼各方权利义务配置情况、国家权力与个人权利在诉讼程序中的配比、推动诉讼进程的主导力量等因素。①

当事人主义刑事诉讼，也叫辩论主义诉讼，实行于英美法系国家。其主要有以下特征：第一，被告人具有独立的诉讼地位，享有较全面的诉讼权利。比如，被告人享有沉默权、获得保释的权利，侦查机关在使用逮捕、搜查、扣押等侦查手段和窃听、监控等秘密侦查手段时需要经过法官审查，经其决定才能使用。第二，检察官和被告人都是诉讼当事人，控辩双方处于对等地位，检察官行使控诉权，被告人行使辩护权。诉讼过程中被告人享有较全面的防御权。第三，法官居中裁判。审判过程中，法官一般不直接诘问，不主动调查、核实证据，而是就控辩双方提供的证据，在自由心证的原则下对案件作出判决。第四，诉讼程序较规范、严密。其推崇正当程序理念，有严格的证据规则，不允许国家在违反正当法律程序的情况下赢得诉讼。

---

① 有观点认为，中西方关于刑事诉讼模式的理解和划分存在很多差异，西方理论认为，在大陆的刑事程序的发展历史上，经历了弹劾程序、纠问程序、混合程序这样三种诉讼模式，其中，混合程序是弹劾程序和纠问程序的中间形态，包括职权主义诉讼和当事人主义诉讼。具体可参见孙锐：《中西方刑事诉讼模式理论之比较》，载《湖北社会科学》2011年第11期。结合其他资料，笔者认为该观点较为科学，但为了保持全文分析的一致性，对中方的主流观点，即将混合主义视为与职权主义、当事人主义并列存在的刑事诉讼模式也作分析。

　　大陆法系职权主义诉讼,"也被称为审问主义诉讼,实行于法国、德国等国家"①。其主要有以下特征:第一,实行国家追诉。检察机关代表国家提起公诉,依职权主动对犯罪进行追究。侦查机关也被授予较大的权力,可以使用一系列强制性侦查手段,甚至可以使用一定的秘密侦查手段,比如监视、邮件检查等。第二,法院在审判过程中居于积极、主动地位。法院为了查清案件事实,要主动调查收集证据和讯问被告人。在庭审中,双方当事人也被赋予了一定的诉讼权利,在平等对抗的原则下进行诉讼,服从和听命于法官的指挥。法官决定传唤和询问,并自行询问,不采用交叉询问制,起诉与辩护方都没有在法庭上举证的义务。第三,诉讼过程中重实体,轻程序。职权主义刑事诉讼的目的在于查清犯罪事实,惩罚犯罪。所以,司法机关被赋予了强大的权力,诉讼过程中,对公权力的限制较少,被告人的防御权受到的重视不够,实践中易出现重目的、轻手段、重实体、轻程序的现象;在证据制度方面也不够重视,比如,对于非法获得的证据,只要法官认为能证明犯罪事实,该非法证据就可以被法庭采纳。

　　混合式诉讼模式主要是指日本、意大利等国家,在职权主义诉讼的基础上借鉴了较多的当事人主义元素,因为兼具职权主义诉讼和当事人主义诉讼特征而被称为混合式诉讼。

　　2. 对抗式诉讼模式与协作式诉讼模式

　　随着恢复性司法理念在我国的传播,我国有学者提出了合作性或协作性诉讼模式,陈瑞华教授认为传统的诉讼模式是一种对抗式的诉讼模式,"对抗性司法不仅无法解释控辩双方的诉讼合作情况,而且对于被害人的诉讼参与也没有给予重视"②。因而,其在对抗性司法的基础上,提出了合作性的诉讼模式,该模式是指"控辩双方为最大限度地获取共同的诉讼利益而放弃对抗的诉讼模式"③。他解析了合作性诉讼模式的三种表现形式:一是最低限度的合作模式。刑事诉讼过程中,在被告人自愿做出有罪供述的前提下,控辩双方进行合作,追诉机构采取一些宽缓的刑事政策,作为对被告人有罪供述的回报,比如终止追诉、从轻处罚等。二是协商性的公力合作模

---

　　①　穆丽霞:《刑事诉讼价值研究》,内蒙古科学技术出版社 2008 年版,第 40 页。

　　②　陈瑞华:《司法过程中的对抗与合作——一种新的刑事诉讼模式理论》,载《法学研究》2007 年第 3 期。

　　③　陈瑞华:《刑事诉讼的私力合作模式——刑事和解在中国的兴起》,载《中国法学》2006 年第 5 期。

式。协商性司法通常发生在被告方与追诉机构之间,因此属于典型的"公力合作模式"。比如,美国的辩诉交易制度就属于典型的公力合作模式。三是私力合作模式。该模式也以被告人自愿认罪、放弃诉讼对抗,与被害人达成和解协议为前提。比如,对被害人赔礼道歉,履行赔偿等。在达成和解协议后,追诉机关对和解协议的效力予以认可,并在处理上给予充分考虑,在适用强制措施时尽可能不实行羁押,终止刑事诉讼的进程或者建议审判机关从轻处罚等。[①] 我国 2012 年《刑事诉讼法》在修订中确定的刑事和解程序就属于协作性诉讼模式。

诚如前文的分析,关于刑事诉讼模式的界定与划分,我国理论研究与欧美国家的研究差距甚大,甚至在知识引进和输入的过程中,在某些关键问题上做出了错误的判断,导致在很多时候我国的理论研究与欧美的研究无法实现在同一个平台对话。比如,我国理论界将刑事诉讼模式分为"职权主义""当事人主义""混合式"三种类型,"混合式"特指日本、意大利等国的诉讼模式。但通过对刑事诉讼模式的历史发展研究看,这其实是我国很多学者一厢情愿的分类。西方理论研究中,并无"职权主义""当事人主义""混合式"的模式划分,只有"弹劾式""纠问式""混合式"的划分,我国学者所做的该分类缺乏事实基础。

随着恢复性司法理念在中国的传播,有学者将传统的刑事诉讼模式界定为对抗式刑事诉讼模式,并主张建立协作式刑事诉讼模式。[②] 但其仍然是以"国家—被追诉人"的关系为线索来界定控、辩、审三方之间的地位和关系,即使在私力合作模式中注入了被害人因素,也仍然是以被告人的复归为逻辑起点进行制度构建,未脱离刑事诉讼追诉程序中"国家—犯罪人"的二元范式。

---

① 陈瑞华:《司法过程中的对抗与合作——一种新的刑事诉讼模式理论》,载《法学研究》2007 年第 3 期。

② 陈瑞华:《刑事诉讼的私力合作模式——刑事和解在中国的兴起》,载《中国法学》2006 年第 5 期。

第二节　传统诉讼模式的分析障碍[①]

从某个角度看,西方传统刑事诉讼模式的分类研究与我国学者关于刑事诉讼模式的分类研究具有同质性。比如,具有相同的理论预设:认为犯罪是国家和被追诉人之间的一场战争,与其他人无关;具有相同的路向选择:以控诉、辩护、审判职能为元素进行分析;具有相同的诉讼目标:惩罚犯罪,实现社会控制或者防止国家权力恣意侵犯被告人权利,即刑事诉讼是要实现惩罚,无论是通过国家主导的方式还是通过双方当事人推动的方式,都是要实现惩罚的目的。两种模式的理论在提出当时,能够解释那个时代的问题和现象,"也许因为帕克是在被害人研究之前写作该文的缘故,他只是将刑事诉讼看成是国家与被告之间进行的一场战争,而并未考虑到被害人往往也来自于相同的弱势群体之中"[②]。所以,随着经济、政治、文化的发展、变化,传统的刑事诉讼模式作为一种分析工具,已无法科学、准确地概括刑事诉讼,无法全面地识别刑事诉讼的多元化价值,其理论预设更是无法证明,遇到了前所未有的分析障碍。刑事诉讼模式的概念起源于欧洲,在美国和日本取得了突破性的发展,与我国的刑事诉讼模式理论相比,西方刑事诉讼模式理论的研究具有更开阔的视野,更强大的描述和分析功能。特别是帕克提出的两种模式的理论,与刑事诉讼的目的、国家权力与个人权利的关系定位紧密相连,能较清晰地揭示刑事诉讼发展的历史规律及其与社会历史发展的关系,为下文提出的被害人参与模式提供了理论发展的空间。本书拟在两种传统刑事诉讼模式分析障碍的基础上,分析问题。

一、被害人因素的缺席:犯罪被预设为国家和犯罪嫌疑人之间的斗争

帕克认为,"这是一场自始至终的斗争,通常被称为刑事诉讼程序,这是一个扼要的术语,代表了使实体刑法得以对犯罪嫌疑人适用(或者避免适

---

① 为了讨论有针对性,且便于行文,本书所说的传统诉讼模式是指帕克提出的犯罪控制模式和正当程序模式。

② [加]肯特·罗奇:《刑事诉讼的四种模式》,陈虎译,载《刑事法评论》第23卷。

用)的所有复杂的运作行为。"①帕克的观点代表了传统刑事诉讼模式理论的观点。在该理论预设下,帕克将刑事诉讼模式区分为流水线的犯罪控制模式和障碍赛的正当程序模式。但两种模式的共同目的是将犯罪嫌疑人关进监狱,这也是传统刑事诉讼模式理论共同的目标。所以,格里菲斯将帕克的立场描述为"刑事诉讼的竞技模式"(the battle model of the criminal process)。可刑事诉讼真的是一场国家与犯罪嫌疑人之间的斗争吗?真的是为了适用刑法将犯罪嫌疑人投入监狱,必须在国家和犯罪嫌疑人之间展开的一场斗争吗?犯罪的本质是什么?

犯罪的本质,是刑事实体法理论界的一个重要问题,多年的争论也未能使得任何一种学说突出重围,取得理论霸主地位。犯罪是一种法律现象,也是一种社会现象。刑法是基于何种原因将一些行为规定为犯罪,将另一些行为规定为合法?这是犯罪的本质面临的问题,即在何种情形下,某种行为被视为犯罪行为,需要适用刑法追究刑事责任。在犯罪的本质问题上,近代刑法之祖费尔巴哈较早地提出主张,他认为犯罪在本质上侵害的并不是抽象的自由,而是侵害了法律所赋予的权利,也即"权利侵害说"。费氏的这一主张为犯罪行为设定了客观存在的界限,具有重要的理论及实践价值。随后,毕恩堡姆(Birnbaum)提出了"法益侵害说"理论。他认为犯罪的本质是对法律所保护的各种利益的侵害,没有对法益造成侵害,就不可能构成犯罪,该学说在德国处于通说地位。有的国家或地区认为犯罪的本质并不是单一的,具有复合性。比如,二战以后的日本,坚持"法益侵害说"与"义务违反说"并存的态度。我国刑法理论界关于犯罪本质的观点也有多种学说,其中"权利侵害说""社会危害性说""法益侵害说"受到较多的关注和支持,但是这些学说具有较明显的缺陷,不能真正揭示犯罪的本质。比如,"权利侵害说"和"法益侵害说"没有揭示犯罪究竟是侵犯了谁的权利或法益,这直接导致国家权力僭越个人权利,在犯罪的认定和追究中越俎代庖;"社会危害性说"则带有过于强烈的意识形态色彩,抽象的危害性为国家滥用追诉权提供了机会。这些学说虽然从不同维度描述犯罪的特征,但几乎无一例外地忽略了一个重要因素:被害人的存在。犯罪本身是一个具有强烈的阶级属性和道德属性的概念,统治者从维护管理的角度来定义犯罪的含义及本质。

---

① [美]赫伯特·L.帕克:《刑事诉讼的两种模式》,梁根林译,载《争鸣与思辨——刑事诉讼精简论文选译》,虞平、郭志媛编译,北京大学出版社2013年版,第4页。

但抛弃被害人这一重要因素来界定犯罪的本质，无论如何，都将是不科学的，也是不准确的，被害人有权定义自己的利益。

若从描述事实的角度来界定犯罪的本质，似乎是一件很难做到的事，因为没有哪一类行为在任何时期、任何地方都被一致地认为是犯罪行为。因此，放弃从描述事实的角度界定犯罪的本质，试图从犯罪的根源来界定，也许是一个较好的路径选择。原初社会，没有法律的存在，犯罪依然存在，犯罪发生的根源在于，加害人为了获取某种利益与被害人产生了纠纷。随着社会的发展，国家和法律出现，犯罪才被界定为具有一些其他属性的法律现象，并与一般的民事侵权行为之间划分界限。但无论是否划分界限，界限划分在何处，依然不能改变犯罪的根源是一种纠纷这个事实。犯罪的发生，根源在于纠纷。在远古时代，犯罪被视为是两个氏族之间的冲突，也就是被害人与罪犯之间的冲突。"在欧洲中世纪，这一罪犯与被害人之间相互冲突的概念，逐渐被罪犯通过其犯罪来侵害社会和国家的观点取代。"[①]如今，国家充当了被害人与罪犯之间的调解人解决他们之间的纠纷。"然而，事实上却并不能将被害人从犯罪原因和犯罪控制中完全排除出去。当犯罪行为必定导致罪犯与社会的冲突时，同样也即构成了罪犯与被害人之间的冲突。"[②]有些纠纷发生在犯罪嫌疑人和具体的被害人之间，比如有被害人的犯罪案件，此时的被害人是事实的被害人。而另外一些没有明确被害人的案件，纠纷发生在犯罪嫌疑人和抽象的被害人之间，比如国家。此时的被害人是拟制的被害人，来源于法律的规定，比如将某些没有明确侵害被害人的行为界定为犯罪[③]。从这个角度分析，我们可以将犯罪的本质界定为纠纷。

二、被害人因素的缺席：刑事诉讼与《刑事诉讼法》的目的被混同

关于刑事诉讼的目的，不同学者有不同的认识。我国学术界对各种观念进行整合，主要有两种观点。第一种观点认为，刑事诉讼目的，是指"以观念形式表达的国家进行刑事诉讼所要期望达到的目标，是统治者按照自己

---

① ［德］汉斯·约阿希姆·施奈德主编：《国际范围内的被害人》，许章润译，中国人民公安大学出版社1992年版，第1页。

② ［德］汉斯·约阿希姆·施奈德主编：《国际范围内的被害人》，许章润译，中国人民公安大学出版社1992年版，第1页。

③ 对于没有明确被害人的案件，国家被拟制为被害人，不是本书讨论的重点，故不详尽分析，仅对有明确的具体的被害人的案件进行讨论，下同。

的需要和基于对刑事诉讼及其对象固有属性的认识预先设计的关于刑事诉讼结果的理想模式"①。我们应从根本目的和直接目的两个层面来理解刑事诉讼的目的,直接目的为"控制犯罪与保障人权",根本目的为"维护我国宪法制度或利于我国宪法制度的巩固与发展的秩序(简称为维护社会秩序)"②。第二种观点认为,刑事诉讼的基本目的是"设计和运用刑事诉讼制度想要追求的基础目的和想要获得的主要结果",有人认为主要体现为"自由与安全这两种目的",也有人认为是"惩罚犯罪与保障人权的统一"。③ 这些观点实际上混淆了刑事诉讼的目的与刑事诉讼法的目的,比如惩罚犯罪和保障人权是刑事诉讼法作为一部法律的运作目的,而不是刑事诉讼作为一项活动的目的。比如,《美国联邦刑事诉讼规则》第 2 条规定:"本规则旨在为正确处理每一起刑事诉讼提供规则,以保证简化诉讼,公正司法,避免不必要的费用和延缓。"《日本刑事诉讼法》第 1 条规定:"本法以在刑事案件上,于维护公共福利和保障个人基本人权的同时,明确案件的事实真相,正当而迅速地适用刑罚令为目的。"我国《刑事诉讼法》第 1 条的规定既是《刑事诉讼法》的任务,也是《刑事诉讼法》的目的。它主要有以下四个目的:一是"保证刑法的正确实施";二是"惩罚犯罪";三是"保护人民";四是"保障国家安全和社会公共安全,维护社会主义社会秩序"。④

但事实上,作为一项活动的刑事诉讼与作为一部法律的《刑事诉讼法》之间存在根本性的差异。传统刑事诉讼模式将刑事诉讼的目的与《刑事诉讼法》的目的混同,最根本的原因在于传统刑事诉讼模式中被害人因素的缺席,被害人的主体地位和独立的诉讼目的被忽略。法律是由国家制定并用来维护其利益的,惩罚犯罪和保障人权是国家维护正常运作所必须要实现和保障的,将其作为一部法律实现的目标无可非议。但诚如前文分析,一方面,刑事诉讼中存在多个诉讼主体,刑事诉讼中的其他主体利益并不必然与国家利益一致,其诉讼目的也并不必定与国家进行刑事诉讼活动的目的一致。刑事诉讼的主体包括被害人在刑事诉讼中都有独立的诉讼目的。与国家这一强大的工具相比,其他诉讼主体处于天然的弱势地位,若只强调国家

---

① 宋英辉:《刑事诉讼目的论》,中国人民公安大学出版社 1995 年版,第 3 页。
② 宋英辉:《刑事诉讼目的论》,中国人民公安大学出版社 1995 年版,第 83 页。
③ 徐静村主编:《刑事诉讼法学》(上),法律出版社 1997 年版,第 53 页。
④ 《中华人民共和国刑事诉讼法》第 1 条。

的刑事诉讼目的,忽略其他诉讼主体的诉讼目的,极易导致犯罪嫌疑人和被害人被客体化,失却诉讼中的主体地位,影响人权保障的进步和诉讼结构的转型。《刑事诉讼法》强调的保障人权大多体现为对被追诉人的人权保障,被害人独立的诉讼地位和诉讼目的,则湮没在国家利益和国家与被告人的假定冲突中。另一方面,国家是极抽象的概念,代表国家的追诉机关与代表国家的审判机关在刑事诉讼中也有不同的利益追求,因为诉讼目的也不尽一致。

同时,不同的诉讼主体在不同的诉讼阶段会有不同的诉讼目标,比如,在刑事诉讼中,裁判者在审理阶段的目的是在法定期限内尽快作出裁判。在不同的意识形态和法律文化的影响下,有时裁判者可能希望作出的裁判是公正的,有时可能希望是控辩双方满意的裁判,而不顾裁判本身是否公正。作为被告人,在刑事诉讼中的目的则可能是最大限度地获得有利于自己的裁判,而无论该裁判对对方是否公平。作为被害人,是犯罪行为及其结果的直接承受者,犯罪嫌疑人的犯罪行为给被害人的身体、心理或者财产造成了伤害,文明社会虽然禁止血亲复仇,但通过国家追诉实现对犯罪人的刑罚报复并不为各国法律所禁止,所以通过诉讼解决其损害赔偿,实现其报复愿望等是被害人的目的。这也意味着在没有均衡调节机制存在的前提下,裁判者依照程序作出他自认为是公正的裁判,实现了裁判者的诉讼目的,但诉讼当事人对该裁判并不满意,也就并未实现诉讼当事人的诉讼目的。

鉴于此,刑事诉讼的目的不宜一概而论。基于前文的分析,正如犯罪的本质一样,若从描述事实的角度,无法界定刑事诉讼的目的是什么。但从根源上看,犯罪的本质是一场发生在犯罪嫌疑人与被害人之间的纠纷,遵循该分析思路,同样的,刑事诉讼的目的则是解决犯罪嫌疑人与被害人之间的纠纷。作为一部法律,《刑事诉讼法》关涉价值判断,比如惩罚犯罪、保障人权、维护公共福利、保障国家安全等。但作为一项活动,刑事诉讼与价值无涉,其仅仅是解决纠纷的一个程序,一种路径。在动态的刑事诉讼发展中,各诉讼主体在各诉讼阶段的最终的目的都是妥善地解决纠纷。至于《刑事诉讼法》通过该程序实现了哪些既定的价值目标,则是刑事诉讼法学要研究和分析的内容。

三、被害人因素的缺席:不利于传统诉讼模式主导价值的实现

犯罪控制模式所蕴含的主要价值是有效率地打击犯罪,迅速处置刑事

被告人。正如帕克描绘的犯罪控制模式的图景:一条运送案件的流水线传送带,源源不断地将案件送到处理案件的人那里,经过很多项微小的操作,最后形成成品。在这种模式下,刑事诉讼被视为一种过滤过程,是一个前后相继的诉讼阶段,这些操作是否成功主要凭借他们是否有助于圆满地做出结论,结束案件流程。

在正当程序模式中,所蕴含的价值是单个被告人至上的重要性,也涉及对国家权力滥用的限制。帕克也描绘了正当程序模式的图景:如果犯罪控制模式像一条流水线,正当程序模式则像一个超越障碍的训练场,每个前后相继的诉讼阶段被设计成难以克服的障碍,要想诉讼进入下一个流程,必须克服前一个障碍。刑事诉讼的目标之首是保护无辜者与判定事实上的犯罪者有罪并重。

传统刑事诉讼模式提出之初,理论界对被害人的研究尚未大规模展开,即使到今天,对被害人的社会调查仍难以推进,因此,传统模式对犯罪的渗透性及犯罪黑数存在预估不足。比如,帕克提取的犯罪数据,仅仅是向警察报案的统计数据,因此,他假设破案率越高就越能控制犯罪。[①] 但这一假设并不一定成立,假设的不成立可能导致社会控制方式的错误,社会控制方式的错误可能导致社会的安全和秩序受到影响,存在较大的被害人化的风险。实践中,进入警察视野并被统计的数据并不是真正的案发数据。在很多情形下,被害人并不总是选择向警察报案,而是选择通过不报案以彻底逃避刑事诉讼,被害人不将案件引入刑事诉讼程序的原因是多方面的。比如,被害人可能希望保留隐私,不希望别人知道他被人侵害的事实;可能是担心参与到刑事诉讼程序中,不但不能解决他的问题,反而会带来新的麻烦,如浪费时间和精力配合警察展开侦查工作,却收效甚微,受到刑事诉讼中的第二次伤害;也有可能是因为客观上不方便报案就选择了不报案;还有可能是被害人认为自己对诉讼缺乏参与、控制或影响力,认为报案的意义不大;甚至有可能是被害人并不希望加害人受到惩罚,或者根本就是从思想上抵制惩罚性的司法模式。

不报案的被害人妨碍了效率价值的实现,无法认定并惩罚犯罪。无论是犯罪控制模式还是正当程序模式的价值实现,都需要被害人积极自愿的参与。因为若对被害人提供诱导或者实施强迫,鼓励被害人报案,则可能带

---

① [加]肯特·罗奇:《刑事诉讼的四种模式》,陈虎译,载《刑事法评论》第 23 卷。

来新的问题：一方面是报案本身的可靠性问题需要求证；另一方面是被告人的权利受到侵犯的概率会更大。所以，传统刑事诉讼模式所采取的犯罪控制活动并不能实现控制犯罪的目标。对被害人关注度的不够，导致公众对刑事司法制度的不满及严重的不信任，被害人可能采取非正式的，未被法律明确认定，不以国家为主导的犯罪对策，比如在财物受损后向保险公司寻求补偿，而不是到警察局报案通过刑事诉讼程序从加害人处获得赔偿，"那些拥有足够资源的人可能会发现，不受正当程序标准或者追求定罪限制的私家侦探在预防犯罪和减少损失方面比国家警察更有用"[1]。传统刑事诉讼模式忽略了被害人在社会控制和正当程序中的作用，导致传统刑事诉讼的诸多价值和诉讼目标无法实现。

第三节　被害人参与模式的提出
——基于对犯罪控制和正当程序模式的补充

一、被害人参与模式的提出

（一）被害人参与模式基于对犯罪控制和正当程序两种模式的补充而提出

帕克在 1964 年撰文《刑事诉讼的两种模式》，发表在《宾夕法尼亚大学法学评论》上，提出了犯罪控制模式和正当程序模式，文章一经发表立即受到美国法学界的高度重视，并引发了有关刑事诉讼的激烈讨论，之后的很多有关刑事司法的研究都受到了该理论模式的影响。直至当下，其影响力依然存在，这也为帕克赢得了终身学术荣誉。文章发表后遭到了很多学者的批驳，比如，耶鲁大学年轻的格里菲斯教授认为帕克只提出了一种模式：竞技模式，应该补充"家庭模式"。耶鲁大学法学院院长戈尔茨坦教授在充分肯定帕克的两种模式的基础上，提出美国刑事司法中大量纠问因素的存在，仍坚持传统的纠问式和弹劾式模式。帕克"两种模式"的理论在当时的历史条件下具有合理性，能够描述那个时代的美国刑事诉讼制度，解释那个时代

---

① ［美］道格拉斯·埃文·贝洛夫：《刑事诉讼的第三种模式——被害人参与模式》，郭志媛译，载《争鸣与思辨——刑事诉讼精简论文选译》，虞平郭、志媛编译，北京大学出版社 2013 年版，第 235 页。

的现象和问题。但随着时代的发展,"两种模式"的理论已经不能完全描述和概括,更不能解释当代社会中有关刑事诉讼的现象和问题了。直到 20 世纪 90 年代,美国西北大学法学院教授道格拉斯·埃文·贝洛夫在《犹他法律评论》(Uath Law Review)上发表了《刑事诉讼的第三种模式:被害人参与模式》,认为"帕克教授并未预见到规定被害人正式参与的现代法律,也未从历史角度考察一直延续至今的被害人参与刑事诉讼的法律传统。因此,这两种模式没有涵盖能够理解被害人参与刑事诉讼的概念框架也就不足为奇了"①。他在两种模式的基础上提出了"被害人参与模式",作为第三种模式予以补充描述刑事诉讼的变化。加拿大多伦多大学肯特·罗奇教授在美国《刑法与犯罪学杂志》(The Journal of Criminal Law and Criminology)上发表论文《刑事诉讼的四种模式》,批判了帕克提出的犯罪控制模式和正当程序模式,认为"将充满自由裁量和人性化的刑事司法制度简化为一个简单的事实是不可能或者是不可欲的。模式的多样化是有益的,因为对现实形态的多种并存的描述,可以从不同角度合理解释制度运行的各个方面"②。他提出了两种新的模式:一是依赖刑事制裁与刑罚的被害人权利的惩罚模式;二是强调犯罪预防和恢复性司法的被害人权利的非惩罚模式。罗奇提出的两种模式都是被害人参与模式,只不过对其进行了细化,将其切分为依赖惩罚的被害人参与模式和强调犯罪预防的被害人参与模式,为行文方便,暂将两种模式统一称之为被害人参与模式。

贝洛夫教授和罗奇教授提出的被害人参与模式并不是基于完全否定帕克"两种模式"的前提,而是在肯定帕克"两种模式"的基础上,提出了新的诉讼模式,用于补充和发展"两种模式",倡导"两种模式"无法涵盖的价值,描述"两种模式"无法描述的现象,形成刑事诉讼中的三种模式:犯罪控制模式、正当程序模式、被害人参与模式。

(二)被害人参与模式的主导价值

"被害人参与模式对犯罪控制模式和正当程序模式赖以存在的价值均提出了一种新的挑战。论证被害人参与模式的正当性意味着,之前由两套

---

① [美]道格拉斯·埃文·贝洛夫:《刑事诉讼的第三种模式——被害人参与模式》,郭志媛译,载《争鸣与思辨——刑事诉讼精简论文选译》,虞平、郭志媛编译,北京大学出版社 2013 年版,第 192 页。

② [加]肯特·罗奇:《刑事诉讼的四种模式》,郭志媛译,载《争鸣与思辨——刑事诉讼精简论文选译》,虞平、郭志媛编译,北京大学出版社 2013 年版,第 218 页。

主流价值体系所统治的领域现在必须接纳第三种价值,即被害人至上的价值。"①具体而言,其主要表现在以下方面:

1. 被害人的尊重及尊严价值

传统刑事诉讼模式认为,刑事诉讼是国家与犯罪嫌疑人之间的斗争,国家取代被害人取得追诉者的地位,并将被害人排除在刑事诉讼之外,假定国家才是最大的受害者。但"国家是唯一遭受犯罪侵害的实体的观念是违反一般常识的,需要逻辑上的跳跃才能得出只有国家(而非被害人)遭受了犯罪侵害这一结论。"②在没有被害人报案的情况下,很多案件发生了,但国家一般不了解犯罪,国家甚至不知道已经发生了犯罪,"这说明国家可能以某种间接的方式受到侵害,但是被告人才是直接的受害人。因此,对被害人的伤害比对国家的侵害更严重"③。正如犯罪控制模式蕴含的主要价值是有效打击犯罪,正当程序模式蕴含的主要价值是被告人至上一样,被害人参与模式也蕴含了其价值取向。"被害人参与模式的价值取向暗含在联邦和州的制定法以及许多州宪法的用语中。这些用语包括三个重要的概念:被害人的正义,对被害人的尊重以及被害人尊严。大多数州宪法有关被害人权利的条款中包含两个或两个以上这样的概念……赋予被害人参与权的联邦制定法明确规定了尊严、正义和尊重这些概念与其他权利同样重要。"④被害人参与模式意味着被害人是否选择参与刑事诉讼是被害人的自由。比如,在很多强奸案中,是否决定报案并追究加害人的刑事责任,大多数案件都是由被害人决定,在被害人不报案也不指控其被强奸的情况下,国家一般不会启动追诉程序,追究加害人的刑事责任。这体现了国家对被害人隐

---

①　[美]道格拉斯·埃文·贝洛夫:《刑事诉讼的第三种模式——被害人参与模式》,郭志媛译,载《争鸣与思辨——刑事诉讼精简论文选译》,虞平、郭志媛编译,北京大学出版社2013年版,第197页。

②　[美]道格拉斯·埃文·贝洛夫:《刑事诉讼的第三种模式——被害人参与模式》,郭志媛译,载《争鸣与思辨——刑事诉讼精简论文选译》,虞平、郭志媛编译,北京大学出版社2013年版,第202页。

③　[美]道格拉斯·埃文·贝洛夫:《刑事诉讼的第三种模式——被害人参与模式》,郭志媛译,载《争鸣与思辨——刑事诉讼精简论文选译》,虞平、郭志媛编译,北京大学出版社2013年版,第203页。

④　[美]道格拉斯·埃文·贝洛夫:《刑事诉讼的第三种模式——被害人参与模式》,郭志媛译,载《争鸣与思辨——刑事诉讼精简论文选译》,虞平、郭志媛编译,北京大学出版社2013年版,第194页。

私和尊严的尊重。被害人的尊重和尊严价值专属于被害人参与模式,无法在传统刑事诉讼模式中予以体现。

2. 被害人的主体性价值

"对于一个法律时代的风格而言,重要的莫过于对人的看法,它决定着法律的方向。"[①]传统的刑事诉讼主体理论仅涉及被告人,被害人独立的利益和需求被国家权利和被告人的利益销蚀。传统诉讼模式将刑事诉讼视为国家与犯罪嫌疑人的斗争,确立"国家—犯罪人"二元分析范式,该范式下,"犯罪是孤立的个体反对统治阶级的斗争"。被害人只是国家顺利追究被告人的工具,在某种程度上,被害人被客体化、工具化,二元范式下,被害人的主体地位、实体权利、诉讼权利一并被国家与被告人的战争所遮蔽。"由于种种历史误会和理论偏颇,被害人在诉讼中的主体地位并没有受到应有的重视,不但主动追究犯罪的权利受到严格限制,也不能为了自己的利益直接与加害人和解,沦为刑事诉讼中的'被遗忘的人'。"[②]国家只有为了追诉取得成功,才在需要的时候想起被害人;被告人也只是为了在刑事诉讼中获得最大利益,才记起被害人。

这种理论基于国家本位主义,将犯罪的本质界定为具有社会危害性的行为,进而将国家拟制为最主要的被害人,并预设了两个前提:一是将抽象的国家利益视为符合社会全体成员的现实的共同利益;二是将社会成员的个人利益与全体社会成员的现实的共同利益对立。[③] 因而在犯罪侵害国家统治秩序和被害人个人权益双重法益时,被害人利益应该理所当然地让位于国家统治秩序,也即让国家这一拟制的被害人取代事实的被害人。但该理论的正当性值得商榷。[④] 比如,如何证明在一个强奸案中国家比被害人受到了更大的伤害?"既然被害人具有一般人的属性,又是具体刑事纠纷中的一方,就不容置疑地应当具有主体性,其自主意志和权利也应当受到尊

---

① [德]拉德布鲁赫:《法律上的人》,舒国滢译,载方流芳主编:《法大评论》第一卷第一辑。

② 陈光中、葛玲:《刑事和解初探》,载《中国法学》2006 年第 5 期。

③ 孙锐:《刑事诉讼本质论》,载《政法论坛》2012 年第 4 期。

④ 胡莲芳、解源源:《论可转换的动态四方诉讼构造》,载《江西社会科学》2014 年第 4 期。

重,特别是当维护被害人的权利与保护被追诉人的权利不相矛盾之时。"①

被害人作为纠纷的一方,具有在场的当然性和必要性。相应的,在追究加害人刑法责任时,我们应确立"国家—犯罪人—被害人"的多元范式。现代刑事诉讼中,国家既不能"偷走"加害人与被害人之间的矛盾,也不能从加害人与被害人之间的冲突中"溜之大吉","文明社会中的犯罪现象比在野蛮部落或原始人群中更可悲。其受害者更强烈地激起我们的同情,因为他们依靠法律保护,习惯对个人差异进行和平调整。总之,由于他们生活在文明社会中,便忽略了对自己的生命和财产的保护,如果在一种不文明的环境中,他们肯定会谨慎从事"②。因此,在国家没有为民众提供充分的保护让其免受侵害的情况下,国家至少能够通过刑事司法制度为被害人提供一个使他们感到舒适和方便的过得去的清洁、安全的环境。在刑事司法过程中,"没有任何人比被害人极其需要更多的关注"③。

立法的变化给刑事司法带来了最直接的影响,被害人因素已成为多国刑事诉讼制度关注的内容,仅仅以效率至上和被告人权利至上为价值目标显然已无法描述复杂、多变的司法制度,刑事诉讼模式作为一国刑事司法制度的重要分析工具,应适时革新以全面、准确地描述刑事司法的变化。

(三)被害人参与刑事诉讼的图景

被害人参与模式的图景是"被害人跟随其案件通过整个流水线"。④ 从案件发生并进入刑事司法系统起,一直到刑事诉讼程序的终结,被害人都可以参与诉讼。比如,在案件发生后,被害人积极配合警察展开侦查活动,影响警察和检察官的诉讼决定;对检察机关的不起诉决定提出异议,参加庭审活动,发表自己的意见,影响法官形成判断;在刑罚执行阶段,提出自己的异议;在损害救济程序中,提出自己的主张并得到各项制度的保障等。

---

① Howard Zehr1,*Changing Lenses: A New Focus for Crime and Justice*. Scottdale: Herald Press, 1990, p.32.转引自劳东燕:《被害人视角与刑法理论的重构》,载《政法论坛》2006 年第 5 期。

② [意]加罗法洛:《犯罪学》,耿伟等译,中国大百科全书出版社 1996 年版,第 7 页。

③ [德]汉斯·约阿希姆·施奈德主编:《国际范围内的被害人》,许章润译,中国人民公安大学出版社 1992 年版,第 32 页。

④ [美]道格拉斯·埃文·贝洛夫:《刑事诉讼的第三种模式——被害人参与模式》,郭志媛译,载《争鸣与思辨——刑事诉讼精简论文选译》,虞平、郭志媛编译,北京大学出版社 2013 年版,第 195 页。

二、被害人参与模式的实践及立法基础

在 20 世界 60 年代帕克提出两种模式时,被害人权利保护运动并未如火如荼地展开,也少有国家通过法律确立被害人在诉讼中的主体地位,被害人并未出现并存在于刑事诉讼中。模式作为一种理论分析工具,也是基于实践和经验而提出的,在缺乏被害人参与实践的前提下,被害人在刑事诉讼模式中的缺席即理所当然。但在帕克提出两种模式之后,世界各国开展了声势浩大的被害人权利保护运动,被害人立法取得了突破性的进展,国际性会议和国际文件也对被害人权利给予了很多的关注,这些都成为被害人参与模式的实践基础。

(一)声势浩大的被害人权利保护运动引起社会对被害人的关注

在一些国家出现的被害人权利保护社会运动引起了社会对刑事被害人的关注,推动了被害人理论研究的发展,对被害人权利完善特别是对被害人立法产生了重要影响。"被害人权利复兴中典型的代表有四大运动:美国母亲反对酒后驾驶的运动(the American Movement Mothers Against Drunk Driving),澳大利亚被害者的援助联盟运动(the Australian Movement Victims of Crime Assistance League),美国父母梅根立法运动(the USA Movement Parents for Megan.5's Law)和英国援助被害人的运动(the UK Movement Victim Support)。"[1]另外,美国的法律与秩序运动、妇女运动、民权和公民自由运动也引起了较大的影响。[2] 二战后,杀人、抢劫、伤害、爆炸等暴力犯罪急剧增多,民众的被害人意识和危机意识强烈,"大多数人对遭受犯罪侵害的担心远远大于遭受不公正逮捕和监禁"。[3] 在此背景下,美国的社会团体发起了一场法律与秩序的政治运动,要求当局对罪犯实行"强硬"政策;要求政府平等对待加害人与被害人的权利,如果过度地保护加害人让其受到有利的对待,反而忽略了被害人的感受和处境,牺牲无辜受害者

---

① 申柳华:《被害人的谱系学研究——从被害人的历史地位变迁的角度》,载《刑事法评论》2012 年第 1 期。

② 吴啟铮:《刑事被害人权利保护国际司法准则与跨国法律框架》,载《中国刑事法杂志》2008 年第 6 期。

③ See Andrew Kanmen,*Crimevictims:An Introduction to Victimology*,Brooks/Cole publishing Company,1989,p.4ff.

的一方,正义的天平发生倾斜了。[①] 20 世纪 70 年代以来,美国的妇女运动与早期争取财产和参与政治权利的运动不同,开始关注妇女对于"控制自身身体"的要求,反对性侵犯、家庭暴力等。 比如,反强奸运动(anti-rape movement)和反身体伤害运动(anti-battering movement),鼓励并帮助受害者同已经建立起来的援助机构联系,挑战现有的程序,为受害者提供支持、援助和工作机会等。[②] 民权团体指责歧视性双重标准仍然充斥在美国刑事司法体制内部。白人犯罪和黑人等少数族裔犯罪,白人作为犯罪被害人与黑人等少数族裔作为被害人,受到的关注程度不一样,处理的程序和结果都有区别。这场声势浩大的民权运动引起了社会对被害人权利的关注和保护。

在这些被害人权利保护运动中,有一项重要的成就就是产生了"被害调查"(the victimization survey)工作。第一项犯罪受害调查产生于美国,1965 年,由总统执法和司法委员会实施。"受害调查将早期的被害人学的微观研究推进到一种以确定受害总量、分析被害人的社会统计学特征为目标的宏观研究,从而使犯罪被害人学的研究得以依据大量的实证资料进行,这极大地促进了犯罪被害人学的发展。"[③]在"重新发现被害人"的运动中,他们发现了很多以前被忽略的事实,证实了学者们的开拓性思维,并逐渐获得了承认。第一,犯罪被害人作为犯罪的结果,受到精神、经济和人身的诸多损害,需要治疗,以免将来变成习惯性被害人、罪犯或社会异常性格的人。第二,"犯罪被害人是刑事司法制度的守门人。在 90% 的案件中,被害人通过报警而进入刑事诉讼",[④]因而要实现社会控制或者对罪犯的惩罚在很大程度上要依赖被害人的合作。第三,"通过正式的刑事司法和矫正机构对罪犯所进行的全部犯罪控制,效果是很有效的,对于罪犯和犯罪被害人甚至会

---

①　Andrew Karmen, *The Rediscovery of Crime Victims*, in *Criminal Justice in America: Theory, Practice, and Policy*, edited by Berry W. Hancock & Paul M. Sharp, Upper Saddle River, NJ: Prentice-Hall, Inc.1996,p28.

②　See Andrew Karmen, *The Rediscovery of Crime Victims*, in *Criminal Justice in America: Theory, Practice, and Policy*, edited by Berry W. Hancock & Paul M. Sharp, Upper Saddle River, NJ: Prentice-Hall, Inc., 1996, p.30.

③　郭建安主编:《犯罪被害人学》,北京大学出版社 1997 年版,第 366 页。

④　[德]汉斯·约阿希姆·施奈德主编:《国际范围内的被害人》,许章润译,中国人民公安大学出版社 1992 年版,中译本序第 4 页。

产生有害的副作用"①。刑事诉讼"偷走"了双方当事人被害人与罪犯之间的冲突,以罪犯本位的刑事诉讼使被害人再度被害,因而在刑事诉讼中被害人应享有与被告人平等的受保护的权利。第四,犯罪行为的发生有其社会原因。"社会通过其思想、价值观念、生活方式、结构,特别是直接社会环境促使犯罪行为发生。"②犯罪产生了被害人,被害人在犯罪的发生中扮演了各不相同的角色,但我们不得因此牵连到被害人,即"不得假设被害人具有共同罪责甚至担受刑罚"③。第五,改善被害人的地位有利于维护犯罪人的利益。"对于被害人利益的保护,丝毫也不意味着将与企图伤害罪犯并剥夺其宪法权利的压制性的刑事政策发生必然的联系。问题的关键在于实现利益的均衡和罪犯、被害人与社会之间的和睦安宁。"④由于社会机构、价值观念和生活方式的改变,对于冲突也倾向于用和平方式解决,这些对有效预防和控制犯罪都有重要意义。

(二)被害人立法活动成果丰富

被害人在控制犯罪和司法实践中的作用被发现并得到了关注和支持,多个国家就被害人问题进行立法,成为刑事司法改革的一个突出主题。

1. 英格兰

1963 年,新西兰通过了第一部关于赔偿被害人损失的法律。随后,英格兰、美国的一些州,加拿大的一些省和澳大利亚也相继通过了类似的法律。

2. 英国

1964 年,英国颁布《犯罪被害补偿计划》(1995 年、2001 年修改),建立犯罪被害补偿制度。英国内务部于 1990 年 2 月发表了《被害人宪章》,切实保护犯罪被害人的权利;1996 年制定了更加具体的《关于犯罪被害人的支援基准的宪章》。2002 年 7 月,英国政府颁布《所有人的正义——英国司法

---

① 刘东根:《犯罪被害人地位的变迁及我国刑事立法的完善》,载《中国人民公安大学学报》2007 年第 2 期。
② 〔德〕汉斯·约阿希姆·施奈德主编:《国际范围内的被害人》,许章润译,中国人民公安大学出版社 1992 年版,中译本序第 2 页。
③ 〔德〕汉斯·约阿希姆·施奈德主编:《国际范围内的被害人》,许章润译,中国人民公安大学出版社 1992 年版,中译本序第 2 页。
④ 〔德〕汉斯·约阿希姆·施奈德主编:《国际范围内的被害人》,许章润译,中国人民公安大学出版社 1992 年版,第 420 页。

改革报告》,提出要纠正刑事司法过程中权利保护不平衡的现象,对刑事司法制度进行改革。① 其认为,"犯罪的被害人应当成为这一制度的核心……使其有利于被害人、证人和社会公众,以树立起更大的信任度和可信性,使所有的人都能享有公正。"②2003 年通过的《刑事司法法》增加了中间性刑罚——间歇性监禁。2003 年 12 月公布的《家庭暴力、犯罪与被害人法案》,确保被害人在刑事司法制度内外的利益,提出了服务被害人的具体措施。2006 年 4 月,英国颁布《犯罪被害人操作法案》,它确保被害人了解案件进展、被采取强制措施以及被判刑的全过程。③

3. 美国

1982 年,美国制定了《被害人及证人保护法》,该法对犯罪被害人的权利与救济制度作了重要规定。在联邦,1982 年提出了在宪法第 6 条规定被告人权利的同时,增加规定被害人权利的《美利坚合众国宪法第 6 条修正的改正提案》,并于 1996 年向议会两院提出。1983 年制定的《关于被害人和证人的援助的司法长官的指导方针》(*Attorney General Guidelines for Victim and Witness Assistance*),规定了联邦司法当局和犯罪被害人相关联的基本政策。1984 年,美国通过《犯罪被害人法》(*Victims of Crime Act*)(1988 年、1998 年修改),并根据《犯罪被害人法》设立了犯罪被害人基金(*Crime Victim Fund*),该基金是全美最重要的被害人支援金。1990 年,美国通过了《被害人的权利及被害赔偿法》(*Victims Rights and Restitution Act*),或称《被害人权利法》(*Victim' Rights Act*),规定了被害人的基本权利和对被害人的支援措施。1990 年的《犯罪规制法》(*Crime Control Act*)是第一个全联邦的被害人权利宪章。1994 年制定的《控制暴力犯罪和法律实施法》(*Violent Crime Control and Law Enforcement Act*),对性暴力、性剥削、家庭内暴力、儿童虐待、市场交易欺诈的被害人设立了新的权利。1996

---

①　陈光中、郑旭:《追求刑事诉讼价值的平衡——英俄近年刑事司法改革述评》,载《中国刑事法杂志》2003 年第 1 期。

②　最高人民检察院法律政策研究室编译:《所有人的正义——英国司法改革报告》,中国检察出版社 2003 版,第 10 页。

③　杨正万:《英国刑诉中被害人的权利》,载《山西高等学校社会科学学报》2001 年第 11 期;[英]凯若琳·霍伊尔:《被害人在英国刑事司法程序中的作用》,苗苗等译,载《刑法论丛》2014 年第 1 卷;谷青:《英国被害人参与刑事司法程序概述》,载《中国司法》2006 年第 3 期。

年,为了强化反恐怖活动的对策,对办理犯罪事件的被害人予以赔偿,克林顿总统签署了《反恐怖活动法》(Antiterrorism Act)。1997 年,联邦议会通过了《被害人权利解释法》(Victims' Rights Clarification Act),明确了被害人参加刑事司法程序以及口头提出被害人影响陈述的权利。2004 年,联邦议会通过《形式被害人权利法》(Crime Victims' Rights Act of 2004),进一步扩展了被害人权利保护的范围。在各州,1982 年的时候只有 4 个州制定了《被害人权利宪章》(Victims' Bill of Rights),而到了 1998 年,各州都制定了自己的《被害人权利宪章》,同时有 29 个州根据宪法命令强化了被害人的权利;截止到 1999 年,已有 31 个州通过修改宪法规定了被害人的权利,有 35 个州给予了被害人参加刑事司法程序的权利,其中 24 个州将其规定在宪法中。[1]

4. 德国

1976 年,德国制定了《暴力犯罪被害人补偿法》,根据该法,暴力犯罪的被害人有权申请治疗费、康复费、补偿费等。1986 年制定的《改善刑事诉讼中被害人地位的第一法律》,确认了被害人在刑事诉讼中的权利。[2] 从改善和强化犯罪被害人地位的观点出发,根据 1994 年成立的《关于刑法、刑事诉讼法以及其他的法律的一部分修正的法律》,有关损害的恢复以及加害人与被害人的和解的刑法规定被修改了。1992 年,第 59 届德国法学会刑事法分会专门讨论了"加害人和被害人的和解在刑法中的位置"这一课题。之后,从改善和强化犯罪被害人地位的观点出发,根据 1994 年成立的《关于刑法、刑事诉讼法以及其他的法律的一部分修正的法律》,有关损害的恢复以及加害人与被害人的和解的刑法规定被修改了。1998 年,为了减轻犯罪被害人(特别是儿童性虐待案件中的儿童被害人和性犯罪的女性被害人)作证时因接受询问所带来的精神上的痛苦,以及可能造成的第二次被害,根据《为了改善在刑事程序中询问时的证人和被害人的保护的法律》,刑事诉讼法的规定被修改了:对性犯罪及其他重大犯罪的被害人出庭作证的,可以由

---

[1] 秦策:《正当程序原则与被害人利益的权衡——美国刑事被害人制度的变迁与启示》,载《诉讼法论丛》第 11 卷;蒋鹏飞、刘少军:《美国刑事被害人权利载入联邦宪法若干问题研究》,载《安徽法学法律评论》2008 年第 1 辑;吴大华:《美国犯罪被害人权利法扩张适用及其启示》,载《现代法学》2014 年第 5 期。

[2] 吴四江:《被害人保护法研究——以犯罪被害人权利为视角》,中国检察出版社 2011 年版,第 25 页。

律师陪伴；①被害人在16岁以下的，如果可能涉及证人的重大利益，被告人不能退庭回避的，询问可在法庭以外进行，也可通过电视转播。② 2004 年 6 月通过的《被害人权利改革法》对被害人的权利保护更进一步，对于被害人提出的民事损害赔偿，可以在刑事诉讼程序中作出判决，如果法院驳回，则可启动立即提出异议程序。2009 年通过的《被害人权利改革第二法案》对被害人的权利保护更进一步，只要不存在影响调查目的的因素，均应当允许被害人信赖的人出席法庭，并接受被害人的询问。③

5. 法国

1977 年《法国刑事诉讼法典》第 4 卷特别程序中增设了第 14 编，确立了对被害人的国家补偿制度，判决时需要综合考虑被害人的身体状况、物资状况及心理状况。1993 年，刑事诉讼法的修改强化了私诉原告人在预审阶段的权利，新设了刑事仲裁的规定。1998 年 7 月 1 日，司法部长发布了《关于犯罪被害人援助和保护的刑事政策的通知》，明确规定了犯罪被害人在刑事程序中的地位。1999 年，《法国刑事诉讼法》增设刑事和解程序。2002 年 6 月，法国通过了《关于加强保障无罪推定和被害人权利的法律》，对刑事诉讼法典做了系统修订。④

6. 日本

日本于 1980 年通过了亚洲第一个犯罪被害人补偿的法律——《犯罪被害人等给付金支付法》。之后，关于被害人保护的立法进程不是很快，但近年来，由于东京地铁毒气事件、神户小学生杀人事件等恶性事件的发生，人们对被害人保护的关心程度空前高涨。1999 年 10 月，日本律师协会发布《犯罪被害人基本法纲要》，1999 年设立"全国被害人支援网"，该网发表《犯罪被害人的权利宣言》《综合支持犯罪被害人的提案》，设立"加害人与被害

---

① 《德国刑事诉讼法典》第 68 条 b。

② 《德国刑事诉讼法典》第 247 条。

③ ［德］约阿希姆·赫尔曼：《被害人保护在德国刑法和刑事诉讼法中的发展——永无止境的发展史》，黄河译，载《安徽法学法律评论》2010 年第 2 辑；申柳华：《德国刑法被害人信条学研究初论》，载《刑法评论》第 28 卷；兰跃军：《公诉案件被害人当事人制度研究——以德国附带诉讼制度为参考》，载《时代法学》2006 年第 4 期。

④ 吴四江：《被害人保护法研究——以犯罪被害人权利为视角》，中国检察出版社 2011 年版；施鹏鹏：《基本权利谱系与法国刑事诉讼的新发展——以〈欧洲人权公约〉及欧洲人权法院判例对法国刑事诉讼的影响为中心》，载《暨南大学学报》2013 年第 7 期。

人和解"项目。1998 年,日本通过《被害人民事请求法》;日本民主党于 2000 年 4 月公布《犯罪被害人基本法案》。从 2000 年开始,日本相继制定和修改了一系列的相关法律。①

7. 韩国

1987 年 10 月,韩国宪法修订时,增加了关于被害人的陈述权、救助请求权等规定。在刑事诉讼中,其规定了对告诉人等有关告诉(《刑事诉讼法》第 223 条)、起诉、不起诉等的处分的通知制度;1995 年《刑事诉讼法》修改时,其增加了以保护犯罪被害人为目的的保释的限制和取消的规定。1987 年 11 月 28 日,规定国家对犯罪被害人的经济援助的《犯罪被害人经济法》被制定了。1994 年,为了预防性暴力、保护犯罪被害人,韩国又制定了《关于性暴力犯罪的出发及其被害人的保护的法律》。1997 年,韩国制定了《关于家庭内暴力犯罪的处罚等的特例法》,2000 年 6 月实施了《特定犯罪审稿人等保护法》,对特定的犯罪的申告、陈情通报、告诉、告发、陈述、证言及其他的情报的提供者及其亲属等,在因其上述行为而可能遭到报复时的各种各样的确保其安全的措施。②

(三)被害人权利保护组织及活动

1976 年,美国加州民间创立了"协助被害人全国联盟"。"1981 年,美国总统里根为了结束被害人被遗忘的司法黑暗时代,宣布每年从 4 月 19 日起的 1 周为'全国犯罪被害人权利周',1982 年,里根政府成立'总统指定犯罪被害人研究专案小组',研究被害人司法保护的改革方案。"③1974 年,英国设立"被害人支援协会",作为民间的被害人支援团体帮助出庭、介入危机、案情通报等。1994 年,美国律师协会确认了刑事和解制度。1995 年,被害人援助国际组织批准实施恢复性司法。刑事和解的案件范围由最初的轻微

---

① 比如《儿童虐待防止法》《性骚扰规制法》《配偶的暴力防止及被害保护法》《犯罪被害人等给附近支付法修正案》《刑事诉讼法和检察审查会法的部分改正的法律》《关于在刑事诉讼程序中保护犯罪被害人等的附带措施的法律》,以及 2003 年的《刑事程序中保护被害人等附带措施的法律案》《犯罪被害人基本法》《援助犯罪被害人基本纲要》。

② 陈学权:《韩国刑事诉讼法的修改及发展趋向》,载《人民检察》2007 年第 5 期;李炯泽:《韩国刑事诉讼法最新发展》,载《刑事司法论坛》2008 年第 1 辑;刘晓梅:《韩国犯罪被害人保护制度及其对我国的启示》,载《江苏警官学院学报》2008 年第 3 期。

③ 刘东根:《犯罪被害人地位的变迁及我国刑事立法的完善》,载《中国人民公安大学学报》2007 年第 2 期。

刑事案件扩大到强奸、杀人、放火等。德国于 1976 年成立民间被害人支援团体"白环"(wiser ring),"意即由清白的、无过错的被害人所组成的团体。该组织的宗旨是协助被害人心理康复和生活重建"①。从 1985 年开始,加害人和被害人的和解计划在各地开始实施。法国于 1980 年设立国家被害人援助仲裁中心,形成被害人援助网。"欧洲刑事被害人服务论坛"(the European Forum for Victim Services)是被害人团体中比较有影响力的组织,是一个为刑事被害人提供社区和法庭服务的非政府组织,发布了多个报告,对欧洲联盟刑事被害人政策的制定产生了很大的影响。②

(四)国际会议及文件

自 1973 年在以色列召开了"首届国际被害人学研讨会"并成立了世界被害人学会后,由国际被害人学协会组织,定期每隔三年召开一次被害人学国际学术会议,旨在促进被害人学研究,交流各国学者的研究成果。被害人学研讨会极大地推动了被害人学的发展和被害人的权利保护。1981 年 5 月,欧洲议会的犯罪问题委员会建立被害人和刑事、社会政策小型专家特别委员会,提出改善犯罪被害人保护的各种措施。1985 年,欧洲议会部长会议批准了关于改善被害人在刑法和刑事诉讼中的地位的建议。③ 1985 年,联合国通过了《为犯罪和滥用权力行为受害者取得公理的基本原则宣言》,要求各成员国承认受害者的权利,采取有效措施,确保被害人的利益和人道待遇。

---

① 郭宇燕:《我国刑事被害人法律援助制度研究》,载《山西高等学校社会科学学报》2008 年第 9 期。

② 吴啟铮:《刑事被害人权利保护国际司法准则与跨国法律框架》,载《中国刑事法杂志》2008 年第 6 期。

③ 吴啟铮:《刑事被害人权利保护国际司法准则与跨国法律框架》,载《中国刑事法杂志》2008 年第 6 期。

第四章 动态的"四方诉讼构造"对我国被害人参与模式的承载

第一节 我国被害人参与模式的提出

在前述我国理论界对刑事诉讼模式的理论研究中,关于刑事诉讼模式的种类界定均不是很科学,最重要的原因在于被害人因素在刑事诉讼模式中的缺席。① 笔者认为,帕克提出的犯罪控制模式和正当程序模式分别倡导效率价值和被告人至上的价值,能较好地与刑事诉讼主体、刑事诉讼价值、刑事诉讼目标等相契合,在理论体系上较为完备,能较为直观、便捷、有效地描述、分析和解决现代刑事诉讼运行过程中的问题。仅仅是帕克的两种模式遗忘了"星星的一角"——被害人。诚如前文分析,帕克之所以遗忘被害人,一个主要原因就是当时的时代,被害人并不曾存在于刑事诉讼的立法和司法实践中。随着被害人权利运动的开展及有关被害人立法的推动,具备了被害人参与的立法、理论及实践基础,便有学者在此基础上提出了被害人参与模式。基于主体性原则,被害人作为被加害行为直接侵犯的人,是当然的刑事诉讼主体。同时,我国现行《刑事诉讼法》确立了被害人的"当事人"地位,理论和实践也对被害人问题给予了很多关注,我国已具备了被害人参与模式存在的立法、理论及实践基础。所以,笔者提出了被害人参与模式这一重要的理论分析工具。

一、我国被害人参与模式的要素分析

被害人参与模式作为一种理论分析工具,也应具备模式本应具备的要素,即情境、问题、方案和评价四个基本要素。

（一）情境要素

我国《刑事诉讼法》在 1996 年第一次修订时,正式将被害人确立为"诉

---

① 详见前文传统刑事诉讼模式的分析障碍部分内容。

讼当事人",并赋予被害人诸多诉讼权利,也确立了自诉制度。《刑事诉讼法》在 2012 年第二次修订时,确立了刑事和解制度,强化了刑事诉讼中的被害人因素。实践中,我国也对被害人救助制度等进行了探索,理论界也对被害人问题展开了理论研究。保障人权不能仅仅是保障被告人的人权,被害人的人权也应在保护之列。同时,被害人作为遭到犯罪行为直接侵害的人,具有优先保护的价值基础。被害人优先是被害人参与模式倡导的价值。

（二）问题要素

我国被害人虽然在法律上具有诉讼当事人的地位,但在司法实践中,并未受到良好的保护。被害人的诉讼权利与诉讼当事人的诉讼地位不匹配,比如,被害人与被告人同为当事人,被告人享有独立的完全的上诉权,但被害人并不享有上诉权;被害人的诉讼权利并未得到保障,被害人的报复和赔偿愿望并未得到满足,常常在法律和制度的执行中"二次被害";在被害人与被告人的利益冲突中,被害人独立的诉讼主体和诉讼利益常常被国家取代,在国家没有正确、充分地代表被害人利益时,缺少有效的救济制度予以保障;被害人作为刑事诉讼的当事人,并没有完整地参与刑事诉讼,如被害人从不参与刑罚执行程序,被害人在损害救济程序中的参与度和保障度也明显不够。

同时,犯罪"黑数"的现象存在,司法实践中,很多犯罪嫌疑人供述的犯罪事实因为无法找到被害人核实,导致无法追究犯罪嫌疑人的刑事责任。被害人在侦查阶段缺席配合,也不利于追击犯罪。

（三）方案要素

对于上述问题,我国理论界也给予了关注,并提出了一些应对举措。[①]但这些方案大多属于头痛医头、脚痛医脚式的方案,对被害人权利的改善并未发生实质性的推动作用。笔者认为,这与我国被害人理论研究缺乏深度,没有完成理论提炼工作有关。如前文分析,参与刑事诉讼的各主体最终的目标是解决纠纷,被害人作为纠纷的主体,理应在解决纠纷的现场。我们应在两种模式的基础上提出被害人参与模式这一概念,在效率和被告人至上的价值基础上,补充被害人优先价值,通过一系列的制度设计,保证被害人有效参与刑事诉讼,满足其愿望,尽可能地恢复被害人被侵害的权利。

---

① 具体内容详见导论研究综述部分的描述及参考文献。

（四）评价要素

被害人参与模式，作为一种理论分析工具，并不提供具体的原则或制度，要实现其倡导的价值，需要有系列的制度承载并与相关理念契合。否则，该模式就不能起到引导和推动刑事诉讼发展的功能。

同时，被害人参与模式这一概念的提出，对我国刑事诉讼立法和刑事司法都有一定的积极意义，比如可以全面描述我国刑事司法的理念。我国将"保障人权"写进《刑事诉讼法》，大力倡导保障人权的理念。被害人参与模式的提出，有利于丰富人权保障的内涵；同时，提供了指导刑事诉讼运行的指南。在具体的刑事诉讼程序中，因为具体制度的不完善，可能给刑事诉讼带来一些操作上的困难，被害人参与模式为解决这些困难提供了新的视角，提供了具体制度背后的价值选择；便于全面地描述动态的刑事诉讼，不再拘泥于某一静止的状态简单地界定刑事诉讼中的法律关系；为全面理解、分析刑事诉讼、预测刑事诉讼运行过程中可能存在的问题、有效解决刑事诉讼中存在的人权保障不全面、权力与权利、权利与权利之间的不平衡等问题等都提供了新的分析思路。

二、我国被害人参与模式的特征及可能带来的价值冲突

（一）被害人参与模式的主要特征

被害人参与模式具有以下几个主要特征：（1）被害人参与模式是犯罪控制模式和正当程序模式的补充，与两种传统的刑事诉讼并列存在，被害人参与模式的增加，并不会排斥另外两种诉讼模式的存在；（2）被害人参与模式所蕴含和倡导的价值是被害人优先，与效率和被告人至上的另外两种诉讼价值一起形成多元的诉讼价值体系；（3）被害人参与刑事诉讼的目的是妥善处理纠纷，确保被害人的利益得到维护，因此，被害人是否参与刑事诉讼是被害人的权利和自由，被害人可以选择参与，也可以选择不参与；（4）被害人参与模式下，代表国家机关提起控诉的检察机关在刑事诉讼中是必要的，实践中，不同的被害人有不同的选择，而且参与诉讼的能力也不同，无论被害人是否参与，参与诉讼的能力和限度如何，检察机关在刑事诉讼中的独立的控诉地位都不受影响。

（二）被害人参与模式可能带来的价值冲突

控制犯罪模式蕴含的价值是追究犯罪的效率，正当程序模式蕴含的价值是被告人至上，被害人参与模式蕴含的价值是被害人优先。三种价值彼

此独立,并不能相互包容。虽然被害人优先价值的加入,有时会促进和推动另外两种价值的实现,但更多的时候是会影响另外两种价值的顺利实现,三种价值之间的冲突是一种常态。

一方面,被害人的加入,有可能会促进效率的提高。比如,被害人配合侦查机关查获案件,会加速破案,提高侦查效率。被害人的参与可能会帮助司法机关尽快查获真凶,帮助无辜被追究刑事责任的人尽快脱离诉讼带来的负累,此时则起到维护被追诉人利益的作用。另一方面,由于被害人的介入,公安司法机关要告知被害人相关诉讼权利,听取被害人意见,这可能会增加司法机关的工作量,降低司法效率。同时,被害人的参与也可能影响被追诉人的诉讼权利和诉讼利益。比如赋予被害人上诉权,则有可能影响被告人享受"上诉不加刑"带来的诉讼利益。因此,在被害人优先价值与其他两种价值发生冲突的时候,我们应该对价值位阶进行排序后再作出选择,同时,被害人的参与应保持适度,具体可以从以下几个方面把握:(1)宪法性权利大于普通法律规定的权利。比如在强奸案件中,被害人出于隐私不报案或不作证的,国家不能强制或诱导被害人报案,只能劝说并由被害人自己决定是否选择报案。(2)被害人的参与应有限度。基于国家公诉主义等现代刑事诉讼文明的基础条件,被害人在刑事诉讼中的参与应有一定的限度,应综合效率价值和被告人至上价值,决定被害人在不同诉讼程序中参与的限度。(3)被害人在不同诉讼环节中的参与度不完全一致。不同的诉讼环节具有不同的阶段性目标,要实现的诉讼价值也不一样,因而,被害人在不同的诉讼环节中介入的程度有别,以平衡不同的诉讼价值。

第二节 "三方诉讼构造"之无法
承载被害人参与模式

一、我国传统诉讼构造的研究及分类

(一)诉讼构造研究简述

作为刑事诉讼的一个理论范畴,刑事诉讼构造是由日本学者提出的一个概念。比如,日本学者井户田侃认为,"刑事程序构造是指在侦查程序和公判程序中,诉讼主体(法官、当事人——警察和检察官、被告人及其辩护人、辅佐人)为了达到各自的诉讼目的,以基本的诉讼法律关系为基础进行诉讼,这种基本的诉讼法律关系就是诉讼构造"①。德国学者哈德·斯密特认为,"诉讼构造是指在侦查、起诉、审判程序中,控、辩、裁三方(包括警察、检察官、法官、被告人及其辩护人)的法律地位和相互关系"②。20世纪90年代,李心鉴博士在借鉴美国和日本刑事诉讼理论的基础上,提出了"刑事诉讼构造"的概念。诚如前文分析,在我国对该理论研究之初,理论界并没有区分"刑事诉讼模式""刑事诉讼构造""刑事诉讼结构""刑事诉讼形式"等概念之间的差异,将多个概念视为同一个含义。从几个表述的影响力看,"诉讼构造"的表述较其他几种表述的影响力更大,但含义仍与"诉讼结构"等其他概念相同。最有影响力的界定是由李心鉴博士在其专著《刑事诉讼构造论》中提出来的,他将诉讼构造界定为"由一定的诉讼目的所决定的,并由主要诉讼程序和证据规则中的诉讼基本方式所体现的控诉、辩护、裁判三方的法律地位和相互关系"。③从该概念的界定看,其主要包括以下几个层面的意思:第一,刑事诉讼构造是由刑事诉讼目的所决定的。刑事诉讼构造是实现刑事诉讼目的工具和手段,不同的诉讼目的往往导致不同的刑事诉讼构造类型。第二,结构所体现的是控诉、辩护、裁判三方的法律地位及相互关系。控诉、辩护、裁判三方是刑事诉讼构造的基本主体,三者在诉讼中的地位及关系展现了刑事诉讼结构的样态。第三,控、辩、裁三方的法律关系存在于主要诉讼程序和证据规则的诉讼基本方式之中。在刑事诉讼构造中,控、辩、裁三方的法律关系不是表现为一种抽象的理论存在,而是表现在具体的诉讼程序及证据规则之中。

　　进入21世纪初,开始有学者对刑事诉讼模式和刑事诉讼构造进行了界分,认为:刑事诉讼构造是指"诉讼的各组织部件之间的搭配、排列以及相互关系及其机制";④刑事诉讼模式是指"为实现一定的刑事诉讼价值目标而设立的关于控、辩、审三方为主要内容的主体法律地位和相互关系,并具有相对的稳定性的结构形式"。⑤

---

① 胡莲芳、解源源:《论可转换的动态四方诉讼构造》,载《江西社会科学》2014年第4期;李心鉴:《刑事诉讼构造论》,中国政法大学出版社1992年版,第6页。

② 胡莲芳、解源源:《论可转换的动态四方诉讼构造》,载《江西社会科学》2014年第4期;李心鉴:《刑事诉讼构造论》,中国政法大学出版社1992年版,第6～7页。

③ 李心鉴:《刑事诉讼构造论》,中国政法大学出版社1992年版,第6～7页。

④ 宋世杰:《刑事诉讼理论研究》,湖南人民出版社2001年版,第157页。

⑤ 宋世杰:《刑事诉讼理论研究》,湖南人民出版社2001年版,第163页。

（二）主要分类

根据我国理论界对刑事诉讼构造的研究状况,我国主要有以下几种较为主流的观点:

1. 两重结构理论:三角结构与线性结构

该理论由龙宗智教授提出,他认为刑事诉讼中存在两种结构:一种是"三角结构",即在刑事诉讼的控、辩、审三方组合中,"原、被告形成一定的诉讼对抗,法官则是居于其间、踞于其上的仲裁者,由此而形成的一个正三角形结构"①。在三角结构中,审判方保持中立,控辩双方平等对抗。控审分立、审判中立等制度是三角结构的体现。一种是"线形结构",认为"国家设置警、检、法机关分别承担一定的职能,刑事案件按特定程序由侦查、起诉到审判传递,在三机关之间实际存在着一种工序关系,即线形关系"②。我国公、检、法机关在刑事诉讼中"分工负责、互相配合、互相制约"的关系就表现为该种线形结构。两重结构将审判阶段的控、辩、审关系与整个刑事诉讼过程中的控、辩、审关系做了区分,三角形结构仅仅用于描述审判阶段的诉讼构造,以此区别于"命令—服从"的行政管理结构,线形结构则从诉讼过程的推进角度,将刑事诉讼视为一种"双方组合",以此区别于民事诉讼和行政诉讼的单一构造。两重结构学说为随后的横向构造与纵向构造的模式学说提供了分析视角,也被视为横向构造与纵向构造的模式学说的雏形。

2. 双三角形诉讼结构理论

有学者认为,三角诉讼结构反映了刑事诉讼的本质,线性结构并不是刑事诉讼的结构,并认为刑事程序中存在倒三角结构和正三角结构两种类型。其中,倒三角结构是刑事诉讼程序的真实反映,是自然形成的,而正三角结构是人为特别设定的。③

3. 以裁判为中心的诉讼构造与流水作业式的诉讼构造的理论

陈瑞华教授提出了以裁判为中心的诉讼构造和流水作业式的诉讼构造学说。陈瑞华教授认为,横向构造强调的是控、辩、审三方在各个程序的横断面,也就是控、辩、审三方在侦查、起诉和审判等各具体的诉讼阶段的法律关系,主要用于描述刑事诉讼过程中尤其是在审判程序中的静态关系。纵

---

① 龙宗智:《刑事诉讼中两重结构辨析》,载《现代法学》1991 年第 3 期。

② 龙宗智:《刑事诉讼中两重结构辨析》,载《现代法学》1991 年第 3 期。

③ 裴苍龄:《关于刑事诉讼结构的研究》,载《政治与法律》1996 年第 5 期。

向构造则强调控诉与裁判双方之间的关系,主要用于描述控、辩、审三方在整个刑事诉讼程序流程中的动态关系,比如侦查与起诉的关系,起诉与审判的关系。陈教授认为,如果仅从控、辩、审三方之间的地位和法律关系的角度分析问题,中国与欧洲大陆法国家的刑事诉讼制度具有相似性,法官在诉讼中享有独立的司法裁判权,控辩双方在审判中大体处于平等对抗的地位。但如果从刑事诉讼的纵向角度看,英美与大陆法国家的刑事诉讼基本都是以司法裁判为中心构建的刑事诉讼结构,但中国的刑事诉讼并未确立以裁判为中心的诉讼格局,带有一定的行政化色彩,审判前的侦查和起诉在构造上基本具有追诉与被追诉的关系,具有"流水作业式"的特点。[①] 该模式也具有帕克所说的犯罪控制模式的特征。

上述关于诉讼构造的主流观点中,均认为刑事诉讼构造是基于控诉、辩护、审判职能搭建的,被形象地称为"三方诉讼构造"。

二、我国传统刑事诉讼构造概念的分析缺陷

李心鉴博士关于刑事诉讼构造概念的界定得到了理论界的基本认可,成为理论界的主流观点,并被形象地概括为"三方诉讼构造"。"这种就刑事诉讼构造本身的含义所作的归纳和概括,不但确定了刑事诉讼构造的基本内容和主体,而且界定了制约刑事诉讼构造的主要因素和表现方式。这显然为刑事诉讼制度的比较研究提供了可供参照的标准和视角。"[②]我国关于诉讼构造理论的研究多年停滞不前,当前的主流观点仍没有脱离李心鉴博士关于诉讼构造的界定。但从该观点提出来距今已20多年,我国《刑事诉讼法》已经经历了三次修订,刑事诉讼观念和制度都发生了较大的变化,很多假设已无法成立,导致在此基础上搭建的"三方诉讼构造"已无法准确描述、分析复杂的刑事司法实践,无法应对司法实践中出现的新现象和新问题。

(一)忽略了诉讼模式与诉讼构造的差异:将诉讼模式与诉讼构造混同

诚如前文分析,我国理论界开始对刑事诉讼模式进行研究之初,对刑事

---

① 陈瑞华:《从"流水作业"走向"以裁判为中心"》,载《法学》2000 年第 3 期;陈瑞华:《刑事诉讼的前沿问题》,中国人民大学出版社 2000 年版,第 393 页。

② 陈瑞华:《刑事诉讼的前沿问题》,中国人民大学出版社 2000 年版,第 121 页。

诉讼模式和刑事诉讼构造的概念并未作出区分,一直将二者视为同一个概念来进行研究。将刑事诉讼模式与刑事诉讼构造等同,导致理论界对刑事诉讼构造的内涵和外延的界定产生了一定的偏差,不利于刑事诉讼构造本身的发展和完善。前文已对模式和构造两个概念的差异做了比较,同样,刑事诉讼模式与刑事诉讼构造也存在类似的差异,比如主客观的差异,要素的差异,功能的差异。李心鉴博士于 20 世纪 90 年代初在界定刑事诉讼构造的概念时指出,刑事诉讼构造是由一定的诉讼目的决定的,但事实上,关于实现刑事诉讼目的的问题是属于刑事诉讼模式的内涵,而不是刑事诉讼构造的内涵。刑事诉讼构造只是对客观事实的描述,不关乎价值判断,将属于刑事诉讼模式的内涵强加给刑事诉讼构造,同时阻碍了刑事诉讼模式和刑事诉讼构造理论的发展。一方面,刑事诉讼模式无法从刑事诉讼构造中脱离,完成其理论升华;另一方面,囿于刑事诉讼目的的限制,刑事诉讼构造未能准确、全面地描述客观事实。当时有关刑事诉讼目的与刑事诉讼法的目的、刑事诉讼法的任务亦未明确作出区分,1979 年《刑事诉讼法》规定了刑事诉讼法的任务。[①] 该规定并未突出对被害人权利的特殊保护,同时,被害人只是诉讼参与人之一,并未确定被害人在刑事诉讼中的当事人地位。[②]所以,学者在搭建刑事诉讼构造时,并未将被害人纳入这一构造,这与刑事诉讼构造的概念是相契合的,却与客观事实相违背。1979 年《刑事诉讼法》虽然没有确定被害人的当事人地位,但被害人也被赋予参与庭审的权利,在开庭时,被害人有向被告人发问的权利,有庭审发言权。[③] 这说明,在立法上,被害人有权参与刑事诉讼程序并指控被告人,被害人有参与刑事诉讼的立法基础。特别是 1996 年《刑事诉讼法》修订时,确立了被害人的当事人地位,对不起诉的异议权、有限制的上诉权等,2012 年《刑事诉讼法》修订时,更是确立了刑事和解程序,赋予被害人更多自主决定的权利。2018 年《刑

---

① 我国 1979 年《刑事诉讼法》第 2 条的规定,《刑事诉讼法》的任务是"保证准确、及时地查明犯罪事实,正确应用法律,惩罚犯罪分子,保障无罪的人不受刑事追究,教育公民自觉遵守法律,积极同犯罪行为作斗争,以维护社会主义法制,保护公民的人身权利、民主权利和其他权利,保障社会主义革命和社会主义建设事业的顺利进行"。

② 我国 1979 年《刑事诉讼法》第 58 条第 1 款第 2 项规定:"'当事人'是指自诉人、被告人、附带民事诉讼的原告人和被告人";第 4 项规定,"'诉讼参与人'是指当事人、被害人、法定代理人、辩护人、证人、鉴定人和翻译人员"。

③ 我国 1979 年《刑事诉讼法》第 114 条、第 118 条的规定。

事诉讼法》修订时,将认罪认罚从宽制度写入刑事诉讼法,规定人民检察院在审查案件时应当听取被害人及其诉讼代理人的意见。总体看,被害人在刑事诉讼中的参与度有了很大的提升,但这些事实并没有如实反映在"三方诉讼构造"中。这种状况的发生很大程度上与刑事诉讼构造概念本身的界定有误有关。

(二)忽略了一个基础事实:将诉讼职能等同于诉讼主体

刑事诉讼中,最主要的职能有控诉、辩护和裁判三种,但是承担这三种职能的诉讼主体并非只有三个。也即在刑事诉讼中,存在多个主体承担同一诉讼职能的情况,比如承担辩护职能的除了被告人,还有辩护人;承担控诉职能的有检察机关和被害人。李心鉴博士提出的诉讼构造的概念界定的是地位和关系,但从地位和关系的指向来看,其指向的不可能是职能,而只能是主体,因为只有主体而非职能才与地位和关系有关。在主体为单数的情况下,主体与职能在使用上可以互换,但在主体为复数的情况下,二者在使用上就无法实现互换。从概念的描述中,我们无法看出刑事诉讼结构描述和体现了承担某一职能的复数主体之间的关系,仅仅是描述了职能之间的关系。这导致概念的界定本身出现了逻辑错误:从概念本身的指向看,是指向诉讼主体,而从概念的描述看,又是指向诉讼职能。"三方诉讼结构"以职能为基础划分,忽略刑事诉讼主体多样性这一基础事实,将刑事诉讼职能与诉讼主体等同并互换使用,必然会带来分析上的偏差。

"在不同的历史情境中,国家与个人之间保持不同的张力,随着国家权力的渗透,国家不再是个人自由的保护人,反而成为个人自由的威胁。"[1]达至这一过程的顶端,就是个人权利被国家吞噬。"三方诉讼构造"以控诉、审判、辩护职能为基础,简单粗暴地以主要职能替代诉讼主体,用国家权力替代个人权利,从结构上将被害人予以排除,导致被害人无法在刑事诉讼这一系统内存在并与其他诉讼主体产生互动,违背了主体性价值,湮没了被害人在刑事诉讼中独立的地位和权利,导致被害人这一重要的诉讼主体无法进入刑事诉讼结构,影响诉讼进程和结果,最终被刑事诉讼遗忘,成为刑事诉讼的旁观者。因此,"三方诉讼构造"无法揭示和反映刑事诉讼活动的全貌,为国家吞噬被害人权利提供了工具和平台。

---

[1] 胡莲芳、解源源:《论可转换的动态四方诉讼构造》,载《江西社会科学》2014年第4期。

（三）忽略了诉讼法律关系的多样化及历史变迁状态：着眼于静态关系的描述

"三方诉讼构造"更多着眼于描述处于静止状态下的控诉、辩护和裁判三方的关系，以诉讼职能为分析起点，将控诉、辩护、裁判三个主要职能安排在一个等腰三角形的三个点上，此种安排有利于实现控审分离、裁判中立、控辩平衡等重要原则的关系。但在刑事诉讼法律关系中，不同诉讼主体在不同诉讼阶段、不同情景中可能呈现不同的关系，比如，控诉机关和辩护方并非永远是对立关系，美国的辩诉交易，北美和欧洲的恢复性司法，我国的刑事和解就体现了控诉机关和辩护方的协作关系。对于认罪认罚案件，在审判中，控诉方和被告方不再处于对抗地位，而处于平等协商的地位，这溢出了传统的三方诉讼构造系统的解释范围，无法以传统的三方诉讼构造系统的关系模型形塑认罪认罚从宽制度下主体间的关系。同时，在审前阶段，裁判方的中立地位体现得并不明显，甚至很多阶段找不到裁判方的影子。所以，不同的诉讼主体在不同的诉讼阶段、不同情境下，其关系并不完全一样，而是处于不断变化的动态的状态中，简单的"三方诉讼构造"无法描述这些复杂的刑事诉讼法律关系。

第三节　可转换的动态"四方诉讼构造"对被害人参与模式的结构支撑

一、"三方诉讼构造"向"四方诉讼构造"的变革

我国学者在传统"三方诉讼构造"的基础上[①]，对我国诉讼构造的改造提出了一些方案，主要有如下四种方案：

第一种方案是房保国博士提出的"四方诉讼构造"[②]。因该方案将四方诉讼主体的角色和关系予以固定，故笔者称之为"静态的四方诉讼构造"。该结构是指"在传统的控、辩、裁的基础上加上被害人的充分参与，形成一种

---

　　①　鉴于"三方诉讼构造"的分析缺陷，对立足于"三方诉讼构造"的变革方案，本书则不再细述。

　　②　房保国博士于 2005 年在其博士论文中提出该方案，在其 2007 年出版的专著《被害人的刑事程序保护》中再次公开提出了该方案。

被害人、检察官、被告人(或罪犯)在法官主持下相互制约、相互对抗的诉讼格局"。[①] 该构造中,被害人和检察官被区分为不同的利益主体,二者之间形成一种互相配合和制约的关系。控诉职能主要由检察官和侦查人员行使,被害人拥有独立的利益,被告人及其辩护人发挥辩护职能,法官发挥裁判职能。"四方诉讼构造"中的法律关系图如图 4-1 所示。

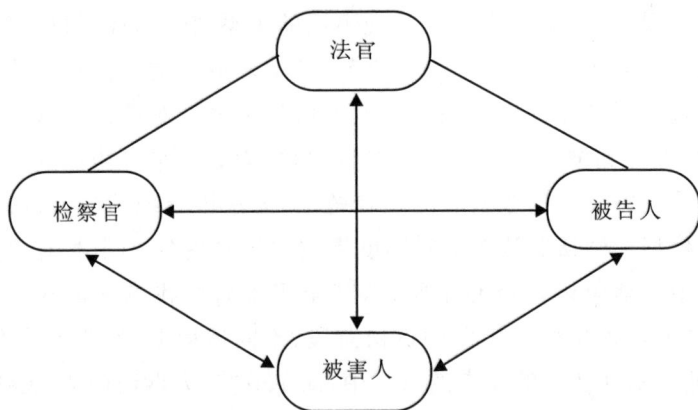

图 4-1　静态的"四方诉讼构造"法律关系图

　　该方案认为,"四方诉讼构造"与"三方诉讼构造"最主要的区别在于,"在控、辩、裁三方的诉讼地位和法律关系上,突出了被害人的主体地位和特殊作用,被害人没有被掩盖在检察官或者是'控方'的整体利益之下,他可以独立地提出主张,对于被告人是否有罪、社会危险性如何以及量刑幅度等都可以发表自己的意见"[②]。在该构造中,突出被害人与检察官及被告人之间的互动关系,除了检察官与被告人之间的直接对抗之外,被害人与被告人之间也有着直接的利益冲突;被害人与检察机关之间则既相互协作,又相互制约。法官与另三方主体发生联系,在直接听取多方意见的基础上作出裁判。该构造突出了被害人在刑事诉讼中的主体地位,有利于发挥被害人对国家刑事司法官员的制约作用。

---

① 房保国:《被害人的刑事程序保护》,法律出版社 2007 年版,第 109 页。

② 房保国:《被害人的刑事程序保护》,法律出版社 2007 年版,第 112 页。

第二种方案是韩流博士提出的"四极诉讼构造"①。该结构是"由一个裁判权主体（法官）和三个诉权主体（被告人、检察官、被害人）组合而成的"。② 该方案主张不再以诉讼职能区分为基础，而是基于诉讼主体理论搭建新的诉讼构造模型，认为在三方构造中，只有"裁—控""裁—辩""控—辩"三面关系，由于被害人这一极的加入，四极构造呈现出"法官—检察官""法官—被告人""检察官—被告人""法官—被害人""检察官—被害人""被害人—被告人"的六面关系。该方案认为，使用"四级构造"而不采"四方构造"有其深层次考虑，"'三方构造'之方，已约定俗成地指诉讼职能的划分，对应英文 side 或者 party，是个'面'的或'类'的概念，所以，他更强调承担相同诉讼职能的主体是一个利益共同体；而'极'，对应英文pole，是个'点'的概念，它关注的是主体的个体利益"③。在国际政治学上，"极"指世界政治格局的力量中心，比其他非极国家有更大的影响力，"推及刑事诉讼法，那么，我们或可将诉讼主体称为'极主体'，将除诉讼主体之外的其他程序主体称为'非诉主体'"④。在四级构造中，控诉方的利益由国家利益和被害人利益两部分组成，当国家利益不能包容被害人利益时，被害人就有可能发出自己的声音。该方案认为，四极构造内含六面关系，位于四边形之中的两条对角线同外周的四边一样，都代表了刑事诉讼中的法律关系。该方案采用扇形这一几何图形来描述四级构造理论，如图 4-2 所示。

第三种方案是吴四江副教授提出的"正三角锥形结构"⑤。该结构是指"在控、辩、裁平面三角的基础上加上被害人的充分参与，形成一种被害人、

---

① 该方案由韩流博士于 2007 年在其博士论文中首次提出，2010 年在其专著《被害人当事人地位的根据与限度——公诉程序中被害人诉权问题研究》中再次提出。

② 韩流：《被害人当事人地位的根据与限度——公诉程序中被害人诉权问题研究》，北京大学出版社 2010 年版，第 131 页。

③ 韩流：《被害人当事人地位的根据与限度——公诉程序中被害人诉权问题研究》，北京大学出版社 2010 年版，第 132 页。

④ 韩流：《被害人当事人地位的根据与限度——公诉程序中被害人诉权问题研究》，北京大学出版社 2010 年版，第 132 页。

⑤ 该方案由吴四江副教授于 2011 年在其专著《被害人保护法研究——以犯罪被害人权利为视角》中提出。

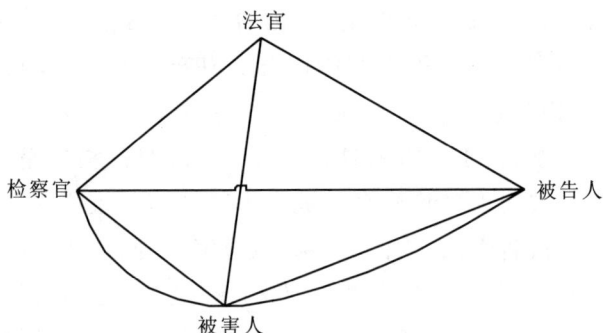

图 4-2　四极诉讼构造图

检察官、被告人(或罪犯)在法官主持下相互制约的立体诉讼格局"①。该方案认为,被害人作为控方的主体之一,有自己独立的利益,可以独立发表意见,提出不同于检察官的诉讼主张。被害人的意见还可以不通过检察官而直接反馈到法官那里,保障各方诉讼利益的均衡。该结构中的法律关系图为一种"正三角形锥形",如图 4-3 所示。

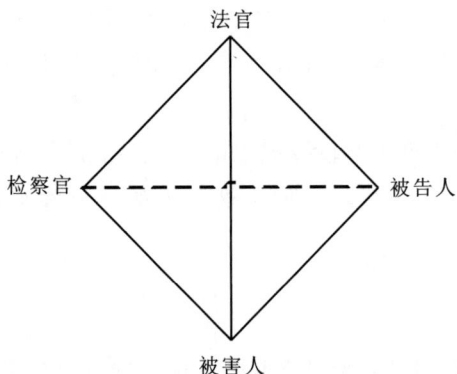

图 4-3　"正三角锥形"法律关系图

---

①　吴四江:《被害人保护法研究——以犯罪被害人权利为视角》,中国检察出版社 2011 年版,第 65 页。

第四种方案是雷连莉博士提出的"双三角诉讼结构"①。她认为审判阶段的诉讼结构是双三角形的诉讼结构。在该构造中,前三角结构描述的是定罪阶段的结构。控诉人是检察机关,被害人辅助检察官行使控诉职能。后三角结构描述的是量刑阶段的结构。被害人的地位进一步提升,与检察官地位平行。该方案认为,在前三角形结构中,被害人的诉讼利益与检察机关的诉讼利益相近,因而被害人诉权要受到一定的限制,被害人只需要辅助检察官控诉。在后三角结构中,被告人已被确定为犯罪的人,被害人享有独立的相当于原告的地位,②如图 4-2 所示。

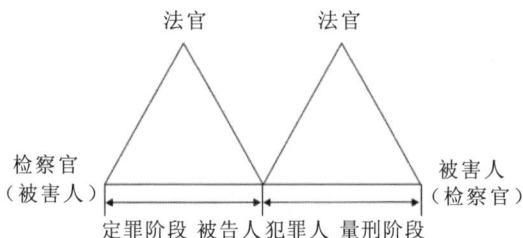

图 4-2　"双三角结构"法律关系图

上述四种方案,在时间上呈先后关系,第一种方案"四方诉讼构造"由房保国博士于 2005 年在其博士论文中首次提出,第二种方案"四极诉讼构造"由韩流博士于 2007 年在其博士论文中首次提出,第三种方案"正三角锥形结构"由吴四江副教授于 2011 年在其专著中公开提出,第四种方案"双三角结构"由雷连莉博士于 2013 年在博士论文中首次提出。这四种方案的共同之处在于:在原有"三方诉讼构造"的基础上,突出被害人的主体地位,强化被害人的参与,突破了原"三方诉讼构造"中无被害人身影的状况,有利于提升被害人在刑事诉讼中的地位,维护被害人的诉讼权利。但具体而言,四种方案均存在某种程度的瑕疵。

首先,第四种方案,也即"双三角诉讼结构"。其主要缺陷或瑕疵在于:

---

①　该方案由雷连莉博士于 2013 年在其博士论文中首次提出,2014 年在其公开发布的文章中再次提出,参见雷连莉:《论双三角诉讼结构下被害人的量刑参与》,载《湘潭大学学报(哲学社会科学版)》第 38 卷第 1 期。

②　雷连莉:《论双三角诉讼结构下被害人的量刑参与》,载《湘潭大学学报(哲学社会科学版)》第 38 卷第 1 期。

一是该方案的模型仅仅描述了审判阶段的诉讼构造,对审前阶段和执行阶段均没有描述,虽然对刑事诉讼这一概念的表述有广义和狭义之分,但我国主流观点认为诉讼过程包括审前阶段、审判阶段和刑罚执行阶段,[①]该方案无法描述诉讼过程的全貌;二是在两个三角形结构中,如何体现检察机关与被害人在诉讼过程中的地位,该模型无法提供解决路径。该方案的前提是定罪程序与量刑程序分离,在定罪程序中,检察机关是主控诉人,被害人是辅助控诉人,检察机关的控诉地位优于被害人的控诉地位。在量刑程序中,被害人与检察机关的地位并列,无谓轻重。但问题是,这种所谓的轻重地位或并列地位如何表现在诉讼过程中,或者,在某个具体的诉讼环节或诉讼行为中,如何确定一方诉讼主体的行为价值和行为后果。比如在定罪阶段,检察机关的意见与被害人的意见不一致时,应该如何处理? 如果可以让被害人的定罪意见呈现在法官面前,其意见与检察机关的意见性质一样,都只是供法官参考的意见,则无所谓轻重。若不许与检察机关意见不一致的被害人意见呈现在法官面前,那么,被害人的存在还有意义吗? 同理,在量刑阶段,二者的并列关系如何体现? 所以,该模型描述的轻重关系、并列关系只是一种美好的想象,并无实践做基础,不具可操作性,失去了诉讼结构客观的描述和分析功能。

其次,第三种方案,也即"正三角锥形结构"。该方案虽然被赋予了一个新的名称,但三角锥体的底面仍为三角形,仍然是强调四方诉讼主体在诉讼过程中的互动关系,与第一种方案,即"四方诉讼构造"并无本质上的差别,只是名称的差异。该方案中,存在四方关系,但所有的互动关系在运行中都呈现为直线或者三角形的关系,均可以在一个面上得以完全反映,四方诉讼构造的理论完全能够概括该方案主张的所有观点,因而无重新构建一个正三角锥体的必要。另外,该锥体结构无法描述被害人与检察官利益一致的法律关系状态。比如在被害人利益能完全被国家利益涵盖时,被害人是否仍应处于三角锥体的一个点? 原本属于被害人的那个锥角是否还有存在的意义? 如果失去一个锥角,那这个锥体是否还能存在? 所以该模型也存在分析缺陷。

---

① 比如,陈光中先生主编的《刑事诉讼法》(第四版)就认为"我国的刑事诉讼基本上划分为立案、侦查、起诉、第一审、第二审和执行等阶段,此外还有死刑复核程序和审判监督程序两个特殊阶段"。

　　再次,第二种方案,也即"四极诉讼构造"。该方案不再以诉讼职能为基础,而是基于诉讼主体理论搭建新的模型。其认识到被害人的主体性不是一个定值或常量,而是一个变量,因此,其在诉讼中的角色具有不确定性,这为解释和描述刑事诉讼过程中多面的、多变的法律关系提供了较好的分析视角。但其仍存在缺陷:一是其搭建的诉讼构造图形并不是规范的几何图形。韩流博士用扇形这一几何图形展示其四极诉讼构造理论,但从其搭建的"扇形结构"图看,该图有底面、高度和深度,有处于不同平面的图形,这说明结构图是一个三维而非二维的组合,所以,该构造更符合体而不是形的特征。但该模型又不是几何学规范意义上的体,与此最相近的就是锥体,锥体包括圆锥体和棱锥体,该图形既不是圆锥体,也不是棱锥体,从几何学关系图形的分类看,其搭建的所谓扇形在几何学上找不到任何一种规范的图形,既不是形,也不是体,所以,用该图形作为四极构造的理论模型不太规范。二是将被害人的利益界定在检察机关和被告人两点之间的一条弧线上,意味着被害人与检察机关的主张和利益接近时,就会与被告人的主张和利益距离更远,反之亦然,离被告人的主张和利益越近,则会与检察机关的主张和利益更远。但该命题可以被证伪。比如,某被告人被检察机关以抢夺罪起诉到法院,被害人却认为被告人的行为构成抢劫罪,此时,被害人与检察机关的主张不一致,距离较远,同时,被害人要求法院判处被告人更重的刑罚,被害人与被告人之间的距离并不因被害人与检察机关之间距离的远离而被拉近。所以,被害人在刑事诉讼中的地位虽然是变量,但与检察机关和被告人的关系非如图所示。所以,该几何图形无法正确描述刑事诉讼中的法律关系。三是该诉讼构造图并不能突出被害人的主体地位。该理论构建者本意是提升被害人在诉讼中的地位,但在扇形结构中,极有可能因为被害人位置的不确定性,其本来可以独立的主张和利益被检察机关和被告人的利益吸纳。从该图形上看,被害人的利益始终游走在检察官和被告人利益之间的弧线上,更多地突出了被害人对检察官和被告人的依附关系,并没有突出其在刑事诉讼中的独立地位。

　　最后,第一种方案,也即"四方诉讼构造"。据笔者的考证,该方案是国内最早公开提出被害人参与刑事诉讼构造的方案,首次从诉讼构造的角度,搭建被害人权利完善的平台,矫正"以被告人为中心"的刑事司法制度,凸显被害人的独立诉讼地位,增强被害人对检察官的制约、被害人与被告人之间的互动,相较"三方诉讼构造",该四方诉讼构造对于突出被害人的主体地位具有明显的分析优势,在理论界具有较大的影响力。上述其他几种方案均是在该方案的基础上进行的完善。尽管该方案能在大多数情况下简单、准确地表达刑事诉讼主体之间的关系,但也存在一定的缺陷。该方案将刑事诉讼中多个主体之间的关系单一化、静态化,但事实上,被害人与检察机关的利益可能完全一致,也有可能存在冲突,同样,被害人与被告人的利益也并非是单一的静态的对立关系,在多个主体之间的关系呈现多样化、动态化状态时,该方案则无法全面描述。

二、动态"四方诉讼构造"的提出

(一)被害人在刑事诉讼中的客观存在:从三方到四方主体的变化

我国《刑事诉讼法》明确规定,被害人是刑事诉讼的"当事人"①,刑事诉讼当事人,"是指与案件事实和诉讼结果具有切身利害关系,在诉讼中分别处于控诉或者辩护地位的主要诉讼参与人"。② 同时,"当事人是一个对偶性概念,应该有彼此相对应的双方。"③这意味着,在刑事诉讼中,有接受控诉的被告人存在,就必定应有承担控诉的当事人存在。虽然现代刑事诉讼中,主要由检察机关代表国家承担追诉责任,但检察机关与案件结果并没有直接的利害关系,因而,检察机关不可能是刑事诉讼的当事人,只是代表国家承担了部分控诉职能和监督职能,公诉人并不能完全取代被害人,这意味着被害人必定要存在于刑事诉讼过程中④。被害人客观存在于刑事诉讼中,既是法律的规定,也是客观事实。当然,被害人在刑事诉讼中可以以不同的方式存在,比如可能显性存在,也可能隐性存在。

诚如前文分析,传统的二元范式下,被害人本应有的主体地位消弭,与我国《刑事诉讼法》界定的被害人当事人地位不符,不利于被害人重返刑事诉讼的中心现场。所以,我们应该放弃"国家—犯罪人"的二元范式,构建"国家—犯罪人—被害人"的多元范式。在该多元范式下,涉及被害人、被告

---

① 参见《中华人民共和国刑事诉讼法》第 106 条第 1 款第 2 项的规定。
② 卞建林主编:《刑事诉讼法学》,中国政法大学出版社 2012 年第 2 版,第 106 页。
③ 王国枢主编:《刑事诉讼法学》,北京大学出版社 2010 年版,第 34 页。
④ 仅限有被害人的刑事案件。

人[1]、检察官[2]和法官四个诉讼主体,对四个主体在刑事诉讼中的关系进行描述,搭建符合四个主体关系安排的模型,诉讼构造必然出现新的图景:被害人被重新安放到诉讼构造中,诉讼构造将实现从三方主体到四方主体的整体变化。

(二)四方诉讼主体之间的动态关系描述

刑事诉讼中,被害人、被告人、检察官、法官四者在刑事诉讼中的关系复杂,并不是单一的、静止的关系,在不同的诉讼程序、不同的诉讼环节中、不同的情境下,四者之间的关系可能呈现多样的、动态的关系。

1. 检察官与被告人的关系。刑事诉讼中,检察官与被告人可能出现两种关系:对抗关系和协作关系。

一是对抗关系。传统刑事司法理念下,检察官代表国家行使控诉职能,对被告人的犯罪行为进行指控,被告人基于自己的利益进行辩护,二者处于对抗的状态。这是大多数案件中检察官和被告人的关系状态。二是协作关系。刑事司法实践中,被告人与检察官之间出现了协作的倾向。为了实现"双赢"的结果,在某些侦查案件难度大的案件或者特别需要某类涉案人员的合作时,检察官与被告人进行协商和交易,这种合作模式属于公力合作。比如,美国的辩诉交易制度就是典型的公力合作的形式,德国的刑事处罚令制度和意大利的简易审判程序也体现了控辩双方协商合作的色彩。合作的双方是代表国家的检察机关与被追诉人。2018 年 10 月 26 日《中华人民共和国刑事诉讼法》再次修订,这次修订正式确立了认罪认罚从宽制度。我国的认罪认罚从宽制度虽然与美国的辩诉交易制度存在一定的差异,但其最本质的协商性色彩与辩诉交易无异。在认罪认罚从宽制度下,检察官与被告人的关系处于协作的关系,彼此放弃一些利益,实现双赢的结果。

2. 检察官与被害人的关系。刑事诉讼中,检察官与被害人可能出现三种关系:协作关系、制约关系、无关联。

一是协作关系。在大多数案件中,检察机关能维护并代表被害人的利益,此时,国家利益在一定程度上吸纳了被害人的利益,检察官与被害人表

---

① 此处是指刑事诉讼中的被追诉人,为使图形在视觉上看起来更具平衡性和美观,采被告人表述,下文表述及图形亦同。另外,辩护人在诉讼中是否应该享有独立的地位,理论界尚存争议,因与本书主旨关联不大,暂对该问题不做论述。

② 此处检察官泛指履行控诉职能的机关的代表,包括检察机关、侦查机关。

现为协作关系,被害人在诉讼中仅需要配合检察机关指控犯罪人,比如提供报案陈述、指认被告人等,以帮助检察机关完善证据体系。二是制约关系。这种制约关系又有两种表现:检察机关对被害人的制约及被害人对检察机关的制约。比如,犯罪人和被害人私下达成了违反法律规定的协议,被害人放弃追究犯罪人的刑事责任,但检察机关基于国家追诉的原则和维护法律统一实施的目的,不认可该协议的内容,需要对犯罪人依法提起公诉。或者被害人希望对被告人做出更严厉的惩罚,得到更多的物质补偿,以满足其报复和补偿心理,但检察官可能基于维护国家和公共利益的需要,对被害人的漫天要价行为进行制约,对犯罪人作出不起诉处理。这些情形都形成了检察机关对被害人的制约。同时,在检察机关不能代表国家公正地履行职责的时候,或者放弃甚至背弃被害人的利益做出被害人认为不恰当的行为时,被害人可以对检察官的行为提出异议,并依照法律救济程序进行救济,实现被害人对检察机关的监督和制约。比如德国的强制起诉制度、日本的审查会制度、法国的民事原告人制度、我国的公诉转自诉制度均体现了被害人对检察官的制约。三是二者诉讼利益无关联。这种无关联仅仅表现为诉讼利益的无关联,并不能指称二者实体利益的无关联。① 比如我国的自诉案件,检察机关对这类案件的处理无任何机会进行干预和制约,法律一般赋予被害人完全的刑事诉权。在一些侵犯国家安全的案件中,虽然每个公民均可能是被害人,但法律一般赋予国家完全的公诉权。这两种情形下,虽然不能排除检察机关和被害人在实体利益上的冲突或协作,却通过法律拟制的方式,让二者在诉讼利益上呈现无关联的状态。

3. 被害人与被告人的关系。刑事诉讼中,被害人与被告人可能出现三种关系:对抗关系、协作关系、无关联。

一是对抗关系。在大多数刑事案件中,被害人要满足报复和补偿需求,被告人必定要履行一定的义务,承担一定的责任。此时,二者处于对抗关系,这也是被害人与被告人在刑事诉讼中最常见的一种关系状态。二是协作关系。对于某些特殊案件,被告人与被害人虽然具有对立的实体利益,但

---

① 自诉案件与公诉案件在定性上并无差异,均为触犯刑法的刑事案件,只是在定量分析上存在不同,法律通过拟制将某类案件确定为自诉案件,割断国家利益与自诉案件之间的联络,但并不能因此否定国家利益与该案件在实体上的关系,所以此处的无关联仅指诉讼利益的无关联。

可能存在共同的诉讼利益,比如在案发后被告人真诚道歉并积极赔偿被害人的物质损失,取得被害人谅解。双方都希望尽快结束诉讼过程。此时,在刑事诉讼中,双方就存在协作关系。三是二者无关联。比如在国家能完全、充分代表被害人的利益时,虽然被害人与被告人可能存在实体利益上的冲突,但在诉讼利益上,被害人与被告人无关联。此时,被害人以隐性存在的方式存在于刑事诉讼中,呈现隐身状态。

4. 法官与被害人、被告人、检察官的关系。普通的诉讼程序中,法官作为诉讼的裁判者,其与其他三方主体均无利益冲突,无论控诉方是检察机关还是被害人或者二者的联合,法官均只承担裁判职能,对控诉方指控的人作出裁判,关系稳定且单一。

认罚认罚从宽制度下,法官与检察官、被告人、被害人的关系呈现出其他样态。动态的四方主体已被简化成只有两个主体的线段关系。线端的一端是提出充分涵盖了检察官、被害人和被告人多方意见的量型建议书的检察官,另一端是具有确认量型建议书最终法律效力的法官。线段关系模型下,检察官通过审前的协商程序,将检察官、被害人和被告人等多方利益统一在量刑建议书中,此时的检察官不再仅仅是控方代表,而是多方利益的集合体。相应的,在缺乏对抗色彩的认罪认罚模式下,此时的审判权不再具有以解决争议为目的的裁判色彩,更多地体现了司法确认特征。认罪认罚从宽模式下,四方主体简化成线段的关系模型,为认罪认罚从宽制度提供了有力的解释和分析工具。

从对上述几组关系的分析看,被害人、被告人、检察官、法官四者之间的关系并不是唯一且不变的静态关系,法官与其他四方主体的关系稳定且单一外,其他三方主体之间的关系在刑事诉讼中会随诉讼活动的推动而不断变化,不同的主体在不同的环节表现为对抗、协助或利益无关联的状态。复杂和多变的关系状态需要一个相对形式更灵活、功能更强大的诉讼构造来描述。

(三)几个概念及分析工具的界定

1. 职能与主体的结合

"三方诉讼构造"是以职能为支点构建的诉讼结构,但诚如前文的分析,这种忽略主体仅以职能为支点构建的诉讼结构不能突出刑事诉讼主体在刑事诉讼中的地位,无法描述刑事诉讼主体对刑事诉讼关系产生的影响等,具有明显的缺陷。同时,若不考虑职能因素,仅以刑事诉讼主体为支点,又有可能因为刑事诉讼主体过于多样、复杂，①没有合适的诉讼构造可以描述的情况发生。因而，笔者结合刑事诉讼中的主要职能和主要的刑事诉讼主体对诉讼构造进行新的搭建，尽可能地将各种缺陷最小化。

2. 复合诉讼主体概念的提出

"三方诉讼构造"之所以遗忘了被害人，除了其仅以职能为基础构建刑事诉讼构造的偏差外，也没有注意到刑事诉讼中复合主体的存在。比如履行控诉职能的除了检察机关，还有被害人，履行辩护职能的除了被告人，还有辩护人。② 要突破传统刑事诉讼构造的缺陷，我们需要借助复合诉讼主体这个概念进行分析。

复合本来属于物理学和化学等理学领域的概念，表示一种再结合的过程。复合主体也被运用到组织社会学、刑法领域③。刑事诉讼法学理论中，笔者引入复合主体概念，便于更好地分析职能与主体相结合的状态下刑事诉讼的结构。鉴于本书的主旨在于分析，因而本章所述及的复合主体仅指复合控诉主体，即公诉机关和被害人形成复合主体，共同履行控诉犯罪的职能。对于被告人和辩护人之间形成的复合辩护主体，这里暂不述及。

从刑事诉讼主体存在的角度看，在刑事诉讼过程中，复合控诉主体的公诉机关和被害人各自具有独立性。但在具体的刑事诉讼过程中，二者又具有依附性。同时，二者又能和平融洽地处在刑事诉讼中，所以二者具有相容性。

首先，复合控诉主体中的主体具有独立性。复合控诉主体中的各个元素都是各自独立存在的，代表国家提起公诉的检察机关和遭到犯罪侵害的被害人，在刑事诉讼中各自独立，二者的存在并不彼此依赖于对方，检察机关的出现是一种历史现象，被害人的出现是基于其自然权利被侵犯。其次，复合控诉主体中的主体在刑事诉讼过程中具有依附性。虽然检察机关和被

---

① 世界各国或者一国不同历史时期，刑事诉讼主体或当事人在刑事诉讼中的地位都不是确定不变的，比如，我国1979年《刑事诉讼法》并未确立被害人的当事人地位，在1996年《刑事诉讼法》修订时才首次确定了被害人的当事人地位。

② 辩护人是否在刑事诉讼中具有独立的诉讼地位可以独立地提出自己的主张在理论界尚存争议。

③ 比如，单位犯罪的刑事责任主体，有理论认为是组织责任与个人责任的复合，具体参见熊选国、牛克乾：《试论单位犯罪的主体结构——新复合主体论之提倡》，载《法学研究》2003年第4期。

害人作为刑事诉讼的主体具有独立性,但是在刑事诉讼的具体环节中,二者
又具有依附性。没有被害人的存在[1],就没有被侵害行为的发生,当然也不
会有国家追诉的情形出现。如果没有国家追诉机关的存在,现代刑事诉讼
中蕴含的诉讼民主和诉讼文明又可能消失殆尽,刑事诉讼就会回到原初社
会的"以眼还眼、以牙还牙"的状态。所以,在具体的刑事诉讼环节中,双方
又相互依赖。最后,复合控诉主体中的主体具有相容性。国家追诉机关与
被害人在大多数情况下具有一致的追诉利益,即使在某些情况下,二者的实
体利益会出现分歧,但二者基于加害行为的产生,追究加害人的责任,不管
是以何种方式追究责任或以何种方式终结诉讼,在加害行为产生时,国家利
益和被害人的个人利益都受到了侵害,被害人与国家追诉机关无疑具有一
致的诉讼利益。

3. 伙伴关系(Partnership)的确立

在检察机关与被害人共同组成的控方组合中,检察机关与被害人的地
位和关系如何界定? 有观点认为,在这个组合中,国家追诉机关处于主导地
位,被害人处于从属地位。[2] 笔者认为,国家追诉是现代司法国家的追诉原
则,司法实践中,绝大多数案件均是公诉案件,被害人均不需参与刑事诉讼,
所以,从二者的静态关系上看,国家追诉机关在刑事追诉中处于主导地位,
被害人处于从属地位,辅助检察机关追究被告人的刑事责任。但从二者的
动态关系看,我们可以将二者界定为一种"伙伴关系"(partnership)。"伙伴
关系"是一种管理模式,被广泛运用于社会管理、商业、建筑业等多个领域,
用于描述组织与组织之间、组织与个人之间的关系。比如,美国建筑业协会
界定的伙伴关系是指"在两个或两个以上的组织之间为了获取特定的商业
利益,充分利用各方资源而做出的一种相互承诺。参与项目的各方共同组
建一个工作团队(team),通过工作团队的运作来确保各方的共同目标和利
益得到实现"。[3] 英国国家经济发展委员会对伙伴关系的定义是,"伙伴关
系是在双方或者更多的组织之间,通过所有参与方最大的努力,为了达到特

---

[1]　极少的没有具体被害人的案件除外。

[2]　陈卫东:《公诉人的诉讼地位探析——兼论检察机关审判监督职能的程序化》,载
《法制与社会发展》2003 年 6 期。

[3]　何伯森、康立秋、卞疆:《应用伙伴关系理念　和谐工程项目管理》,载《国际经济合
作》2007 年第 9 期。

定目标的一种长期的义务和承诺"①。伙伴关系这一模式通过明确主体之间的责任和义务,倡导参与主体之间的沟通、协作,实现共同利益最大化。在复合控诉主体这个组合中,检察机关与被害人利益目标大体一致,在实现目标的过程中,二者有时协作、有时制约、有时利益互不妨碍,符合"伙伴关系"的界定。

三、可转换的动态"四方诉讼构造"之搭建

(一)结构的可转换性:从静态的"四方诉讼构造"到动态的"四方诉讼构造"

"三方诉讼构造"中,被害人在控、辩、审的三方法律关系中无法独立存在,在某种程度上成为国家控诉机关的附属品,国家或政府无法为被害人的财产和人身提供必要的保护。正是在反思传统的"三方诉讼构造"缺陷的基础上,为了更有效地吸纳被害人的参与,有学者对"三方诉讼构造"提出了挑战,搭建了新型的"四方诉讼构造"。诚如前文分析,这些方案均存在一定的缺陷,也都是在房保国博士提出的"四方诉讼构造"的基础上进行的修正,在理论上并无实质性的突破,且也存在结构过于复杂难以承载用结构简化事实的功能。笔者将房博士提出的"四方诉讼构造"界定为静态的"四方诉讼构造",并对此进行了一定的修正,以吸纳和描述主体间更复杂的动态法律关系,并实现"三方诉讼构造"与"四方诉讼构造"之间的转换。笔者称之为动态的"四方诉讼构造",该结构呈现动态的可转换的状态,如图 4-5 所示。

与静态的"四方诉讼构造"相比,动态的"四方诉讼构造"出现了两个变化:一是将被害人与检察官、被告人、法官之间的实线换成了虚线,以描述被害人在刑事诉讼中显身和隐身的两种不同状态;二是将被害人在"四方诉讼构造"中的位置稍作调整,偏向检察官,以突出检察官和被害人的诉讼伙伴关系。②

在检察机关与被害人的关系中,在检察机关能完全且充分代表被害人利益时,被害人以隐性方式存在于刑事诉讼中,即为隐身状态。在检察机关

---

① 何伯森、康立秋、卞疆:《应用伙伴关系理念 和谐工程项目管理》,载《国际经济合作》2007 年第 9 期。

② 该图形相较笔者在公开发表的文章(《可转换的动态四方诉讼构造》,载《江西社会科学》2014 年第 4 期)中提出的图形又做了进一步修正。

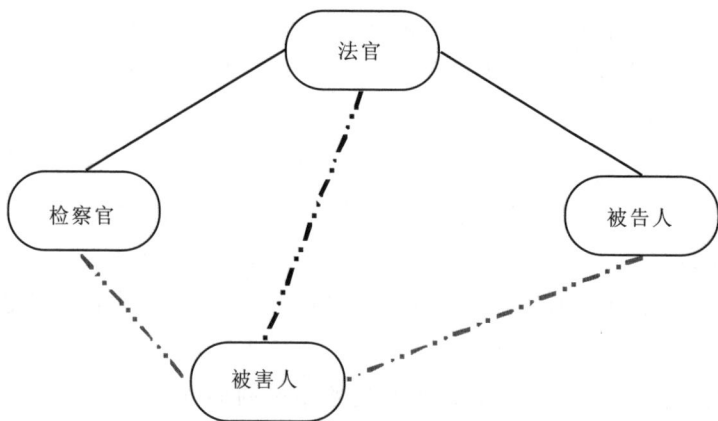

图 4-5　动态的"四方诉讼构造"法律关系图

不能完全且充分代表被害人利益时,被害人以显性方式存在于刑事诉讼中,被害人重返刑事诉讼中心现场。其作为权利受到直接侵犯的人,在不同的诉讼阶段应享有充分的诉讼权利。① 所以被害人与检察官之间采用虚线连接,描述被害人作为复合控诉主体在刑事诉讼程序中时隐时现的存在状态。

在被告人与被害人的关系中,在二者的利益呈现冲突状态时,二者是对抗关系。在二者的诉讼利益一致时,比如,双方都希望尽快解决纠纷,结束诉讼状态时,被害人在刑事诉讼构造图中的位置则可能靠近被告人甚至与被告人重合,在二者利益重合时,被害人与被告人之间的冲突消失。所以,被害人与被告人之间也采用虚线连接,描述被害人与被告人利益对立或重合的状态。

动态"四方诉讼构造"中,被害人就像达摩克利斯之剑一样,无时无刻存在于刑事诉讼程序中,却仅在需要的时候才以显性的方式存在。这里通过被害人的隐身和显身两种不同存在方式,实现"三方诉讼构造"与"四方诉讼构造"的转换。在被害人显身时,诉讼构造为四方;在其隐身时,诉讼构造则恢复为三方构造。

(二)动态的"四方诉讼构造"遵循的基本原则

原则一:国家主导刑事诉讼原则。14 世纪,法国设立检察机关代表国家提起公诉,国家公诉逐渐成为现代各主要法治国家的一项基本原则,公诉

---

① 具体诉讼权利可参见第五章、第六章内容。

权由国家主导,这种选择符合设立国家的目的,能最大限度地维护人民的自由和安全。即使将被害人纳入新的四方诉讼构造,我们也不能改变国家在追诉犯罪中的主体地位。所以在动态的四方诉讼构造中,我们仍要坚持国家主导刑事诉讼的原则。

原则二:公权力抑制原则。"四方诉讼构造"下,公权力在运行中应保持克制。比如,公权力在行使过程中,不能忽略个体的独立利益,以打击犯罪的名义侵犯被害人的尊严和权利;同时,不能忽略公共利益与个体利益的差异,在公共利益与个体利益发生冲突时,以维护公共利益为目的随意侵犯个体权利。

原则三:被害人参与原则。参与性原则是刑事诉讼的一项重要原则,在"四方诉讼构造"下,"被害人的参与可以从以下四个层面来理解:第一,被害人自始至终参与刑事诉讼程序,从刑事诉讼的启动阶段到刑罚的执行阶段,被害人均不能缺席。第二,被害人的参与状态有现身和隐身两种状态:在国家能完全充分代表被害人利益时,被害人的参与状态表现为隐身;一旦国家利益与被害人利益发生冲突时,被害人立即现身。第三,被害人参与刑事诉讼程序应遵循自愿原则,也即被害人是否参与或者退出刑事诉讼程序,均应尊重其个人意愿,在被害人不愿意介入诉讼时,被害人可以选择放弃并自愿退出刑事诉讼程序。第四,被害人的参与应是有效的,也即一旦规定被害人有参与刑事诉讼程序的权利,就应有与之匹配的保障,在其参与权受到侵犯时应有主体承担责任,保证其参与对诉讼产生影响。"[1]

原则四:均衡性原则。在"四方诉讼构造"下,被害人的地位得到了强化,但不能因此破坏刑事诉讼结构的平衡。"四方诉讼构造"下的均衡性原则包含以下几层含义:"一是要保持被害人与检察机关或检察官的平衡,不能因为被害人的介入影响国家公诉权的正常行使。二是要保持被害人与被告人之间的平衡,不能因为被害人的介入影响被告人的基本人权。"[2]被害人与加害人是一对冲突的伙伴,在冲突中一旦平衡状态遭到破坏,则需要强化相对弱势一方在刑事诉讼中的被害人因素,以实现新的平衡状态。"法律

---

[1]　胡莲芳、解源源:《论可转换的动态四方诉讼构造》,载《江西社会科学》2014年第4期。

[2]　胡莲芳、解源源:《论可转换的动态四方诉讼构造》,载《江西社会科学》2014年第4期。

的运行是一个动态平衡的态势,从一般意义上说,这是指事物在运动过程中从表象上呈现出的一种相对稳定的状态,而其内部存在着诸相关因素相互不断的作用,这种作用使所呈现的状态处于不断的变化中,当诸相关因素的相互不断的作用使各相关因素彼此能容纳时,便出现了这种动态平衡态势。"[1]三是要保持实体公正和程序公正之间的平衡,在公正和效率之间发生冲突时要尽可能地维持各种法律价值的平衡。四是要保持被害人地位和利益的均衡,避免被害人在刑事诉讼中地位高而缺乏与地位相符的权利支撑,让被害人在刑事诉讼中徒有其名。

---

① 谭长贵:《法的哲学内涵——动态平衡态势论》,载《法律科学》2000 年第 4 期。

第五章 被害人在刑事公诉程序中的有效参与

第一节 被害人在刑事诉讼中的主要权利

在加害人实施加害行为后,被害人第一次被害,如果在被害人第一次被伤害后,不能从制度上为其提供免受再次伤害的保障,被害人则有可能再次被加害人或者制度所害,成为"二次被害"的被害人。"二次被害"中,加害人可能是一次伤害中的加害人,也可能是执法人员,还有可能是潜在的其他加害人识别到被害人的某种被害性之后,实施加害行为。为了更好地维护被害人的利益,必须提供其免受再次伤害的保障,避免加害人再次加害被害人,防止给被害人造成制度性侵害,预防被害人被其他人所害。具体而言,法律需要赋予被害人下列主要权利。

一、控告权

被害人的控告权主要集中于刑事立案阶段,故有关被害人控告权的部分将在被害人在审前程序中的参与部分详细介绍。

二、安全、人格尊严及隐私受到保护的权利

在被害人被加害的信息已被国家机关掌握时,被害人即应享有得到安全、人格尊严及隐私方面的保障,免受来自加害人的再次侵犯以及来自其他潜在加害人的同类侵害。同时,国家在行使刑罚权的过程中,不能以控制犯罪、维护公共利益等任何理由侵犯被害人的人格尊严及隐私。这一权利要求国家通过多种措施,保障被害人的安全、人格尊严和隐私。《联合国为罪

行和滥用权力行为受害者取得公理的基本原则宣言》也对此作出规定。①

美国 2004 年的《犯罪被害人权利法》规定,被害人享有受到合理保护免受犯罪嫌疑人侵害的权利,被害人的合法权利直接影响到法官是否作出保释嫌疑人的决定,对于所规定的救济的任何驳回决定,笔录中应该载明理由。

德国 1986 年的《被害人保护法》规定,被害人如果认为存在严重不利于其身心健康的危险,法庭审判被害人作证时,可以要求被告人不在场。② 为避免重复作证给被害人带来的心理伤害,对于未成年的被害人证人,侦查法官可以在法庭审理之前对其证言录音录像,便于在审理过程中播放。③ 同时,为了防止被害人与被告人发生冲突,侦查法官可以在特殊的房间内与被害人、证人会面,通过同步影音将询问过程传输给其他诉讼参与人。在主审程序中,法庭可以借助传输技术实现法官对证人的提问;同时也可以通过视频会议的方式将对被害人询问的内容同步传输到法庭。④ 被害人以证人身份接受询问时,若其申请一名其信任的人在场,警察和法官都应予以许可。⑤ 在性犯罪类案件的审理程序中,法庭不允许对被害人个人私生活进行侵略性的发问,除非这一问题对查明案件事实是必不可少的。⑥

英国,则要求警察在案发后,要指导被害人注意人身和财产安全的责任,指导被害人案发后如何与警察联系,如何协助警察进行调查,如何在法庭上出席作证,等等,以防止被害人在首次被害后再次被加害人或者其他人侵害。为了防止在法庭审理阶段因反复回忆被害过程给被害人造成二次伤害,性犯罪的被告人实行强制辩护制度,被告人本人不能直接询问被害人,而由其律师代表被告人对被害人进行询问,或者通过影音资料反映询问过程。同时,英国设立了被害人帮助热线,在被害人接到被告释放的建议书后,可以通过被害人热线与监狱管理处联络,表达被害人及其家属的担心,

---

① 《联合国为罪行和滥用权力行为受害者取得公理的基本原则宣言》第 6 条(d)的规定,应采取各种措施,尽可能减少对受害者的不便,必要时保护其隐私,并确保他们及其家属和为他们作证的证人的安全而不受威吓和报复。

② 《德国刑事诉讼法典》第 247 条第 2 款。

③ 《德国刑事诉讼法典》第 58 条 a、第 255 条 a。

④ 《德国刑事诉讼法典》第 168 条 e、第 247 条 a。

⑤ 《德国刑事诉讼法典》第 406 条第 3 项。

⑥ 《德国刑事诉讼法典》第 68 条 a 第 1 款。

若被害人及其家属强烈反对释放加害人,加害人则不会被释放。

日本刑事实体法和程序法也对防止被害人在刑事诉讼中受到报复或威胁的问题作了规定。比如,刑法规定了胁迫证人罪,刑事诉讼法对假释的程序与取消等都作了规定。日本《有组织犯罪对策法》规定,如果被害人认为被告人对其及家属有加害的倾向时,关于被害人的住所、工作等特定事项,在侦查、起诉和审判环节,都应采取措施不让被告人知晓。同时,为防止司法机关的工作人员态度不好或者工作方式不当,使被害人在刑事诉讼过程中受到"二次伤害",日本司法机关在诉讼过程中也相应地采取了一些措施,避免"二次伤害"的发生。比如,在侦查阶段,警察署会设置专门的被害人谈话室,并由女性侦查人员承担性犯罪的搜查任务。在审判阶段,被害人在接受询问时,可以由他人陪伴,并由法庭采取措施在被害人与被告人之间放置屏风等,对于性犯罪被害人,还可以通过视频进行询问,而不必到庭接受询问。同时,被害人对于同一被害事实需要多次提供证言时,可以通过录音录像的方式,避免被害人反复回忆被害经历,心理受到更多的伤害。

我国《刑事诉讼法》规定,公安司法机关应当保障报案人、控告人、举报人及其近亲属的安全,应当为其保守秘密;[①]同时也规定不公开审理个人隐私案件。对于特殊案件被害人、证人的特殊保护,其也作了较详细的规定。在特殊案件中,公安司法机关可以采取特殊措施提供特殊保护。[②]但是这些规定都缺乏权利实施的保障措施以及救济途径。对于公安、司法机关未能提供的保护和救济,没有任何机关和个人因此承担法律项下的后果,不能对其进行程序性制裁,导致很多所谓的权利只是纸面上的权利。比如,如何为控告人保守秘密;如果被害人因个人身份信息没有受到保护遭到报复,有关办案机关和人员是否要因此承担法律责任;如何承担法律责任。为避免该系列权利只是一种宣示性的权利,我国应将被害人的安全、人格尊严及隐私受到保护的权利与公安司法机关的义务相结合,界定公安司法机关因没有履行保障义务导致被害人被侵害的法律责任,保证纸面上的权利能顺利转化为被害人真正的权利保障。在我国《刑事诉讼法》现有规定的前提下,

---

① 《中华人民共和国刑事诉讼法》第110条第3款。
② 《中华人民共和国刑事诉讼法》第64条,比如可以采取不公开真实姓名、住址和工作单位等个人信息、不暴露外貌、真实声音等出庭作证措施,禁止特定的人员接触证人、鉴定人、被害人及其近亲属、对人身和住宅采取专门性保护措施等。

立法还应从以下几个方面予以完善,对被害人提供必要的保护:(1)在诉讼过程中,公安、司法机关均应当保障被害人及其近亲属的人身、财产安全。被害人认为在诉讼中本人或者其近亲属的人身安全面临危险的,可以向公安、司法机关请求予以保护。提出申请后,公安、司法机关应在 3 日内作出是否同意保护的答复。对于危害国家安全犯罪等案件,公安、司法机关应该提供保护,并可以采取隐匿其真实身份、禁止特定的人员接触、对被害人人身和住宅采取专门性保护措施。这类案件中,因公安司法机关保护不力,被害人因作证而受到加害人再次侵害的,应追究公安、司法机关工作人员的法律责任。对其造成的物质损失,国家应承担补偿责任。对于其他案件,公安司法机关应听取被害人的意见,在作出同意保护的决定后 7 日内提出具体的保护措施。公安司法机关不同意提供保护的,若被害人因此受到加害人再次侵害的,应追究公安、司法机关工作人员的法律责任。对被害人造成物质损失的,国家应承担补偿责任。(2)在询问被害人时,应详细了解被害的原因、被害的经过,并提供及时的帮助,发现被害人具有一定的被害性需要加强引导,防止二次被害的情况,应结合具体被害人的具体情况,对被害人提出安全防范的措施。比如在入室盗窃案件中,因为被害人的住处无基本的安全防护措施,侦查人员应加以引导如何做好财物安全防范;在故意伤害案件中,要引导被害人如何对自身安全加以保护;等等。(3)在庭审时,如果当庭询问会给被害人造成二次伤害的,经被害人申请,可在庭审前录音录像,开庭时被害人不必出庭,仅播放录音录像。(4)在接受询问时,若被害人提出需要一名成年人陪伴,应予允许。(5)由国家设立被害人救助机构,完善对被害人的救助制度。比如可以借鉴日本的被害人联络制度、警员指导被害人制度及指定警员支援被害人制度,对被害人如何参与诉讼、如何弥补因加害行为造成的损失等提供支持,满足被害人的合理需求。其他各项参与性权利在下文详细陈述。

三、知悉权

对于刑事诉讼中国家机关采取的一系列措施、所作的实体性处理和程序性处理结果,被害人均应获得及时和准确的通知。知悉权是被害人程序参与权的前提,若被害人不享有知悉权,对于后续的程序则无法及时参加,也无法主张自己的权利。同时,保障被害人知悉权的行使应坚持及时性原则和准确性原则:在合理的时间内通知被害人,并为被害人主张权利,提出异议等预留足够的时间,同时,应保证通知事项的准确性,比如,是否立案、何时开庭、在何处开庭等事项应准确无误,保证被害人有效参与。在有关机关没有遵循及时性和准确性原则并导致被害人无法有效参与刑事诉讼主张自己的权利时,法院应牺牲效率原则,对确需被害人参与的程序作无效评价,重新进行。

在美国,"对于涉及犯罪、嫌疑人被释放或者逃逸的任何公开的法庭程序、假释程序,被害人均有权获得合理的、准确的、及时的通知"①。英国,被害人也有获悉诉讼进程及被告人被采取强制措施情况的权利。德国,2004年的《被害人保护法》进一步扩大了1986年《被害人保护法》规定的被害人知情权的范围。被害人有权申请并被告知程序终止的决定。② 法官或者检察官还应及时告知被害人有关被告人羁押的开始及停止情况,其他限制人身自由的强制措施或者犯罪人刑罚执行中的宽缓情况等。③ 在法国,如果预审法官裁定释放被控告人,必须事先通知被害人,对于可以提起上诉的裁判应送达被害人。在日本,侦查阶段,根据被害人联络制度,警察机关应及时将侦查情况以及检察机关在对公诉案件作出提起公诉或不提起公诉的处理时,均应通知被害人,并向被害人说明理由。④ 在澳大利亚,只要案件进入诉讼程序,检察官则有义务及时通知被害人有关案件的诉讼性质、诉讼程序、听证方式、听证内容、上诉的权利及可能的审判结果。⑤ 联合国《为罪行和滥用权力行为受害者取得公理的基本原则宣言》也规定被害人对案件情况的了解知悉权。⑥

相比之下,我国《刑事诉讼法》在被害人的知悉权方面的规定,显得极为疏漏。无论是法律规定,还是司法实践,被害人几乎是被诉讼程序和国家机关遗忘的人。比如,案件是否被侦查机关立案、何时立案;犯罪嫌疑人何时被采取强制措施及其强制措施发生变更的情况;检察机关是否对被告人提

---

① 秦策:《正当程序原则与被害人利益的权衡——美国刑事被害人制度的变迁与启示》,载《诉讼法论丛》第11卷。

② 《德国刑事诉讼法典》第406条a第1款。

③ 《德国刑事诉讼法典》第406条a第2款。

④ 《日本刑事诉讼法典》第260条、第261条。

⑤ 潘君:《澳大利亚对刑事诉讼参与人的权利保护》,载《检察日报》2004年4月11日。

⑥ 比如可以让受害者了解他们的作用以及诉讼的范围、时间、进度和对案件处理的情况,在涉及严重罪行和其要求了解情况时尤其如此。

前公诉;何时提起公诉。这一系列问题均无法在现有法律中找到通知被害人的踪迹。这决定了被害人无法参与和影响侦查程序及审查起诉程序,无法对强制措施的作出和变更产生任何影响。虽然在法庭审判程序中,我国《刑事诉讼法》规定,被害人有参与庭审的权利,但在司法实践中,对于没有提起附带民事诉讼的被害人,法院几乎从不通知被害人。法院作出的判决,更不会送达被害人。在刑罚执行环节,被告人执行刑罚的情况、是否被释放等,被害人均无从知晓。由于知悉权的缺席,导致被害人无法在诉讼程序中发挥其重要功能,更无法通过刑事诉讼程序修复被侵害的权利及心理。被害人要有效参与刑事诉讼,必须对被害人的知悉权进行完善:(1)在被害人向公安司法机关控告或报案时起两个月内,受案部门应告知被害人是否立案。若没有立案的,要在作出不立案决定之日起3日内告知被害人不立案的理由以及救济途径;若立案的,也应在立案之日起3日内告知被告人,并告知被害人有委托诉讼代理人等相关诉讼权利。(2)公安机关已侦查终结的案件,应在移送审查起诉之前告知被害人,如果案件是可公诉可自诉的案件,还应告知被害人享有程序选择权。(3)犯罪嫌疑人的归案和被采取强制措施的情况,公安司法机关应及时告知被害人,若需要把犯罪嫌疑人的强制措施从羁押变更为非羁押强制措施的,需要在作出决定之前通知被害人并听取被害人的意见,如果被害人不同意,除非可能判处5年以下有期徒刑或者办案机关在羁押期限内无法审结案件的,其他情形下,均不得对被追诉人变更强制措施。(4)立案后每6个月,公安机关均应向被害人通知案件侦查的进展情况。(5)检察机关受理移送审查起诉的案件后,应在3日内告知被害人,并听取被害人的意见。(6)检察机关拟作出不起诉决定的,应通知被害人,对于酌定不起诉和证据不足不起诉的案件,应告知被害人有申请不起诉听证的权利。(7)检察机关作出不起诉处理的,应在不起诉决定之日起5日内通知被害人,对于酌定不起诉和证据不足不起诉的案件,应告知被害人在收到不起诉决定书之日起7日内有向作出不起诉决定的检察机关的上一级检察机关和人民监督员委员会申请强制起诉和人民监督员委员评议的权利。(8)人民法院受理案件后,应在3日之内通知被害人,并将起诉书副本送达被害人,并在开庭前3日通知被害人(包括未提起附带民事诉讼的被害人),告知开庭时间、开庭地点,被害人参与法庭审理应准备的身份证明材料和与案件有关的其他材料等。(9)法院作出裁判后,应在裁判作出之日起3日之内将判决书送达被害人(包括未提起附带民事诉讼的被害人),告知被害人在接到判决书之日起 10 日内有向上一级法院提出抗诉的权利。(10)刑罚执行期间,要对被执行人假释、减刑或暂予监外执行的,需要在作出决定之前告知被害人,并听取被害人的意见;未告知并听取被害人意见的,假释、减刑或暂予监外执行的裁定无效。

四、律师帮助权

(一)委托诉讼代理人的权利

被害人由于自身知识和能力的限制,加之在加害行为中被侵害,参与刑事诉讼的能力较弱,有必要赋予被害人律师帮助权。比如,《德国刑事诉讼法》就规定被害人在侦查阶段即享有律师帮助的权利,在警察、检察官和法官询问被害人时,都允许律师在场。[①] 2009 年的《被害人权利改革第二法案》扩大了被害人获得律师帮助权的范围,对于任何案件,只要有值得保护的利益,就应为被害人指定律师,提供律师帮助。同时,被害人除了可以申请律师在场提供帮助外,还可以在接受询问时,申请其信赖的人在场,以缓解被害人的心理负担。在其信赖之人不影响调查目的实现的前提下,法院均应当对被害人的申请予以允许。[②] 阅卷权是帮助被害人更好地实现知悉权的一项权利。德国 1986 年的《被害人保护法》规定被害人与被告人一样享有阅卷权,但是阅卷权的行使需通过律师的帮助来实现。

我国《刑事诉讼法》第 44 条规定了被害人委托诉讼代理人的权利。[③]但上述规定的诉讼代理人介入诉讼的时间是在案件移送审查起诉以后。在侦查阶段,被害人不能得到律师的帮助,也无法通过任何途径查阅案卷。为保障被害人有效参与刑事诉讼,我国有必要赋予被害人自侦查阶段就享有委托诉讼代理人的权利。具体时间可规定为自公安机关立案之日起,被害人即可以委托诉讼代理人,在侦查期间,只能委托律师作为诉讼代理人。被害人的诉讼代理人在刑事诉讼中,享有阅卷权、调查取证的权利,对变更强制措施提出异议、申请排除非法证据、参与不起诉听证程序等权利。之所以

---

① 《德国刑事诉讼法典》第 406 条 f 第 1 款。

② 《德国刑事诉讼法典》第 406 条 f 第 3 款。

③ 《中华人民共和国刑事诉讼法》第 44 条规定:"公诉案件的被害人及其法定代理人或者近亲属,附带民事诉讼的当事人及其法定代理人,自案件移送审查起诉之日起,有权委托诉讼代理人。自诉案件的自诉人及其法定代理人,附带民事诉讼的当事人及其法定代理人,有权随时委托诉讼代理人。"

突破现行《刑事诉讼法》的规定,将被害人委托诉讼代理人的权利提前至侦查阶段,是基于以下考虑:第一,根据刑事诉讼中的对等原则,犯罪嫌疑人委托辩护人的时间为"自被侦查机关第一次讯问或者采取强制措施之日起",相对应的,被害人委托诉讼代理人的时间也可以提前到侦查阶段。第二,之所以将时间点确定在立案之日起而不是与犯罪嫌疑人委托辩护人的时间一致,是因为很多案件虽然已经立案,但无法保证在很短的时间内抓获犯罪嫌疑人,在立案到犯罪嫌疑人归案这段时间内,被害人的权利很重要也极易遭到忽略,比如侦查机关虽然已经立案,但收集证据不力,导致证据灭失,最后导致证据不足,只能撤案或者作不起诉处理。司法实践中常常出现一些重要的通话记录、视频资料等因为没有及时提取导致证据灭失的情况,将委托诉讼代理人的时间提前至立案之日起,诉讼代理人则可以自行或者敦促公安机关及时收集证据。第三,对于可公诉可自诉的案件,因为赋予被害人程序选择权,在侦查终结前,被害人极有可能与犯罪嫌疑人展开协商,需要诉讼代理人的法律帮助。

(二)获得法律援助的权利

刑事法律援助制度起源于西方国家,是指"国家在司法制度运行的各个环节和各个层次上,对因经济苦难或者其他因素而难以通过一般意义上的法律救济手段保障自身权利的社会弱者,减免收费,提供法律援助的一项法律保障制度"。[①]

法律援助制度最早产生于中世纪的英国。英国的《1998 年法律援助制度》对法院援助制度的范围作出界定。对于被害人申请法律援助的条件,其也有明确的规定。[②] 1963 年最高法院明确规定,在当事人没有钱请律师的情况下,政府要负责为其提供律师。1982 年,里根总统成立犯罪被害人工作组,提出了要对被害人进行法律援助。[③] 在德国,"根据 1980 年颁布的《诉讼费用援助法》《咨询援助法》和 1986 年颁布的《被害人保护法》,被害人有权在整个程序中获得律师的帮助。"[④]在日本,除了给犯罪嫌疑人提供法律援助,为未成年人和参与刑事诉讼程序的被害人(经济困难被害人或家

---

①　陈光中主编:《刑事诉讼法》,北京大学出版社 2012 年第 4 版,第 147 页。

②　张耕:《法律援助制度比较研究》,法律出版社 1997 年版,第 310 页。

③　严军兴:《法律援助制度的理论与实务》,法律出版社 1999 年版,第 73 页。

④　张汉昌:《刑事被害人法律援助权之完善》,载《南阳师范学院学报(社会科学版)》2003 年第 7 期。

庭)也应提供律师帮助。[①] 根据《联合国为罪行和滥用权力行为受害者取得公理的基本原则宣言》也规定了被害人获得援助的权利。[②] 我国 2003 年《法律援助条例》第 11 条、第 12 条规定的刑事法律援助的对象为 7 类,比如,因经济困难没有聘请律师的犯罪嫌疑人、公诉案件中因经济困难没有委托诉讼代理人的被害人及其法定代理人或者近亲属。我国 2012 年《刑事诉讼法》对 1996 年《刑事诉讼法》进行了完善,规定刑事法律援助的对象为 5 类,全部为犯罪嫌疑人或者被告人,并没有完全吸纳《法律援助条例》的规定,将自诉人、被害人及其法定代理人纳入法律援助的对象。[③] 虽然我国现行立法关于法律援助对象的规定不完全一致,但这并不妨碍被害人及其法定代理人或近亲属享有法律援助的权利。比如,陈光中老师主编的教材《刑事诉讼法》(第四版)主张"除了上述对刑事被追诉者的法律援助之外,根据《法律援助条例》第 11 条规定,刑事诉讼中有下列情形之一的,公民可以向法律援助机构申请法律援助……"[④]基于"法不禁止即自由"的法谚,《法律援助条例》作为有关法律援助的专门性行政法规,与刑事诉讼法中关于法律援助的规定不是互斥的,而是互补的关系。所以,这并不妨碍自诉人、被害人及其法定代理人向法律援助机构提出申请。但是,《法律援助条例》是国务院制定的行政法规,而《刑事诉讼法》是全国人大讨论通过的法律,这种立法层级上的差异,加上立法部门在立法时选择性吸纳的态度,给被害人申请法律援助制造了很多障碍。

五、获得及时、完全赔偿和补偿的权利

被害人在受到犯罪人的侵害后,应获得及时和完全的赔偿和补偿,弥补被害人在犯罪行为中受到的各种伤害。美国《被害人权利法》规定,被害人有权获得完全和及时的赔偿。英国在 1995 年就通过了《刑事损害补偿法》,对给予被害人的补偿范围及相关程序等作了规定。《德国刑事诉讼法》,对

[①] 司法部法律援助中心编:《各国法律援助法规选编》,中国方正出版社 1999 年版,第 352 页。

[②] 根据《联合国为罪行和滥用权力行为受害者取得公理的基本原则宣言》第 6 条(c)的规定,受害者应从政府、自愿机构、社区方面及地方途径获得必要的物质、医疗、心理及社会援助。

[③] 《中华人民共和国刑事诉讼法》第 34 条、第 267 条。

[④] 陈光中主编:《刑事诉讼法》,北京大学出版社、高等教育出版社 2012 年第 4 版。

于被害人的损害补偿问题,制定了很多半程序性半实体性的制度,让被害人享有很多的选择机会,实现损害补偿。比如有附带民事诉讼制度、犯罪人与被害人的冲突和解与损害修复制度、取回救济制度等。法国除了民事当事人制度外,被害人还可以提起附带民事诉讼,并可以申请国家赔偿,以获得全部或者部分的赔偿。日本也在 1980 年制定了《犯罪被害人等补偿金给付法》,对于补偿的对象、给付的倾向、申请和裁定的机关、补偿金的支付等作了详尽的规定。①《联合国为罪行和滥用权力行为受害者取得公理的基本原则宣言》规定,罪犯或第三人应向受害者及相关人员赔偿。② 同时规定,当无法从罪犯或其他来源得到充分的补偿时,会员国应设法向遭受严重罪行造成的重大身体伤害或身心健康损害的受害者等提供金钱上的补偿。③

对于被害人的损害补偿问题,除了刑事诉讼程序提供一定的服务和保障外,还需要《刑事诉讼法》以外的制度支撑,比如国家补偿制度,下文将在被害人获得损害救济部分作较详尽的阐述。

六、程序参与权及意见表达权

被害人的程序参与权是最基础性的权利,意见表达权则是程序参与权的自然延伸,二者密不可分。仅有程序参与权而没有意见表达权,其参与行为将没有任何实质意义,没有程序参与权作为前提,意见表达权也将无处可依,二者的关系密切,所以,有关被害人的程序参与权及意见表达权常常被置于同一层面加以探讨。在各国刑事诉讼程序中,被害人的程序参与权与意见表达权也有不同的存在和表现方式。比如在美国,一是被害人享有庭审时的在场权;二是在有关的公开程序中,被害人享有意见被听取的权利④。在释放程序和假释程序中,被害人有权提出附加条件。在量刑程序中,被害人的身份

---

① 对于被害人的损害补偿问题,除了刑事诉讼程序提供一定的服务和保障外,还需要《刑事诉讼法》以外的制度支撑,比如国家补偿制度,下文将在刑事诉讼程序外的制度构建里作较详尽的阐述,此处仅作简单介绍。

② 《联合国为罪行和滥用权力行为受害者取得公理的基本原则宣言》第 8 条规定,罪犯或应对其行为负责的第三方应视情况向受害者、他们的家属或受扶养人作出公平的赔偿。这种赔偿应包括归还财产、赔偿伤害或损失、偿还因受害情况产生的费用、提供服务和恢复权利。

③ 《联合国为罪行和滥用权力行为受害者取得公理的基本原则宣言》第 12 条。

④ 比如,在联邦地区法院涉及释放、认罪、量刑的任何公开程序中,或者在任何假释程序中,被害人享有意见被合理听取的权利。

从证人转化成为独立的诉讼参与者,享有作出被害人影响陈述的权利,被害人可以在法庭上向法官说明犯罪行为给其本人或家庭带来的损害,影响法官对被告人的量刑。在英国,被害人享有广泛的程序参与权。一是享有参与作出起诉决定的权利。英国《被害人权利法》也设定了警察局和皇家检控署的一项义务,即在作出起诉决定之前必须征求被害人的意见,考量被害人的利益因素后再作出是否起诉的决定。二是享有被害人陈述的权利。英国的被害人陈述与美国的被害人影响陈述无论是名称还是提出方式,都存在一定的区别。英国的被害人陈述不像美国的被害人影响陈述是直接向法庭提供,一般是提交给皇家检控署后,皇家检控署再将被害人陈述转交给法庭。被害人一旦将其陈述提交给皇家检控署,皇家检控署就要在是否决定起诉的程序中、辩诉交易程序中都予以考虑。其认为起诉将对被害人造成更大的伤害时,则不会因为公共利益而决定起诉,在决定起诉时,被害人陈述将作为起诉事实的一部分。在辩诉交易程序中,其也会考虑被害人陈述的内容。在德国,存在强制起诉程序,赋予被害人请求提起公诉的权利。被害人在不同意检察官终止审查的决定时可以向总检察长提出抗告。德国还有从属诉讼制度,在该程序中,被害人充当第二检察官的角色。在法国的民事当事人制度下,被害人享有广泛的诉讼权利。在刑事诉讼中,被害人可以独立不受检察官的帮助,在与检察官意见相左的情况下可独立启动诉讼,提出独立的诉讼主张。被害人在对成为民事当事人的请求提出异议或者宣告其不予受理的情况下,对于预审法官作出的裁定可以向上诉法院提起上诉。我国《刑事诉讼法》对被害人在公诉案件中的程序参与权和意见表达权作了一些规定,但规定大多简单,且无具体的保障和救济程序,实务界也未给予足够的重视。被害人在刑事诉讼程序中的参与性严重不足。在动态的四方诉讼构造下,被害人较三方诉讼构造下的参与度有较大程度的提升,无论是参与的程度,还是有效性,都与三方诉讼构造下的参与有较大不同。要保证四方诉讼构造的顺利运行,我国需要对现行法律和制度进行完善。四方诉讼构造下,被害人除应被赋予上述服务保障性权利外,还应被赋予各诉讼程序参与权及意见表达权①。各诉讼环节中被害人如何参与及表达意见,详见下文被害人在公诉程序、自诉程序中的有效参与的内容。

---

① 与被追诉人一致的权利,比如申请回避权、使用民族语言进行诉讼等权利,不再介绍。

第二节　被害人在审前程序的参与

一、被害人在审前程序参与的两个方面：协作与制约

"被害人和证人在初始阶段受到的待遇将形成他们对刑事司法制度的整个看法，且能决定他们以后是否愿意提供证据和出庭作证。"[①]被害人在立案、侦查阶段的参与体现在两个主要方面：一是被害人对侦查机关的协作和配合，积极报案，帮助侦查机关顺利侦破案件；二是被害人对侦查行为的监督和制约，防止侦查机关不积极履行义务，给被害人带来第二次伤害。被害人常常被称为司法制度的"第一守门人"(the first gatekeeper)，在刑事诉讼中发挥着重要作用，作为加害行为的直接受害者，对加害人带来的伤害有更为真切的体验，对加害过程和加害人的特征有着更为清楚和全面的了解，因而，被害人最有动力去控告犯罪，也最有能力去帮助侦查机关破获案件，抓获加害人。但实践中，有很多被害人选择不报案，导致"犯罪黑数"的存在，大量案件无法进入侦查机关的视野。被害人不愿意报案的原因基于三个因素：一是基于对自己隐私和尊严的保护；二是基于对参与刑事诉讼成本与收益的考虑；三是基于对刑事追诉机关的信赖程度。为了鼓励被害人积极参与刑事诉讼，我们需要结合上述因素，为被害人提供更全面完善的保护，提高公安、司法机关的公信力，减少刑事诉讼活动带给被害人的负担，最大限度地维护被害人人身和财产损失。

二、被害人在审前程序中的参与现状

我国审前程序缺乏诉讼特征，更多地体现了行政治罪色彩，因而审前程序难以进入传统的"三方诉讼构造"的分析框架，无论是被追诉人还是被害人，传统的诉讼构造都无法描述他们在刑事诉讼程序中的存在及权利。在审前程序中，被害人的知情权、参与权等重要的诉讼权利都无法得到保障，并且其人身还可能受到伤害。比如，朱令铊中毒案件是被害人在审前程序知情权缺乏保障的一个非常典型的案例。

[①]　最高人民检察院法律政策研究室编译：《所有人的正义：英国司法改革报告》，中国检察出版社 2003 年版，第 6 页。

案例三:朱令铊中毒案件

发生于 1994 年的朱令铊中毒案件在媒体引起一波又一波的关注和讨论,案发近 20 年,被害人父母仍未得到公安机关的告知,无从知晓案件的侦办情况,直到 2013 年该案件再一次引发公众媒体的关注和讨论,甚至在美国白宫官方请愿页面出现了有关"朱令投毒案"的请愿书。案发后,被害人家属和媒体试图了解案件的侦破情况,结果是要么无人回应,要么就是无法告知。在网络舆论的巨大压力下,2013 年 5 月 8 日,北京警方首度通过官方微博回应朱令案,表示因为报案时间距离案发时间近半年,但相关场所无监控,犯罪痕迹与物证已经灭失,所以经专案组侦查仍未获取认定犯罪嫌疑人的直接证据,此案最终无法侦破。案件历时近 20 年,被害人家属才得到一个案件无法侦破的结果。

根据我国《刑事诉讼法》的规定,被害人在审前阶段主要享有以下权利:一是在案发后,被害人有报案和控告的权利;[①]二是在被害人报案或控告后,享有人身安全及隐私保障权;[②]三是对不立案情况的知情权及复议权。[③]同时,其规定被害人有向检察机关申诉的权利,从而启动检察机关的立案监督权。[④]

但是,在司法实践中被害人的控告权并没有得到很好的保障,在被害人控告或者报案后,虽然法律作出规定保障被害人及其近亲属的人身安全,但

---

① 《中华人民共和国刑事诉讼法》第 110 条第 2 款规定:"被害人对侵犯其人身、财产权利的犯罪事实或者犯罪嫌疑人,有权向公安机关、人民检察院或者人民法院报案或者控告。"

② 《中华人民共和国刑事诉讼法》第 111 条第 3 款规定:"公安机关、人民检察院或者人民法院应当保障报案人、控告人、举报人及其近亲属的安全。报案人、控告人、举报人如果不愿公开自己的姓名和报案、控告、举报的行为,应当为他保守秘密。"

③ 《中华人民共和国刑事诉讼法》第 112 条规定:"人民法院、人民检察院或者公安机关对于报案、控告、举报和自首的材料,应当按照管辖范围,迅速进行审查,认为有犯罪事实需要追究刑事责任的时候,应当立案;认为没有犯罪事实,或者犯罪事实显著轻微,不需要追究刑事责任的时候,不予立案,并且将不立案的原因通知控告人。控告人如果不服,可以申请复议。"

④ 《中华人民共和国刑事诉讼法》第 113 条规定:"人民检察院认为公安机关对应当立案侦查的案件而不立案侦查的,或者被害人认为公安机关对应当立案侦查的案件而不立案侦查,向人民检察院提出的,人民检察院应当要求公安机关说明不立案的理由。人民检察院认为公安机关不立案理由不能成立的,应当通知公安机关立案,公安机关接到通知后应当立案。"

至于如何保护、由谁保护、在未得到保护的情况下是否要追责等均未作出规定。另外,对于公安机关不立案不服时,如何申请复议,向哪个机关申请复议,法律也未明确规定救济的程序。对于公安机关的立案活动,《刑事诉讼法》除了规定被害人的复议权外,也规定了检察机关的立案监督权。近年来,检察机关的立案监督取得了一定的效果,"据统计,2009 年至 2012 年,检察机关侦查监督部门共监督公安机关立案 104594 件,立案率为93.97％"①。但问题是在立案后公安机关若以各种理由立而不查或者久侦不结,"在对近年来立案监督案件的调查中,我们发现,截至 2008 年年底,公安机关主动立案和通知公安机关立案的案件中,有近 70％的案件还滞留在侦查环节"②。虽然各地检察机关自行创设了一些举措,破解监督难题,但这些举措只能在某些时期或者某些部分领导在位时发挥作用,约束力和强制力不够,无法从制度层面真正解决检察机关和被害人对公安机关侦查活动的监督。在立案程序完成后的侦查阶段,被害人除了配合公安机关调取证据充当特殊证人外,几乎再无其他任何权利保障。比如,公安机关是否对案件展开侦查、是否侦破了案件、犯罪嫌疑人是否已到案、对犯罪嫌疑人是否采取了强制措施,等等。这些问题与被害人息息相关,却无相关法律对此予以规定,被害人一系列知情权无从保障。

三、被害人在审前程序中的参与完善

被害人在立案程序中的参与权主要表现为控告权及其相关异议权。在公诉制度出现后,大多数国家的大多数案件由国家法定侦查机关负责侦查,法定公诉机关进行公诉,被害人不再是公诉案件的发动者。但是在公诉案件中,被害人享有向法定机关报案或者控告的权利。这也是被害人诉权的重要表现形式。同时,对于某些告诉才处理的案件,只有在被害人提起控告后国家刑罚权才开始启动,国家才能依照法律追究行为人的刑事责任。被害人的控告权体现在两个方面:一方面,被害人在被侵害后,享有控告或报案的权利,不得被剥夺,在被害人行使控告权时,国家应该为其提供一定的保障,并提供法定的救济途径。另一方面,对于部分案件,在被害人没有提

---

① 王治国、徐日丹、祝连勇:《检察机关审查逮捕案件质量提升　4 年监督立案 10 万余件》,载《检察日报》2013 年 6 月 22 日第 2 版。

② 窦秀英:《沟通协调破解立案监督难题》,载《检察日报》2009 年 9 月 9 日第 2 版。

出控告或报案的情况下,国家无权主动追究加害人的刑事责任,也即仅有被害人才有启动刑事诉讼的权利。比如,德国刑法就规定,对家庭成员之间的盗窃行为、对于侮辱和侵犯个人隐私的行为、对于侵入住宅和损害财物的行为等是否提出控告都有赖于被害人的控告,要考虑是否有利于维护家庭关系的和睦,是否有利于保护被害人的隐私等因素。① 对于轻微伤害、数额较小的盗窃及侵占、损害财物等行为,若没有被害人的告诉,公诉机关仅能基于特殊公共利益对犯罪行为提起公诉。② 法国的民事原告人制度中,被害人可以通过民事诉讼程序启动公诉程序。"公诉亦可以由受到损害的当事人依本法典(《法国刑事诉讼法》)规定的条件发动之。"③日本1999年的《犯罪被害人权利宣言》也规定了被害人享有告诉和申报的权利。对于亲告罪,必须有被害人的告诉程序,否则,检察官不能任意起诉;对于其他案件,被害人有权向有关机关控告。

在审前程序中,被害人除了向公安机关提供证据之外,还应有权参与一系列活动,主要享有下列诉讼参与权:

(一)立案程序

在立案程序中,被害人应被赋予下列诉讼参与权和异议权:

(1)自被害人向公安司法机关控告或报案时起两个月内,受案部门要通知被害人是否立案,若没有立案,要同时告知不立案的理由以及救济途径;(2)对于公安机关不立案的,被害人有权向检察机关提出申请,经审查,检察机关认为有犯罪事实,应该追究行为人的法律责任,且属于公诉或可公诉可自诉案件的,应该在收到申请后15日之内作出要求公安机关立案的决定,并在决定作出3日内通知公安机关,告知被害人;(3)公安机关在收到检察机关通知立案的决定后,应当在7日内立案,并在作出立案决定后3日内通知检察机关和被害人;(4)被害人向检察机关提出申请后,经审查,检察机关认为不应当立案的,应当在接到申请后15日之内作出不建议立案的决定,并在3日内告知公安机关和被害人。检察机关认为不应当立案的,被害人

① 《德国刑法典》第247条、第194条第1款、第205条,第123条第1款、第303条c。
② 《德国刑法典》第230条第1款、第248a条,第303条c。
③ 《法国刑事诉讼法典》第1条第2款。

不得再向法院提起自诉①,但有证据证明公安机关、检察机关②在立案过程中有滥用职权、徇私枉法等违法犯罪行为的除外。

(二)侦查程序

在侦查程序中,被害人应被赋予下列诉讼参与权和异议权:(1)立案后,公安机关对被追诉人是否采取强制措施的情况应在作出决定后3日之内通知被害人;(2)对被羁押的被追诉人变更为非羁押的强制措施前,应当告知并听取被害人的意见,如果被害人不同意,除非可能判处3年以下有期徒刑或者办案机关在羁押期限内无法审结的案件,其他情形下,均不得对被追诉人变更强制措施;(3)公安机关立案后应在1年之内完成侦查工作,并在立案时一并通知被害人③;(4)立案后每6个月,公安机关均应向被害人通知案件侦查的进展情况;(5)被害人在侦查阶段即享有委托律师作为诉讼代理人的权利,具体时间与被追诉人委托辩护人的时间一致;(6)被害人委托的诉讼代理人在侦查阶段享有调查取证权;(7)公安机关在作出是否将案件移送检察机关审查起诉的决定后,应在3日内通知被害人,若被害人对于公安机关作出不将案件移送审查起诉(撤销案件)处理不服的,有权向检察机关提出申请,经审查,检察机关认为案件应移送审查起诉的,应要求公安机关在7日内将案件移送审查起诉,并在决定作出3日内告知被害人;(8)公安机关在收到检察机关要求移送审查起诉的决定后,应当在7日内将案件移送审查起诉;(9)被害人向检察机关提出申请后,经审查,检察机关认为不应当移送审查起诉的,应当在接到申请后15日之内作出不建议移送审查起诉的决定,并在决定作出后3日内告知公安机关和被害人。检察机关认为不应当移送审查起诉的,被害人不得再向法院提起诉讼,但有证据证明公安机关、检察机关在立案过程中有滥用职权、徇私枉法等行为的除外。

第三节　被害人在审查起诉程序中的参与

"四方诉讼构造"相比"三方诉讼构造",一个最大的变化是公诉案件的

---

① 该情形下,不赋予被害人的起诉权,包括在检察机关不起诉时也不赋予被害人起诉权,即取消公诉转自诉程序,设立强制起诉制度。详见下文强制起诉制度构建部分。

② 包括机关及其工作人员。

③ 因发现新的犯罪事实需要延长侦查期限的,按照相关规定可以延长。

刑事追诉权不再被国家垄断,检察机关在作出是否起诉的决定之前需要考虑被害人因素,被害人通过充分、有效地参与刑事诉讼,最全面地表达自己的意见,在不能满足其需求且不违反社会公共利益的前提下,在公诉程序中隐身的被害人可以随时现身,对国家机关作出的决定说"不",在刑事诉讼阶段形成被害人权利对国家权力的制约,防止国家追诉权的滥用。

一、扩大公诉裁量权的范围——被害人参与审查起诉程序的现实依托

(一)为何要扩大公诉裁量权的范围

起诉主要遵循的是起诉法定主义(the Principle of Legality),体现了刑罚报应主义理论;不起诉主要遵循起诉便宜主义(the Principle of Opportunity),体现了刑罚目的理论。公诉裁量权结合了起诉法定主义和起诉便宜主义两种诉讼理念。我国通过公诉裁量权的运行,适时终结已经启动的诉讼程序,对案件进行程序性分流,在秩序、效率等多重价值中进行取舍与平衡,最大限度地实现公正。本部分内容旨在阐述对公诉裁量权的制约,但在论述的思路上与惯常的思路稍有不同,在强调制约公诉裁量权的同时,主张扩大公诉裁量权的范围。笔者是基于以下考虑确立了如此的思路:一是在极低的不起诉率的基础上谈及对公诉裁量权的制约,关涉的案件和人员过少,缺乏研究价值,所以只有扩大公诉裁量权的范围才有对之研究的必要性,被害人参与审查起诉程序才具有制度上的价值;二是缺乏被害人参与的起诉与不起诉都缺乏程序正义的基础,在扩大公诉裁量权范围的同时,需要吸纳被害人的参与,加强对公诉权的制约。我国不起诉率极低,不起诉程序设计粗陋,作为加害行为的直接受害者,被害人在检察机关作出不起诉决定之前没有途径表达自己的异议,只能在检察机关作出不起诉决定之后,通过公诉转自诉程序进行救济。但公诉转自诉程序弊端重重,无法有效维护被害人的权益。[①] 所以仅仅从限制公诉权裁量的范围的角度对公诉权进行制约,一方面导致大部分原本可以分流的刑事案件无法顺利分流,检察机关无法起到过滤案件的作用,浪费了大量的司法资源,同时,检察机关的不起诉程序却较少受到有效制约,特别是被害人在不起诉程序中的参与度过低,被害人的权益基本被忽略,既无法实现公正,也无法保障效率。因此,笔者试

---

① 有关公诉转自诉程序的弊端将在下文详细陈述。

图转化视角,既扩大公诉权裁量的范围,又加大对公诉权裁量的制约,实现公诉权有序运行,既能分流案件,又能保障公诉裁量权不被滥用,最大限度地维护诉讼参与人的合法权益。

（二）域外公诉裁量权的制度与实践

美国实行国家追诉主义和起诉法定主义,只要符合起诉条件,检察官就可以提起公诉,但美国通过辩诉交易程序处理的案件高达90％。[①] 日本也是坚持起诉法定主义的国家,但日本《刑事诉讼法》规定了起诉犹豫制度,"根据犯罪人的性格、年龄、境遇和犯罪的轻重、情节以及犯罪后的情况,认为没有必要提起诉讼时,可以不提起公诉"[②]。日本的酌定不起诉率也很高,"2000 年酌定不起诉率是 44.9％,2002 年是 47.4％,2005 年达到53.4％"[③]。德国对轻罪的处理程序,是起诉便宜主义的重要体现。[④] 在德国,从 1981 年到 1996 年,不起诉率甚至达到 80％以上。[⑤]"在我国台湾地区,根据有关资料的显示:2002 年酌定不起诉率为 39.8％,2003 年为 42.2％,2004 年为 36.7％,2005 年为 35.8％。"[⑥]联合国 1970 年大会通过的《关于检察官作用的准则》也对免于起诉、中止诉讼及分流程序等作出规定。[⑦]这一规定为检察官行使公诉裁量权提供了文件指引。

（三）我国司法实践中的可能性因素

我国《刑事诉讼法》在 1996 年第一次修订时,取消了免于起诉制度,确立了不起诉制度。1997 年至 2000 年,全国检察机关不起诉率分别为4.2％、

---

① 陈瑞华:《刑事诉讼的前沿问题》,中国人民大学出版社 2000 年版,第 476 页。

② 汪建成:《论起诉法定主义与起诉便宜主义的调和》,载《中国人民大学学报》2000年第 2 期;另可参见《日本刑事诉讼法》第 248 条。

③ 宋英辉:《国外裁量不起诉制度评介》,载《人民检察》2007 年第 24 期。

④ 《德国刑事诉讼法典》第 153 条规定:"程序处理轻罪的时候,如果行为人责任轻微,不存在追究责任的公众利益的,经负责开始审判程序的法院同意,检察院可以不予追究。"

⑤ 顾永忠:《附条件不起诉制度的必要性与正当性刍议》,载《人民检察》2008 年第9 期。

⑥ 郭天武:《相对不起诉制度若干问题探析》,载《政法论坛》2008 年第 5 期。

⑦ 联合国 1970 年大会通过的《关于检察官作用的准则》第 18 条规定:"根据国家法律,检察官应在充分尊重嫌疑者和受害者的人权的基础上,适当考虑免于起诉、有条件或无条件地中止诉讼程序或使某些刑事案件从正规的司法系统转由其他办法处理。为此目的,各国应充分探讨改用非刑事办法的可能性,目的不仅是减轻过重的法院负担,而且也可避免受到审前拘留、起诉和定罪的污名以及避免监禁可能带来的不利后果。"

2.5%、2%、2%。[①] 2001 年,最高人民检察院印发《人民检察院办理不起诉案件质量标准(试行)》规范不起诉案件的范围和流程,对不起诉错误和不起诉质量不高的情形进行了界定,实务部门对不起诉都保持克制,很多地方的检察机关对不起诉率都有具体的比例控制。2007 年,最高人民检察院修订了上述标准,鼓励各级检察机关贯彻宽严相济的刑事司法政策,时任检察长贾春旺也强调,不能人为控制不起诉率,[②]但司法实践中的不起诉率仍然偏低,从最高人民检察院公布的数据看,2003 年至 2013 年,我国刑事案件不起诉率一直都在 5% 以下。[③] 但从法院的量刑情况看,2000 年至 2002 年,全国法院判处 3 年以下有期徒刑、拘役、管制、单处附加刑、免予刑事处分的轻微犯罪人数分别占判决总人数的 53.6%、62.66%、57.33%。[④] 近年来,随着入户盗窃、扒窃、危险驾驶等行为入刑,轻微犯罪案件在全部刑事案件中所占比例越来越大。根据第六次全国刑事审判工作会议披露的情况看,2006 年至 2013 年,"全国法院对严重危害社会治安的犯罪判处 5 年有期徒刑以上的重刑比率从 16.22% 下降到 13.48%,适用非监禁刑比率从 30.93% 上升到 34.98%"[⑤]。这些轻刑犯罪人,大多符合不起诉的条件,这是公诉裁量权看得见的可以扩大的范围。

唯有在扩大检察机关公诉裁量权的前提下论证被害人参与审查起诉程序,这种论证和分析才显得有意义和价值,"要实现程序分流,就要有一定的流量,流量太小,应该节约的资源没有节约,节约出来的资源微不足道,同样

---

① 唐亲:《不起诉适用率偏低的历史原因浅析》,载《法制生活报》2014 年 7 月 17 日。

② 肖玮:《贾春旺强调:不能人为控制不批捕率不起诉率》,载《检察日报》2007 年 7 月 27 日。

③ 《中国法律年鉴》(2003—2013 年)及最高人民检察院工作报告(2003—2013 年),采集了 2003 年至 2013 年不起诉的总人数和起诉的总人数,并以不起诉人数除以起诉、不起诉人数总和,均低于 5%。但审查起诉过程中,除了起诉和不起诉处理的案件外,还有报送市院审查,移送其他同级人民检察院管辖的案件等,所以分母数会大于上述两数相加的总和值,因而,不起诉率会低于上述数值。但司法实践中,报送市院审查等案件数值不是太大,分母的变化也就不是很大,不起诉率与上述比例相差不大,故采用该计算方法得出该结论。

④ 彭东、张寒玉:《检察机关不起诉工作实务》,中国检察出版社 2005 年版,第 125 页。

⑤ 张先明:《职能作用充分发挥　质量效率不断提高》,载《人民法院报》2013 年 10 月 16 日。

无法从总体上实现提高效率的目标"①。扩大公诉裁量权也是我国下一阶段司法改革必然要面对的问题和选择的路径。在 2015 年 1 月 20 日召开的中央政法工作会议上,中央政法委已明确提出,"各级司法机关要坚决取消刑事拘留数、批捕率、起诉率、有罪判决率、结案率等不合理的考核项目"②。中央政法委的这一决定为各级司法机关下一步做好刑事案件的程序分流工作提出了明确的方向。

二、被害人对公诉裁量权的制约

"一切有权力的人都容易滥用权力,这好似万古不易的一条经验。有权力的人们使用权力一直到遇有界限的地方方休止。"③基于起诉便宜主义理论,检察机关对很多案件选择不提起公诉,而是在审查起诉环节作出不起诉处理,提前终止诉讼程序。但检察机关在行使自由裁量权的过程中,如果不接受制约,则容易滥用,检察机关公诉裁量权的滥用,给被害人带来了极大的伤害。检察机关在行使公诉裁量权过程中,由于权力本身难以确定边界,加上行使权力的人本身的弱点,使得公诉裁量权极易被不正当地滥用。探索建立对公诉裁量权制约的机制就显得格外有必要。

（一）被害人为何要对公诉裁量权进行制约——公诉转自诉制度的尴尬

如果对公诉裁量权行使不当,不但会损害司法权威,更会对当事人特别是被害人的利益造成侵害。作为加害行为的直接侵害对象,被害人必然会较其他人包括国家存在更强烈的追究犯罪的愿望,如果检察机关在审查起诉过程中,对加害人直接作出不起诉处理,被害人追究犯罪人的愿望就极有可能落空。在制约公诉裁量权的机制方面,尽管存在检察体系内的监督,比如检察委员会的监督、上级检察机关的监督,也有人民监督员的监督,还有自诉程序的存在,对公诉裁量权进行制约,但现有的这些监督要么是体系内的监督,受制于检察机关的领导管理体制,上级检察机关一般较少在事后对

---

① 陈光中、严端主编:《中华人民共和国刑事诉讼修改建议稿和论证》,中国方正出版社 1995 年版,第 309 页。

② 陈菲、邹伟:《政法机关今年全面清理执法司法考核指标　有罪判决率、结案率等将取消》,http://news.xinhuanet.com/legal/2015-01/21/c_1114079201.htm,最后浏览时间:2015 年 1 月 21 日。

③ ［法］孟德斯鸠:《论法的精神》(上),张雁深译,商务印书馆 1995 年版,第 154 页。

下级检察机关的决定说"不",人民监督员的监督因为不会对检察机关产生强制性的法律后果,因而现有的制约力度显得极为不够。更为重要的是,这些监督制约程序无法充分体现和保护被害人的利益,作为被害人维护权利的公诉转自诉程序存在致命缺陷,无法有效保护被害人的利益。

我国《刑事诉讼法》在 1996 年第一次修订时增加了一种新的自诉案件类型,即公诉转自诉程序,意图解决老百姓告状无门的问题。现行《刑事诉讼法》第 180 条规定了被害人对不起诉决定的异议权,检察机关作出不起诉决定的,被害人可以向上一级检察机关申诉或者直接向人民法院起诉。[①]理论上称该制度为公诉转自诉程序,但该程序存在理论与实践上的双重障碍,在一定程度上影响了司法权威,也无法实现被害人对国家公诉裁量权的有效制约。

1. 公诉转自诉程序有可能影响检察机关的权威。法律规定了被害人对检察机关不起诉决定的异议权,目的在于实现个人权利对检察机关裁量权的制约,为实现制约,需要借助审判力量的介入——法院接受被害人的起诉并进行审理。但通过考察该制度,我国《刑事诉讼法》有关公诉转自诉的规定存在一个很大的却容易被忽视的逻辑矛盾。对案件作出不起诉处理是检察机关自由裁量权的体现,检察机关可以根据案件的事实和证据以及犯罪情节、犯罪嫌疑人的特征等综合因素进行考量,作出最后的决定,如果检察机关在综合考量这些因素时没有徇私枉法等违法行为,其作出的不起诉决定就应该产生终局性的法律效果,不被其他任何人包括被害人的异议所打断。这是检察机关自由裁量权本身应该具备的品质。如果自由裁量权可以被无端的怀疑或破坏,司法的权威将无从体现。但事实上,检察机关作出不起诉决定后,被害人若有异议向法院起诉,法院审查的对象是有关案件的事实和证据,而不是检察机关在作出不起诉过程中的行为。这导致案件在接受检察机关的审查并由检察机关作出决定后,又要再一次接受法院的审查并由法院作出裁判。若检察机关在作出不起诉决定时没有任何徇私枉法的行为但法院作出不同于检察机关的决定,此时,检察机关裁量权的权威将

---

① 《中华人民共和国刑事诉讼法》第 180 条规定,对于不起诉决定不服的,被害人"可以自收到决定书后七日以内向上一级人民检察院申诉,请求提起公诉。人民检察院应当将复查决定告知被害人。对人民检察院维持不起诉决定的,被害人可以向人民法院起诉。被害人也可以不经申诉,直接向人民法院起诉。人民法院受理案件后,人民检察院应当将有关案件材料移送人民法院"。

受到质疑。特别是检察机关作出的相对不起诉决定,最主要涉及检察机关对行为人主观恶性和犯罪情节的判断,少有可供参考的法律规定及客观标准,不同的机关甚至不同的办案人员极有可能会有不同的认识和判断。这类相对不起诉的案件一般情节较轻,社会危害性不大,由于被害人的参与,投入了大量的司法资源,又导致不同机关作出不同的处理决定,满足的只是被害人的异议,笔者认为,该异议——无论是惩罚还是赔偿的愿望,相对于稀缺的司法资源和检察机关自由裁量权的权威,显得并不那么重要。这种参与,可以视为被害人的无效参与,"从某种意义上说是以自诉权否定了不起诉权,使检察机关的公诉裁量权形同虚设"[①]。

2. 公诉转自诉案件无法实现维护被害人利益的制度功能。该类案件转为自诉案件后,由被害人承担举证责任,提供证据证明被告人侵犯了自己的人身和财产权利,且应当追究刑事责任。但相比拥有强制侦查措施的国家而言,被害人的举证能力明显不足,而且法律又未明确授予被害人及其诉讼代理人调查取证权利,如果是国家机关因为证据不足作出不起诉的案件,被害人很难取得新的证据,证明被告人侵犯自己人身、财产权利的行为应当依法追究刑事责任,并将其治罪。

3. 公诉转自诉程序容易引起刑事诉讼程序混乱。比如,检察机关对部分行为人提起公诉,对部分行为人作出不起诉,被害人对不起诉决定不服提起自诉,这样导致同一案件中对不同人要适用不同程序审理,引起程序混乱。[②] 所以,公诉转自诉制度无论是从理论层面还是从操作性角度看,都具有天然的瑕疵。"实践已经证明,从修正后《的刑事诉讼法》1997 年实施以来,人民法院受理这类案件极少。"[③]

(二)被害人对公诉裁量权制约的路径

在公诉转自诉制度无法实现保护被害人利益的情况下,作为"四方诉讼构造"的主体之一,被害人应通过其他有效的程序,更充分地介入审查起诉程序,实现对公诉裁量权的有效制约。

---

　①　沈德咏、江显和:《公诉转自诉程序之检讨》,载《人民司法》2005 年第 5 期。

　②　陈光中主编:《刑事诉讼法实施问题研究》,中国法制出版社 2000 年版,第 179 页。

　③　樊崇义、叶肖华:《论我国不起诉制度的构建》,载《山东警察学院学报》2006 年第 1 期。

1. 强制起诉程序

"强制起诉制度是缘于《德国刑事诉讼法》上的一个制度,顾名思义,此种程序的功能在于提供一种特别监督,以使不服起诉处分者有请求法院救济的途径,让法院介入审查检察官的不起诉权限,其效果便是强制案件起诉,也就是以法院的意思表示来替代检察机关的起诉权。"①强制起诉程序的主要目的在于限制公诉裁量权和保护被害人的利益。德国建立了强制起诉制度,日本则有准起诉制度,韩国和我国台湾地区有交付审判制度。虽然各制度在各国和地区的名称有异,具体的程序设计也不尽一致,鉴于日本、我国台湾地区的相关制度均源于德国的强制起诉制度,理论上一般统称该制约制度为强制起诉制度。

(1)强制起诉程序在各主要现代法治国家的运行

在德国,该程序被称为强制起诉程序。《德国刑事诉讼法》第171~177条规定了检察院在作出不起诉的决定后应当通知被害人并告知其救济权利,被害人在履行一定的程序后,可以重新启动公诉程序。被害人在接到检察院作出不起诉的通知后,有权"在通知后的两周内向检察院的上级官员抗告","不服检察院上级官员的拒绝裁定时,告诉人可以在通知后一个月内申请法院裁判"。② 要求法院裁判的申请书必须有一名律师的签名。

在日本,被害人对检察机关不起诉决定不服的,可以启动准起诉程序。准起诉程序,是指"对于《刑法》第193条至第196条(滥用职权)和《防止破坏活动法》第45条(公安调查官滥用职权)的犯罪进行控告的人,如对不起诉处分不服,可以在法定期间内向作出不起诉处分的检察官提出请求书。检察官认为有理由时,应当提起公诉。检察官坚持不起诉的,由管辖地方法院依法确定是否将案件交付法院审判。决定交付审判的,由法院指定律师公诉"③。《日本刑事诉讼法》第262~269条规定,检察机关在对案件作出不起诉处理后,应告知被害人。对于公务人员滥用职权的犯罪,被害人对不起诉决定不服的,可以在接到通知后7日内,向作出不起诉决定的检察官提出请求,请求同级管辖地方法院将案件交付审判。一旦法院将案件交付,视

---

① 郭天武:《相对不起诉制度若干问题探析》,载《政法论坛》2008年第5期;林钰雄:《干预处分与刑事证据》,北京大学出版社2010年版,第292页。

② 《德国刑事诉讼法典》第172条第1项、第2项。

③ 王超:《起诉便宜主义相关问题评析》,载《国家检察官学院学报》2002年第4期。

为案件已提起公诉,由法院指定一名职业律师履行公诉职责。韩国与我国台湾地区,对于检察机关作出的不起诉决定不服的,被害人可以通过启动交付审判制度,对公诉裁量权进行制约。

虽然在理论上,强制起诉制度存在一些分析障碍,比如,可能因为过于关注被害人的利益而忽略被追诉人的人权保障,将被追诉人置于反复追究的境地,也可能导致控审职能不分,破坏法官消极中立的地位,易导致法官产生预断,并且在司法实践中成功率低。比如,德国"每年约有 60 万件以上之案件为检察单位中止之,然平均只有 2000 件的强制诉讼程序被提起"。[①]日本在 1997 年至 2002 年,申请交付审判的案件有 1552 件,但均没有被裁定强制起诉。[②] 但强制起诉制度的存在,一方面,有利于防范公诉权的滥用,实现审判机关对公诉裁量权的监督和制约;另一方面,有利于尊重和保护被害人在刑事诉讼中的利益,最大限度地尊重和吸纳被害人的意见。这两个方面的积极意义使得强制起诉制度在上述国家和地区具有较强的生命力。

(2)强制起诉程序在我国的构建

对于强制起诉制度,目前我国理论界主要有两种主要观点:一种观点持改良态度,主张对该制度进行改革和完善,比如,取消被害人对检察机关作出的酌定不起诉的自诉权,建立公诉人参加诉讼制度,[③]或者将公诉转自诉程序改造成被害人司法审查申请制度;[④]另一种观点持否定态度,主张废除公诉转自诉制度,在借鉴德国强制起诉和日本准起诉程序的基础上,设立我国的强制起诉制度。[⑤] 在"四方诉讼构造"的模式支撑下,鉴于前文对公诉转自诉程序弊端的分析,本书主张,取消公诉转自诉程序,并确立强制起诉制度。有关强制起诉制度的设计内容如下:

第一,程序性质。启动强制起诉程序后,诉讼程序的性质为公诉,并不

---

① ［德］克劳思·罗科信:《刑事诉讼法》(24 版),吴丽琪译,法律出版社 2003 年版,第 371 页。

② ［日］Tamashita Terutoshi:《日本的起诉制度》,庞君森等译,载樊崇义主编:《刑事审前程序改革与展望》,中国人民公安大学出版社 2005 年版,第 762 页。

③ 陈学权:《被害人对不起诉决定制约比较研究》,载《人民检察》2004 年第 11 期。

④ 沈德咏、江显和:《公诉转自诉程序之检讨》,载《人民司法》2005 年第 5 期。

⑤ 兰耀军:《论刑事诉讼中的"强制起诉"》,载《法学论坛》2007 年第 5 期;万毅:《刑事不起诉制度改革若干问题研究》,载《政法论坛》2004 年第 6 期。

因为被害人申请启动该程序变为自诉性质。由公诉人出庭支持公诉,被害人在程序中享有的权利义务与其他公诉案件中被害人应享有的权利义务一致,不承担举证责任和败诉风险,被告人也不能对被害人提起反诉。

第二,适用范围。强制起诉程序仅适用于检察机关作出的酌定不起诉和证据不足不起诉的案件。对于检察机关依照我国《刑事诉讼法》第16条作出的法定不起诉案件,不受该程序的限制。因为适用法定不起诉的情形少且简单,易受到监督,检察机关滥用裁量权的空间和可能性均不大,基于对《刑事诉讼法》安全和效率价值的考虑,检察机关对该类案件作出裁量时,不宜加以制约。对于我国《刑事诉讼法》第175条第4款规定的证据不足不起诉及第177条第2款规定的酌定不起诉的情形①,较为抽象,难有统一、规范的标准,检察机关裁量权空间较大,且滥用的可能性大。比如,何为"证据不足"? 不同的办案部门、甚至不同的办案人员都可能存在不同的看法,如果办案人员因为疏忽没有注意到关键证据或者对存在矛盾的证据分析判断不准确,该采纳的证据予以排除,从而错误地作出不起诉处理。再或者办案人员故意认定某证据与其他证据相互矛盾,予以排除,导致最后因为证据不足作出不起诉处理。两种情形难以界定和区分。对于酌定不起诉中的"犯罪情节轻微"如何理解和判断? 如何评价? 实践中就更加难以操作。检察官的合法裁量权和滥用职权之间的边界难以确定,容易产生滥权行为,也易给当事人带来不信任感。权衡检察官裁量行为的安全、正义和秩序等价值,这两种不起诉的情形宜纳入强制起诉程序。

第三,前置程序。在被害人申请启动强制起诉之前,应穷尽检察权救济途径,由被害人向上一级检察机关提出申请,上一级检察机关对下级检察机关作出的不起诉决定进行审查。经审查,同意作出不起诉决定,被害人仍对该不起诉决定不服,方可启动强制起诉程序。上一级检察机关的二次审查作为强制起诉的前置程序,有利于检察机关尽可能早地发现可能的不起诉错误,并尽快矫正,避免司法资源的浪费。德国、日本、韩国和我国台湾地区的强制起诉程序均规定了再次审查的前置程序,在韩国甚至规定了三级三

---

① 我国《刑事诉讼法》第175条第4款规定:"对于二次补充侦查的案件,人民检察院仍然认为证据不足,不符合起诉条件的,应当作出不起诉的决定。"第177条第2款规定:"对于犯罪情节轻微,依照刑法规定不需要判处刑罚或者免除刑罚的,人民检察院可以作出不起诉决定。"

次不起诉决定后,才能启动强制起诉程序。

第四,公诉主体。经审查,法院作出同意提起公诉的裁定后,由法院指定承担法律援助的律师担任公诉人。检察机关应立即将案件的所有证据材料移交给指定律师,律师还可以申请法院或者自行调取证据。在德国和我国台湾地区,强制起诉程序均是由检察机关提起公诉,但日本和韩国,均是由法院指定职业律师担任公诉人。鉴于检察机关之前作出不起诉决定,如果在强制起诉程序中继续由其担任公诉人,可能存在自缚性问题,在各项考核和舆论压力下,不愿意作出强有力的指控。即使检察官基于职业道德作出有力指控,也易给被害人带来不信任感,影响司法权威。故这时宜由与案件处理无利害关系的律师担任公诉人。

第五,具体程序。对于有被害人的案件,检察机关在作出酌定不起诉和证据不足不起诉时,应在决定作出之日起5日内通知被害人,并告知被害人相关诉讼权利。被害人对不起诉决定不服的,应在收到不起诉决定书之日起7日内向作出不起诉决定的检察机关的上一级检察机关提出申诉,并请求提起公诉。上一级检察机关应在30日内作出决定。经审查,若上一级检察机关不同意下级检察机关不起诉决定的,应撤销原来的不起诉决定,并命令下级检察机关提起公诉,并在决定作出之日起5日内通知被害人。下级检察机关在接到命令后,应在30日内向同级人民法院提起公诉。若上一级检察机关同意下级检察机关的不起诉决定的,应作出维持不起诉的决定,并在决定作出之日起5日内通知被害人,告知被害人相关的诉讼权利。被害人在收到上一级检察机关维持不起诉决定之日起30日内,向作出不起诉决定的检察机关的同级人民法院申请交付审判。申请书应写明犯罪事实以及相关证据,一并向法院提交不起诉决定书、申诉复查的文书等。人民法院收到被害人的申请后,应当组成合议庭进行审查,并在30日之内作出裁定。合议庭有权要求检察机关移送所有案卷材料和证据,并有权自行或委托他人进行调查。经合议庭审查,若合议庭不同意被害人的意见,认为提起公诉的理由不充分,裁定驳回,并在5日内通知被害人,被害人不得就合议庭的裁定上诉。若合议庭同意被害人意见,认为应该提起公诉的,应在开庭前30日内指定承担法律援助义务的律师担任公诉人,出庭支持公诉。律师可以自行收集或者委托法院收集证据,法院要求检察机关协助提供证据的,检察机关不得拒绝。

2. 不起诉听证程序

(1)不起诉听证程序的理论与实践

现代意义的听证制度在行政法领域内运用得最多,一般是指行政机关在作出影响行政相对人合法权益的决定之前,需要告知并听取相对人的意见后作出决定,意在通过程序公正来促进结果公正。但听证并非是行政法上的一种独特的法律制度,其"源于英国普通法上自然公正原则的规则之一,即'听取另一方证词'"。[①] 其含义是指"任何参与裁判争端或裁判某人行为的个人或机构,都不应该只听取起诉人一方的说明,还要听取另一方的陈述;在未听取另一方陈述的情况下,不得对其施行惩罚"。[②]

不起诉听证制度是指"检察机关对拟作不起诉的部分案件,在作出决定之前,召集侦查人员、被害人和他的代理人、犯罪嫌疑人和他的辩护人等一起,就不起诉问题共同交换意见,听取各方意见和理由,最后再作决定的一种制度"。[③] 很多地方的检察院都开展了不起诉听证程序的试点工作,目的在于通过全面听取和了解当事人及有关部分的意见,介绍案件情况和法律,促使双方当事人消除分歧,帮助检察机关作出正确的不起诉决定,同时通过这种方式,进一步推行检务公开,接受人民群众的监督,提升检察机关的权威。[④] 在目前各地检察机关试行不起诉听证程序的过程中,鉴于该制度从创设到运行都局限于检察机关内部,所以制度的重心在于彰显检察机关关于检务公开的举措,以提升检察机关的民主形象和检察权威,而对被害人的地位和利益关注不够,有关程序的适用范围、启动方式、具体流程,引起的法律后果等均没有统一规范,有待完善。

(2)我国不起诉听证程序设计

不起诉权的行使,"不仅可以导致刑事诉讼活动的终止,而且对案件的

---

① 姜明安:《行政法与行政诉讼法》,高等教育出版社 2011 年版,第 345 页。

② [英]戴维·M.沃克:《牛津法律大辞典》,北京社会与科技发展研究所组织翻译,光明日报出版社 1989 年版,第 69 页。

③ 陈光中、[德]汉斯-约络·阿尔布莱希特主编:《中德不起诉制度的比较研究》,中国检察出版社 2002 年版,第 124 页。

④ 高鑫:《北京检方首次就刑事案件不起诉召开听证会》,载正义网 http://news.jcrb.com/jxsw/201308/t20130820_1184234.html,最后浏览时间:2015 年 1 月 22 日;卢俊宇:《上海徐汇检察院不起诉公开听证和宣告进入常态化》,载新华网 http://news.xinhuanet.com/legal/2013-09/12/c_125373113.htm,最后浏览时间:2015 年 1 月 22 日。

实体处理具有直接意义"①。因而,不起诉的过程具有准司法的性质,由检察机关行使准司法权。但我国的不起诉程序无论是从立法上还是从司法实践上看,更多的具有行政程序色彩。在决定作出之前,检察机关在不起诉程序中并不是处于消极中立的地位,而是处于主导地位,主动去调查核实并作出裁断,并未强调其他当事人的参与及意见表达。在司法实践中,检察机关不起诉权的行使就处在这种尴尬的位置,权力的行使方式与权力的性质不匹配,这必然导致在不起诉过程中会出现各种不良反应,权利性质与权力行使方式之间的冲突不断。听证程序的引入可以在一定程度上缓解这种冲突。本书拟从刑事诉讼"四方诉讼构造"的角度,突出被害人在不起诉听证程序中的地位和作用,以更好地实现不起诉听证程序的双重功能,既保证不起诉权的正确行使,又维护被害人的合法权益。

第一,适用范围。不起诉听证程序的范围与强制起诉程序的适用范围一致,为酌定不起诉和证据不足不起诉的案件。②

第二,程序参与的主体。在不起诉听证程序中,参与的主体有被害人及其近亲属、诉讼代理人、被追诉人及其辩护人、侦查部门办案人员和检察机关办案人员。检察机关办案人员负责主持不起诉听证程序。

第三,程序启动的时间。不起诉听证程序应在检察机关作出不起诉决定之前启动。尽早吸纳被害人、被追诉人、办案部门的意见,便于检察机关正确行使不起诉权。

第四,程序启动的方式。不起诉决定最有可能影响的是被害人的报复和赔偿愿望,因而,被害人享有申请启动不起诉听证程序的权利,检察机关在接到申请后,应无条件启动听证程序。同时,检察机关为提升其不起诉决定的权威性,消除猜疑,也可以依职权主动启动不起诉听证程序。

第五,不起诉听证流程。检察机关拟对被追诉人作出不起诉决定时,应及时通知被害人,并给予被害人一定的异议期,规定如果被害人不服检察机关作不起诉处理的,应在接到检察机关拟不起诉通知之日起 5 日内向检察机关提出启动不起诉听证程序的申请。检察机关接到被害人启动听证程序的申请后,应在 15 日之内举行不起诉听证会,并提前 3 日将听证会举行时

---

① 陈光中、[德]汉斯-约络·阿尔布莱希特主编:《中德不起诉制度的比较研究》,中国检察出版社 2002 年版,第 124 页。

② 理由同强制起诉程序适用范围的阐述。

间、地点通知被害人及其诉讼代理人、侦查机关、被追诉人及辩护人。听证会上,检察机关办案人员主持,听取参与各方的意见,并做好记录,听证会结束后由参与人核对记录并签字。

第六,听证程序过程中的和解。在听证程序中,主持人听取各方意见后,对于被追诉人和被害人双方之间有和解意愿的,检察机关办案人员应当主持和解,并记录和解过程和和解的内容。

第七,程序启动的后果。在听证程序中,如果双方当事人达成和解,检察机关即可以根据和解协议依法作出不起诉处理。双方当事人不能达成和解,被害人仍不同意作不起诉处理的,拟作出不起诉处理的检察机关应连同案卷材料和不起诉听证会相关材料报上一级检察机关决定。如果上一级检察机关不同意作出不起诉处理的,下级检察机关应在法定期限内向法院提起公诉。如果上一级检察机关同意作不起诉处理的,下级检察机关可以作出不起诉处理。被害人仍对不起诉决定不服的,可以直接导入强制起诉程序,被害人向法院申请进入审判程序[①]。

(三)人民监督员制度

1. 人民监督员制度的理论与实践

关于被害人借助外部力量制约检察机关的裁量权,日本的检察审查会制度具有代表性。"在每个地方法院管辖权内至少设 1 个检察审查会,审查未提起公诉的处理是否妥当,并提出改进检察事务的建议。"[②]2004 年,日本对《检察审查会法》进行了修改,赋予检察审查会决议的强制力。在我国,与日本检查审查会制度类似的外部监督制度是人民监督员制度。人民监督员制度是人民检察院主动接受社会监督的一种外部监督制度。经民主推荐程序产生并享有独立发表意见和表决权利的人民监督员依照相关规定和既定程序对人民检察院查办职务犯罪活动实施监督。最高人民检察院于 2003 年 9 月制定了《关于实行人民监督员制度的规定(试行)》,随后,在天津、河北、湖北、四川等 10 个省(区、市)检察机关开始了人民监督员制度试点工作。2004 年 10 月 1 日起,这项试点工作又扩展到全国所有省、自治区、直

---

① 强制起诉程序要求检察权救济用尽,即经过上一级检察机关的审查,此处对于检察机关的不起诉决定虽然没有经过上一级检察机关的二次审查,但是鉴于不起诉听证程序已通过上一级检察机关的审查,为节省司法资源,不必重复该程序,故可以直接进入强制起诉程序,由被害人向审判机关申请进入审判程序。

② 宋英辉:《外国刑事诉讼法》,法律出版社 2006 年版,第 622 页。

辖市。2010 年 10 月，最高人民检察院制定了《关于实行人民监督员制度的规定》（以下简称《规定》），该制度在全国范围内正式推行。2014 年 9 月，最高人民检察院、司法部联合下发《关于人民监督员选任管理方式改革试点工作的意见》（以下简称《意见》），规定人民监督员的选任和培训、考核、奖惩等管理工作由司法行政机关负责，人民监督员参与具体案件监督时，由检察机关从司法行政机关建立的人民监督员信息库中随机抽选确定，并在北京、浙江、山东、湖北等 10 个省（区、市）开展改革试点。最高人民检察院也发布了《人民监督员监督范围和监督程序改革试点工作方案》。随着上述《意见》和《方案》的出台，人民监督员的选任程序做出了重大改变，监督范围增加了查办职务犯罪案件中阻碍律师或其他诉讼参与人依法行使诉讼权利等三种情形，完善人民监督员知情权保障机制，赋予人民监督员参与案件跟踪回访、执法检查等权利，并设置了复议程序。这些规定回应了此前一直遭诟病的人民监督员监督无法脱离检察机关内部监督属性的问题，人民监督员监督的外部属性得到加强，同时，为人民监督员进一步发挥积极作用扫除了一些制度上的障碍，也为下一步人民监督的走向指出了明确的方向。

2. 我国人民监督员制度对公诉裁量权的制约

人民监督员目前的监督范围仅限于对检察机关直接侦查的案件中的一些事项，监督范围极其有限，在人民监督员的选任和管理上，现在已跨出一大步，在监督范围上，仍有扩展的空间，待人民监督员的选任、管理和培训、人民监督员的监督能力等方面取得较稳定的成果之后，可以将人民监督员监督的范围扩展至对公诉裁量权的监督。被害人可以借助人民监督员这一平台，更好地制约公诉裁量权，维护其合法权益。被害人借助人民监督员平台制约公诉裁量权的具体程序可以设置为[①]：

（1）适用范围。人民监督员监督的案件范围与强制起诉程序和不起诉听证程序的范围一致，均为酌定不起诉和证据不足不起诉案件。

（2）启动时间。人民监督员的监督主要为一种事后的外部监督，因而，人民监督员对公诉裁量权制约的时间宜设定为不起诉决定作出之后。事前的监督有不起诉听证制度，可以为被害人制约公诉裁量权提供救济途径。

---

①　本书主要描述被害人利用人民监督员平台对公诉裁量权进行制约的问题，对于人民监督员监督的其他案件和事项，以及人民监督员制度的其他改革，限于本书主旨，此处不再赘述。

（3）启动主体。被害人及其近亲属对检察机关作出的不起诉决定不服的，可以向人民监督委员会提出申请，启动人民监督员监督程序。同时，人民监督委员会可以根据当事人反映的情况、检察机关的工作台账、公布的案件情况等发现可能存在的滥用公诉裁量权的行为，主动依职权启动人民监督员监督程序。

（4）监督流程。被害人及其近亲属对不起诉决定不服的，应在收到不起诉决定书之日起 7 日内向作出不起诉决定的检察机关的上一级检察机关提出申诉，并请求提起公诉。上一级检察机关应在 30 日内作出决定。经审查，若上一级检察机关不同意下级检察机关不起诉决定的，应撤销原来的不起诉决定，并命令下级检察机关提起公诉，并在决定作出之日起 5 日内通知被害人。下级检察机关在接到命令后，应在 30 日内向同级人民法院提起公诉。若上一级检察机关同意下级检察机关的不起诉决定的，应作出维持不起诉的决定。并在决定作出之日起 5 日内通知被害人，告知被害人相关诉讼权利。被害人在收到上一级检察机关维持不起诉决定之日起 30 日内，可以向人民监督委员会提出申请。人民监督委员会在接到被害人的申请后，应当召开人民监督员会议进行审查，并在 30 日之内作出决议。人民监督委员会认为应该提起公诉或适宜提起公诉的，在作出决议之日起 3 日之内通知被害人和检察机关，检察机关同意起诉的，应在 30 日之内向同级人民法院提起公诉，检察机关不同意起诉的，被害人及其近亲属可以再次向人民监督委员会申请，人民监督委员会经审查，依然坚持应该提起公诉或适宜提起公诉的，应作出要求检察机关提起公诉的决议，并在作出决议 3 日之内通知检察机关和被害人，检察机关在接到要求提起公诉的决议后，无论是否同意人民监督委员会的决议，均应在 30 日之内作出提起公诉的决定。人民法院受理检察机关提起的公诉案件后，对符合开庭条件的，应该开庭审理，并在开庭 10 日前指定承担法律援助义务的律师出庭支持公诉。出庭支持公诉的律师认为需要补充证据的，可以自行收集证据，对于收集证据存在困难的，可以申请人民法院调取①。

（5）监督程序。启动人民监督员程序之后，由被害人在人民监督员人员管理库随机选取 7 名人民监督员，被选取的人民监督员在无特殊情况下，应

---

① 法院指定承担法律援助义务的律师出庭支持公诉的理由同强制起诉程序部分的说明。

按时参加会议并决议。在人民监督委员会作出不同意检察机关不起诉的决定时,需要 4 人以上人民监督员有一致意见,否则不能作出不同意不起诉决定的决议,防止被害人滥用救济权,浪费司法资源,破坏法律权威。

三、公诉裁量权相对确定的界限——被害人有效参与的保障

为有效制约公诉裁量权,在审查起诉程序中应鼓励并引导被害人的参与,实现对被害人主体利益的保护。但在鼓励和引导被害人参与的过程中,我们应尽可能地避免盲目参与、无效参与。被害人的盲目参与和无效参与存在多方面的不良后果:一是可能进一步恶化被害人和加害人之间的矛盾,还可能制造新的矛盾——被害人基于对检察机关的不信任产生与检察机关或者办案人员之间的矛盾;二是浪费了大量司法资源,也增加了被追诉人的诉累,同时也增加了被害人的诉讼成本;三是被害人轻易对检察机关的裁量权说不,损害了司法权威。"裁量起诉主义的运用决不意味着完全委于每个检察官的个别裁量,起诉不起诉的处分是根据一定的基准而进行的。"①确立公诉裁量权的界限,这也是相关国际准则和公正司法的要求。② 因而,在司法实践中确立公诉裁量权相对确定的界限和指向性标准,"不仅确确实实可以防止一部分人腐败,还可以给社会一个'相似情形将受到相似处理'的合理预期,减弱被害人对不起诉决定的不公平感受"③。公诉裁量权界限的确定,便于被害人在参与审查起诉时作出更加准确的判断,是被害人有效参与的保障。在具体如何确定公诉裁量权的界限或者指向性标准时,我们可以坚持公共利益优先原则,充分保障所有诉讼参与人的人权,特别关注被害人利益的前提下,对一些具体情形进行规制。比如,可以细化"证据不足"的情形,规定可以排除证据的情形、细化"犯罪情节轻微"的情形、"依照刑法规

---

① [日]松尾浩也:《关于裁量起诉主义》,载《中日刑事法学术讨论会论文集》,上海人民出版社 1992 年版,第 75 页。

② 比如第八届联合国预防犯罪和罪犯待遇大会通过的《关于检察官作用的准则》第17 条规定:"有些国家规定检察官拥有酌处职能,在这些国家中,法律或已公布的法规或条例应规定一些准则,增进在检控过程中作出裁决,包括起诉和免于起诉的裁决的公正和连贯性。"北京大学法学院人权研究中心编:《国际人权文件选编》,北京大学出版社 2002 年版,第 222 页。

③ 宋英辉、吴宏耀:《刑事审判前程序研究》,中国政法大学出版社 2002 年版,第365 页。

定不需要判处刑罚或者免除刑罚"具体适用的案件罪名、犯罪形态等。在综合考察犯罪嫌疑人所实施的涉案行为的目的、动机、行为、手段、危害后果等因素后,法院对被追诉人的行为作出整体性评价,全面、客观地考察何种裁量更符合公共利益,更利于人权保障。限于本书主旨,具体情形和其他因素暂不赘述。

第四节　被害人在审判程序中的参与

审判程序是刑事诉讼程序的中心,被害人在审判程序中的参与显得尤为重要。当前,我国被害人在审判程序中的参与严重不足,亟须从四方诉讼构造的层面,强化被害人在审判程序中的参与,实现对被害人权利的维护。结合我国现行法律规定及司法实践,我国在审判程序中应重点完善被害人在量刑环节的参与及上诉程序的参与,赋予被害人发表影响陈述的权利及上诉权。

一、我国被害人参与庭审程序的现状

被害人在检察机关提起的公诉案件中,在审判程序享有的主要权利有:一是知情权。我国《刑事诉讼法》第 187 条第 3 款规定,法庭应该在开庭 3日以前通知被害人,告知开庭时间、地点。二是申请回避权。[①] 三是陈述及发问权。[②] 四是质证权。被害人对于证人证言、鉴定意见可以向法庭提出异议,法院决定是否通知证人和鉴定人到庭质证,经审判长许可,可以对证人、鉴定人发问等。五是法庭辩论权。经审判长许可,被害人可以对证据和案件情况发表意见并且可以互相辩论。六是被送达判决书的权利。[③] 七是申请抗诉权。被害人可以请求检察机关提出抗诉。

从纸面上看,被害人在法庭审判中享有非常充分的权利,从法庭准备开始到判决作出生效,被害人全程参与并发挥作用。但问题是:公诉案件中有

---

① 《中华人民共和国刑事诉讼法》第 190 条第 1 款规定,被害人有权对合议庭组成人员、书记员、公诉人、鉴定人和翻译人员申请回避。

② 《中华人民共和国刑事诉讼法》第 191 条规定,公诉人在法庭上宣读起诉书后,被害人经审判长许可,还可以向被告人发问。

③ 《中华人民共和国刑事诉讼法》第 202 条规定,法庭宣告判决书后,应当在五日内(当庭宣判的情形)或立即(定期宣判的情形)将判决书送达被害人。

多少被害人参与了法庭审理程序？这些纸面上的权利是否有机会与被害人产生关联？

2001年至2008年，福建某县人民法院审理的案件中，有被害人的公诉案件共1215件，被害人出庭参与庭审的案件共329件，占开庭案件的27.1%，出庭发表意见的绝大多数是在故意伤害、故意杀人、交通肇事中因为民事赔偿出庭发表意见。[①]"在一些法院审理的刑事公诉案件中被害人的出庭率仅为3%左右。"[②]笔者从事公诉工作10多年，在办理的所有公诉案件中，没有提起附带民事诉讼的被害人无一人参与法庭审理。正所谓"皮之不存，毛将焉附"，如果被害人都没有机会参与到法庭审理程序，法律赋予其再多的权利又有何意义？对此，法院往往以对被害人以当事人身份参与刑事诉讼缺乏具体的操作规定为由，逃避未提起附带民事诉讼的被害人参与诉讼的问题。司法实践中，有的法院只允许被害人以附带民事诉讼原告或证人身份而不允许被害人仅以被害人身份参与诉讼；有的是在被害人提出参加庭审要求后，法院进行审查，同意被害人参加庭审的，被害人则可以参加庭审，不同意参加的，被害人则不能参加庭审。相伴而生的问题是：被害人请求抗诉的权利何以实现；如果被害人连参与庭审的机会都没有，他如何了解案件的情况；如何认识和评价法院的判决；结合法院的一般做法，法院一般不会将判决书送达没有参与庭审的被害人，那么被害人如何知晓法院的判决情况；又怎么可能在法定期限内请求人民检察院抗诉。

二、被害人参与庭审程序的理论与实践

在国际"被害人运动"的推动下，20世纪80年代初，澳大利亚的南澳大利亚州"犯罪被害人调查委员会"倡导要在量刑前了解犯罪给被害人造成的影响，并制定了世界上首部载有"被害人影响陈述"内容的正式法律——《刑事量刑法》，规定由警察收集犯罪给被害人造成影响的信息并提交法庭。美国在1982年的《被害人和证人保护法》、1997年的《被害人权利保障法》中都规定了被害人影响陈述制度。英国于2001年10月在英格兰和威尔士实施被害人个人陈述计划（Victim Personal Statement Scheme）。随后，大陆

[①]　胡亚金：《刑事被害人出庭发言权之保障与立法完善——以基层公诉实务为视角》，载《人民检察》2008年第4期。

[②]　赵晨熙：《被遗忘的伤害》，载《法治周末》第153期，2013年1月17日。

法系国家也开始推行"被害人影响陈述"制度。比如,德国在 1986 年颁布的《被害人保护法》,规定法官有义务和责任顾及被害人的诉求,日本在 2000 年颁布了《修改刑事诉讼法及检察审查会法部分条文的法律》,规定被害人可以陈述犯罪被害影响。"被害人影响陈述"制度逐渐成为当今世界刑事司法发展的一种趋势。① 《联合国为罪行和滥用权力行为受害者取得公理的基本原则宣言》第 6 条(b)规定:"让受害者在涉及其利益的适当诉讼阶段出庭申诉其观点和关切事项以供考虑,而不损及被告并符合有关国家刑事司法制。"

我国《刑事诉讼法》第 187 条第 3 款规定了被害人参与庭审的权利。② 作为当事人的被害人,法院规定的是传唤被害人到庭。但司法实践中,各地法院几乎没有执行,对于未提起刑事附带民事诉讼的当事人,除了社会影响高,舆论关注度高的案件,被害人偶尔被通知出庭外,一般的刑事案件,特别是有多名被害人的案件,很少在开庭前知晓开庭的基本情况,并接到通知参与庭审活动,被害人的庭审参与权被法院剥夺,从而导致《刑事诉讼法》规定的向被告人的发问权、对鉴定意见的异议权、对物证、书证等各类证据的异议权、对证据和案件情况发表意见和辩论的权利等均失去最基本的依托和前提。同时,我国 2018 年《刑事诉讼法》第 202 条第 2 款规定,判决书应当送达包括被害人在内的当事人,但该规定在司法实践中的落实情况与前述参与庭审权一样,对于被害人没有参与庭审的案件,法院几乎从不将判决书送达被害人,因而被害人根本无从知晓被告人被判处刑罚的基本情况,更不用奢望对判决提出异议。对于附带民事诉讼中参加了庭审的被害人,法院也不能保证在 5 日以内送达判决书,司法实践中,很多被害人收到判决书时,请求检察院抗诉的法定期限已过,还没来得及表示异议判决就已经生效。所以,在刑事审判程序中,被害人基本处于缺席状态。

另外,本来有司法文件规定被害人参与量刑程序的问题,但 2012 年修订《刑事诉讼法》时对该问题又予以了回避,导致被害人参与量刑的问题再次不明朗。比如,2010 年 3 月,最高人民法院发布了《人民法院量刑程序指

---

① 雷连莉:《论刑事被害人的量刑参与》,湘潭大学 2013 年博士论文,第 4 页。

② 《中华人民共和国刑事诉讼法》第 187 条第 3 款规定:"人民法院确定开庭日期后,应当将开庭的时间、地点通知人民检察院,传唤当事人,通知辩护人、诉讼代理人、证人、鉴定人和翻译人员,传票和通知书至迟在开庭三日以前送达。"

导意见(试行)》,首次提出应当将量刑纳入法庭审理程序,审判人员应当注意听取当事人和诉讼代理人提出的量刑意见。2010 年 10 月,"两高三部委"联合签发了《关于规范量刑程序若干问题的意见》,规定当事人、辩护人、诉讼代理人可以提出量刑意见。但是 2012 年《刑事诉讼法》对于被害人是否可以参与量刑程序、如何参与等问题并未作出明确的规定,已经初步明朗化的问题又陷入了不确定的状态。

三、被害人参与庭审程序权利完善

我国被害人庭审参与现状令人担忧,主要原因在于立法不完善、司法活动不规范、刑事案件分流程序少、进入法庭审理的案件过多、司法资源无法保障、司法机关工作人员的司法观念落后、不重视被害人人权保障等。要实现被害人庭审的充分参与,需要一个基本的前提条件:尽可能少的案件进行刑事审判程序。即通过审前程序的多项分流程序大量分流案件,让尽可能少的刑事案件进入正式的法庭审理程序,这才有可能保证司法资源为被害人参与庭审提供基本的保障。在具体的权利和程序完善上,需要从以下几个方面努力:

(1)赋予被害人选择参与法庭审理的权利。被害人参与法庭审理,是被害人的权利而非义务,所以法庭应充分尊重被害人的意见。法院在收到公诉机关制作的起诉书后,应及时送达被害人[①]。在被害人收到起诉书后,法庭应征求被害人的意见,让被害人自主决定是否愿意参与庭审。对于不愿意参与庭审的,除非法庭认为被害人需要作为证人出庭作证的,其他情况下任何人不得强制被害人出庭,但法庭在传唤其作证时,也应尊重被害人的隐私权,维护其尊严,避免其在法庭审理中二次被害[②]。

(2)在法庭上设置被害人的独立席位。按照现在的法庭座席安排,被害人没有独立的席位,因此,被害人"坐哪里"成为法庭的一大困难,这也为法庭不传唤被害人参与庭审提供了借口。鉴于公诉机关和被害人均属于控诉方,所以在座席安排上可以考虑在公诉人的左侧安排座席。在法庭上,保证公诉人离被告人最近,被害人在公诉人一旁辅助诉讼,与公诉程序中公诉人与被害人之间主导与辅助的关系相呼应。同时,立法应赋予被害人在法庭

---

① 也应补充规定公诉机关应按照被害人的数量提供起诉书。

② 具体权利保障可参见本章第二节关于被害人的相关权利部分的内容。

上的一系列异议权,保证其参与显得更加有意义,比如对被告人的发问权、对证据的异议权等。

(3)确立多名被害人推举代表出庭制度。对于加害人多次施行性质一样或类似的犯罪行为,导致案件中有多名被害人时,为提高刑事审判案件的效率,可以考虑设立被害人代表出庭制度。除了某些特别需要被害人出庭的案件外,一般不用通知每个被害人出庭,只需要代表出庭参与诉讼。比如,对于多次盗窃、多次诈骗的案件、故意伤害多人的案件、交通肇事案件等,可以允许被害人推举代表参与诉讼,由代表出席法庭审理,在庭审中依法行使其享有的各项诉讼权利。

(4)赋予被害人在量刑程序中的陈述权,即作出"被害人影响陈述"的权利。"被害人影响陈述"(Victim Impact Statement)是指"被害人就犯罪对其身体、精神、经济等方面造成的影响作出全面陈述,从而为法庭量刑提供参考"。[①]"两高三部委"制定的《关于规范量刑程序若干问题的意见》规定了被害人在量刑程序中可以提出"量刑意见",但"量刑意见"与"被害人影响陈述"还是存在一定的差异。"意见"重在表达意愿并陈述理由,但"陈述"重在描述事实和感受;"意见"重在形式,比如一旦提出,就需要法官在法律文书上有回应,"陈述"重在影响在场人的内心,不需要在法律文书回应,但可能因为真情实感的投入更能打动并影响法官的判断。结合目前我国被害人的法律意识、文化水平及律师代理制度的现状等因素,被害人在没有律师代理的情况下,很难结合法律规定阐述对被告人量刑的法律意见,[②]但在法庭上陈述加害行为给他带来的伤害,给未来生活带来的影响等正是被害人能做到的也希望做的,这不但为被害人提供了情感宣泄口,也让法官更真切地感受到加害行为带来的伤害,并结合法律和被害人感受对被告人量刑。所以,本书认为在现阶段设立"被害人影响陈述"制度较设立"被害人量刑意见"制度更为现实,更具操作性。再者,我国《刑事诉讼法》第 198 条第 3 款

---

① 康黎:《英美法系国家量刑程序中的"被害人影响陈述"制度介评》,载《环球法律评论》2010 年第 6 期。

② 根据目前的试点情况看,被害人当庭发表的量刑意见,常见的有:"请求法院对被告人从轻处罚"(通常出现在被告人积极赔偿被害人损失,获得被害人谅解的场合)或者"请求法院对被告人从严惩处",通常不能就被告人所应判处的刑期提出具体的依法有据的量刑意见。具体参见冯卫国、张向东:《被害人参与量刑程序:现状、困境与展望》,载《法律科学》2013 年第 4 期。

规定,"审判长在宣布辩论终结后,被告人有最后陈述的权利"。根据刑事诉讼中的对等原则,参与法庭审理的被害人也应享有最后陈述的权利。在法庭程序的安排上,法律可以规定,在被告人最后陈述后,由被害人发表最后陈述,即"被害人影响陈述"。在被害人发表的陈述内容中,应注意陈述的内容仅限于"犯罪对其身体、精神、经济等方面造成的影响",对被告人如何定罪及作出何种量刑不能提出具体的要求,如果在庭审中被害人提出类似要求,法庭应及时制止。

四、被害人的独立上诉权

(一)被害人上诉权的理论与实践

对于被害人在刑事诉讼程序中是否享有独立的上诉权,依法独立提起上诉,各主要现代法治国家有不同的规定,主要有三种情形:一是被害人在刑事诉讼中只能以证人身份出席法庭,对于法院作出的裁判,被害人无法通过上诉程序表示异议,不享有独立的上诉权,比如美国、英国、德国、日本。二是在刑事公诉程序中被害人可以参与全部诉讼程序,在对法院裁判有异议时,可以依法提出上诉,并不受上诉不加刑的限制。比如,《俄罗斯联邦刑事诉讼法典》第 354 条第 4 款规定:"对法院裁判提出上诉和抗诉的权利属于被判刑人、被宣告无罪的人、他们的辩护人和法定代理人、国家公诉人或上级检察长、被害人及其代理人。"三是被害人虽无独立的上诉权,但可以请求检察机关提出抗诉,比如意大利、我国大陆及台湾地区。《意大利刑事诉讼法法典》第 572 条第 1 款规定,被害人可以要求公诉人提出具有任何刑事效力的上诉。[①] 我国台湾地区"刑事诉讼法"第 344 条第 3 款规定,被害人对于下级法院之判决有不服者,亦得具备理由,请求检察官上诉,除显无理由者外,检察官不得拒绝。我国 2018 年《刑事诉讼法》第 227 条规定,被害人有权请求人民检察院提出抗诉。

(二)是否该赋予我国被害人独立上诉权

在是否赋予被害人独立上诉权的问题上,理论界存在较大争议。一种观点认为,不应赋予被害人独立上诉权,理由主要有:(1)赋予被害人独立上诉权,可能引起程序混乱。在没有公诉机关抗诉的情况下,因被害人的上诉

---

① 《意大利刑事诉讼法法典》第 572 条第 1 款,黄风译,中国政法大学出版社 1994 年版。

启动二审程序,案件性质从公诉变为自诉,诉讼结构发生变化,引起诉讼关系的混乱。(2)被害人启动的二审程序中,由被害人执行控诉职能、承担证明责任,但由于被害人举证能力有限,往往无法顺利完成,可能使第二审程序流于形式,无法实现两审终审制的目的。(3)被害人被赋予独立上诉权后,将导致上诉不加刑原则形同虚设,破坏控辩平衡。(4)可能导致上诉率上升,增加二审法院的诉累,降低诉讼效率。[①] 另一种观点认为,应该赋予被害人独立的上诉权。[②] 本书也主张赋予被害人独立的上诉权。"四方诉讼构造"下,被害人与公诉机关作为复合的诉讼主体,被害人享有充分、完整的诉权,上诉权是被害人刑事诉权的一个部分,不能人为分割,否则有违被害人当事人地位的实质。刑事诉讼程序中,国家利益与被害人利益并非处于重合状态,检察机关也不能在任何时候均能充分、完全地代表被害人利益,在二者利益不能重合或者检察机关未能充分、完全代表被害人利益时,被害人理应现身,主张并维护自己的合法权利。对于上述主张不赋予被害人独立上诉权的理由,本书认为均不成立:

1. 赋予被害人独立上诉权,不会引起程序混乱。在检察机关没有主动提起抗诉而由被害人启动二审程序的情况下,案件性质仍然是公诉案件,并不因被害人的上诉而改变案件本身的性质。二审程序中,检察机关与被害人仍然作为复合的控诉主体参与诉讼,只是在证据的收集、提供及法庭辩论等具体的诉讼环节各控诉主体承担的具体事务与一审程序不完全一致。这也体现了动态的可转换的四方诉讼构造描述和分析二审程序中公诉机关和被害人关系的一大优势。

2. 被害人上诉与二审流于形式没有必然联系。我国二审程序属于典型的全面审,上诉审法院有责任核查事实,对于二审期间有新证据需要提供,被害人又无力提供的,被害人可以向法庭申请调取证据,在一系列制度

---

① 李文健、陈海光:《公诉案件中被害人是否应当赋予上诉权》,载《现代法学》1995年第4期;刘根菊:《关于公诉案件被害人权利保障问题》,载《法学研究》1997年第2期;甄贞主编:《刑事诉讼法学研究综述》,法律出版社2002年版,第497页。

② 石英:《论被害人权利保障制度的完善》,载《法学评论》2001年第3期;杨正万:《被害人的上诉权再探》,载《贵州大学学报(社会科学版)》2002年第4期;刘洁辉:《刑事被害人权利保障分析》,载《政治与法律》2003年第4期;姜福先、张明磊:《论刑事公诉案件被害人的上诉权》,载《中国刑事法杂志》2005年第2期等。

保障下①,不会因为被害人的举证能力而使二审程序流于形式。

3. 被害人的上诉权不会影响"上诉不加刑"制度的正常运行。"上诉不加刑"原则存在的前提即控方没有提出异议。被害人的上诉权与检察机关的抗诉权均属于控方的异议权,检察机关抗诉权存在的正当性当然基于被害人上诉权的正当性,无须另外证明。

4. 在导致上诉率上升影响上诉效率的问题上,也应辩证地看,综合与案件有关的所有情况看。首先,由于被害人上诉,必定会增加二审法院的工作量,但是这个工作量也是相对的,不一定会导致工作量的绝对增加。如果能做好审前程序的分流,能在一审程序中化解纠纷,公正处理案件,还有可能存在二审法院工作量绝对下降的情况。其次,在效率和公正价值发生冲突时,应该如何选择? 二审程序最大的功能在于纠错,实现公平,在二者发生冲突时,在二审程序中也应该优先选择公正而不是效率。最后,二审程序既然允许检察机关抗诉和被告人上诉,所以其制度容量是可以容纳控辩双方同时提出异议的。但司法实践中,检察机关的抗诉率非常低,比如,2003年至2008年,北京市人民检察院第二分院受理的抗诉案件只有89件,约为0.178%。② 据最高人检察院公布的相关数据,2010年至2013年,全国检察机关提请抗诉率均不超过1%③。据学者统计的2004—2007年北京市二中院受理的上诉、抗诉案件情况来看,被告人上诉所占统计案件比例在97.8%以上,抗诉所占比例在1.5%以下④。同期江西省高级人民法院受理上诉、抗诉案件中,被告人上诉所占统计案件比例在96.2%以上,抗诉所占比例在2.3%以下⑤。如此低的抗诉率,抗诉率与上诉率之间的悬殊如此之大,至少说明两个方面的问题:一是检察机关在维护国家和被害人诉讼利益方面做

① 比如,赋予二审程序中被害人的律师强制代理制度,该内容在制度构建中阐述。

② 李亮、王峰:《6年无罪案件抗诉未实现零的突破——北京市检察院第二分院抗诉样本调查》,载《法制日报·周末》2009年4月11日第3版。

③ 其中,2010年抗诉率为0.47%,2011年抗诉率为0.45%,2012年抗诉率为0.82%,2013年抗诉率为0.48%。参见《最高人民检察院工作报告》(2011—2014)。

④ 上诉所占比例分别为98.6%、99.0%、99.3%、97.8%;抗诉所占比例分别为1.3%、0.9%、0.6%、1.5%。参见陈光中主编:《中国刑事二审程序改革之研究》,北京大学出版社2011年版,第43页。

⑤ 上诉所占比例分别为96.2%、98.0%、96.5%、96.2%;抗诉所占比例分别为2.0%、1.1%、2.3%、2.1%。参见陈光中主编:《中国刑事二审程序改革之研究》,北京大学出版社2011年版,第44页。

的工作相对还不够多;二是说明控诉方对一审判决的异议远远低于被告方的异议,较多的控诉方的异议进入二审程序,应在二审程序的制度容量内。赋予被害人上诉权正好可以弥补检察机关维护国家和被害人诉讼利益不够的问题,也在二审制度的制度容量内。

(三)被害人上诉程序设计及运行

1. 设立被害人上诉的前置程序。即被害人不服一审判决或裁定时,应当先向提起公诉的人民检察院提出申请,请求检察机关抗诉。检察机关经审查,认为应该抗诉的,则依法提出抗诉;认为不应该抗诉的,被害人则有权提出上诉。在公诉程序中,虽然被害人与公诉机关属于控诉方的复合主体,但被害人的参与应遵循有限原则,在公诉机关能代表被害人利益时,被害人应及时隐身,只有在公诉机关不能代表被害人利益时,被害人才能现身。前置程序的设置可以避免和减少司法资源浪费。

2. 设立律师强制代理制度。律师强制代理制度,是指在某些特殊的案件或程序中,即使当事人具有参与诉讼的能力,也必须委托律师代理参与诉讼的一项特殊的诉讼代理制度。比如,台湾地区的自诉程序中就适用该制度。在上诉程序中,要求被害人必须委托诉讼代理人才能启动二审程序,主要基于以下考虑:第一,一般情况下,律师较一般被害人具有更丰富的法律知识和办案经验,对于是否应该上诉、上诉成功的概率等会有更全面的理解和分析,在决定是否上诉之前能为被害人提供专业咨询,对于认定事实和适用法律均无错误的裁判,律师可以对被害人做一些息诉服判工作,说服被害人不盲目上诉,节省司法资源。第二,无争议的判决在决定提起上诉后,可以为被害人提供专业的法律服务,更好地收集证据、出庭辩论,提高被害人的胜诉率。第三,需要委托律师代理上诉,被害人需要付出一定的经济成本,这在一定程度上可以起到制约被害人滥用上诉权的作用。

3. 被害人上诉程序设计:(1)上诉主体:为被害人及其法定代理人、近亲属;(2)上诉时间:为检察机关作出不同意抗诉的决定之日起5日内;(3)上诉方式:应采用书面方式;(4)上诉条件:不需要任何实体理由但需事先申请检察机关抗诉并收到检察机关不同意抗诉的回复;(5)法律效力:被害人一经上诉,二审法院,在具备程序要件(比如向检察机关申请)的情况下,直接启动二审程序。

第五节　被害人在刑罚执行程序中的参与

刑罚执行是刑事司法活动的最后一个环节,也是刑事司法活动的落脚点和归宿。刑罚执行在刑事司法中居于重要的地位,"执行在整个刑事诉讼中占有举足轻重的地位,正确执行刑罚对实现刑事诉讼目的和完成刑事诉讼任务具有重要意义"①。被害人参与刑事执行程序,知晓和亲历交付执行和刑罚变更的情况,满足其正当的报复愿望,对被害人的心灵抚慰具有积极作用;同时,通过在执行程序中与罪犯的互动,可以更顺利地实现被害人和犯罪人复归社会;还可以通过被害人的在场,实现对公权力的制约,提升司法权威。但我国被害人在刑罚执行阶段一直处于缺位状态。在"四方诉讼构造"下,被害人在刑罚执行程序的参与尚有很大的空间,应该也完全有条件更充分、有效地参与刑罚交付执行和刑罚变更程序。

一、我国被害人参与刑罚执行程序的现状

我国《刑事诉讼法》规定被告人在刑罚执行阶段可以通过假释、减刑、监外执行、保外就医等程序改变执行状态,但在这些程序中,被害人消失得无影无踪,被害人的权利和利益完全被忽略。另外,在附带民事判决中,很多被害人遭受的物质损失得不到赔偿。来自最高人民法院的调查显示,绝大多数暴力刑事犯并没有经济赔偿能力,他们实施故意伤害、故意杀人等恶性犯罪后,给受害人及其家属带来了巨大的伤痛。据最高人民法院的数据,近年来,发生的多起特大杀人案被害人均没有获得任何赔偿。② 哈尔滨市中级人民法院 2005 年刑事附带民事案件被害人获得赔偿率只有 38.9％,2006年刑事附带民事案件被害人获得赔偿率只有 43.7％。③ 有些案件虽然已作出附带民事判决,但往往又难以执行。山东省青岛市中级人民法院一项调

---

① 陈光中主编:《刑事诉讼法学》,北京大学出版社、高等教育出版社 2012 年第 4 版,第 378 页。

② 田雨:《最高法:积极开展刑事被害人国家救助》,载《新华每日电讯》2007 年 9 月 15 日第 3 版;曹晶晶、李惠媛:《广东试点国家救助刑事被害人》,载《中国改革报》2007 年 9 月 10 日第 1 版。

③ 宫立新、王春艳:《确立刑事被害人国家补偿制度》,载《检察日报》2007 年 6 月 21 日第 3 版。

研结果显示,5 年来,在 2300 余件以判决方式结案的刑事附带民事案件中,90％以上的案件的民事部分无法执行。① 广东省高级人民法院的统计显示,该省受害人无法获得经济赔偿的比例高达 75％,截至 2006 年年底,广东省无法执行的刑事被害人赔偿金额高达数亿元。② 在江西,近年来,景德镇中院刑事附带民事案件中,相当多的刑事被告人及其亲属较为困难,能够足额对当事人及其亲属进行赔偿的不到 5％,约 80％的被害人只能获得 10％至 15％的赔偿;在全市法院尚存的 600 余件执行积案中,80％以上是由于被执行人确无足够财产可供执行造成的,其中申请执行人是自然人且生活相当困难的约占 30％。③ 广东省东莞市中级人民法院提供的数据显示,该地区"2003 年至 2006 年 533 个附带民事诉讼案件中,被告人在判决生效后主动赔偿被害人经济损失的为 0,因得不到赔偿而向法院申请对犯罪人强制执行的案件有 266 件,约占提起附带民事诉讼总案数 49.9％;而真正有财产可供执行的案件只有 34 件,只占总案数的 6.3％,实际强制执行到位的标的额平均只占申请执行标的额的 2％。相对判决所确认的巨额赔偿标的而言,刑事附带民事诉讼能够对被害人的权益进行救济的约占赔偿总额的 0.75％"④。

二、被害人参与刑罚执行的理论与实践

刑罚执行程序是刑事诉讼程序的一个有机组成部分,被害人参与刑罚执行程序是基于其在刑事诉讼程序中的主体地位以及程序正义等理论。⑤ 尽管目前尚未在世界范围内就被害人参与刑罚执行问题达成共识,但有的国家已经开始关注被害人在刑罚执行程序中的参与问题并通过司法实践推

---

① 广东省东莞市中级人民法院、西南政法大学诉讼法与司法改革研究中心:《关于建立刑事被害人司法救济制度的调研报告》;李有军、郑娜:《国家救助:法律白条有望兑现》,载《人民日报(海外版)》2007 年 1 月 19 日第 4 版。

② 田雨:《最高法:积极开展刑事被害人国家救助》,载《新华每日电讯》2007 年 9 月 15 日第 3 版。

③ 张荣、王长鉴:《司法救济特困刑事被害人、申请执行人:景德镇设立 40 万元救助基金》,载《人民法院报》2008 年 1 月 16 日第 2 版。

④ 李红辉:《国家为何要救济刑事被害人——对东莞地区重大刑事案件的调查分析》,载《中国刑事法杂志》2008 年第 5 期;陈彬、李昌林:《论建立刑事被害人救助制度》,载《政法论坛》2008 年第 4 期。

⑤ 具体可参见本书第二章被害人参与刑事诉讼的理论部分。

动参与的进程。

1994年,英国内政部建立了被害人帮助热线。被害人接到犯罪人的释放建议书后,可以通过帮助热线向监狱负责人表达自身和家庭成员的忧虑和不安。一般情况下,被害人如果强烈反对释放犯罪人,那么犯罪人将不会被释放。"2003年6月,英国政府发布了关于在英国发展恢复性司法的战略白皮书,提出将根据恢复性司法的精神展开一项'受害人安抚计划'。"①在非政府机构"受害者支持"协会的帮助下,关于受害者服务的计划在20世纪80年代得到了茁壮发展。人们开始认识到受害者所应具有的权利,并认识到刑事司法过程中应该保证受害者不再次受到伤害。"第一届受害人安抚计划举行于1998年11月,在全国139所监狱的40所中开始运作。"②该计划运行后,通过了系列数据的评估,表明该计划对犯罪人和受害人的意识都产生了重大积极的影响,起到了对被害人的安抚作用,有利于受害人和犯罪人更好地复归社会。

美国也开展了被害人参与刑罚执行的实践。1982年里根总统委员会的报告就建议,假释当局应该允许犯罪被害人及其近亲属、诉讼代理人参加假释听证,并在听证会上陈述犯罪对其造成的影响。假释应该公开进行,被害人在假释程序和结果上拥有合法的利益,通过与犯罪人接触获得一些信息并影响假释程序最后的决定。假释委员会要公开运作并接受公众的监督,考虑被害人和潜在被害人的利益,保护他们的安全和制度的完整性。③在1990年的《美国被害人的权利与损害恢复法》中规定负责执行的官员在交付执行后应当尽可能地告知被害人,对于罪犯假释的听证日期、释放情况、罪犯在羁押期间的脱逃及死亡的情况等也应告知被害人。2004年的《被害人权利法》中规定涉及假释事项的,被害人有权提出合理意见,针对该意见,假释委员会必须在作出决定时予以考虑。"美国《模范刑法典》第305条附10条规定,假释委员会在决定假释时,应考虑受刑人、辩护人、被害人

---

① 刘江春:《恢复性司法研究》,载《求索》2006年第11期;[英]彼特·维克:《受害者安抚计划以及正在英国监狱中进行的恢复性司法》,沈莉莉译,载王平主编:《恢复性司法论坛》(2005年卷),群众出版社2005年版,第467页。

② [英]彼特·维克:《受害者安抚计划以及正在英国监狱中进行的恢复性司法》,沈莉莉译,载王平主编:《恢复性司法论坛》(2005年卷),群众出版社2005年版,第469页。

③ 房保国:《被害人的刑事程序保护》,法律出版社2007年版,第253～254页。

等的意见。"①

《法国刑事诉讼法典》第707—1条规定,"检察院及各当事人继续过问与各自相关的裁判决定的执行"②。德国的刑事执行变更程序中,允许被害人通过陈述意见的方式参与其中,从而对程序结果产生自身的影响,并且被害人可以聘请律师帮助自己处理相关的法律事宜。

另外,《国际刑事法院罗马规约》对被害人参与国际刑事诉讼作了规定,其中第68条规定了对被害人和证人的保护及参与诉讼的权利;第75条规定了对被害人的赔偿;第110条规定在减刑程序中,应听取被害人的意见。

2012年,我国对《刑事诉讼法》进行第二次修订时,增加了检察机关在刑罚执行程序中的监督权,可以向有权批准的机关提出自己的建议,但被害人在刑罚执行变更程序中的地位及权利没有作出任何规定,被害人被完全排除于刑事执行变更程序之外。

三、被害人在刑罚交付执行程序中的参与——刑罚执行程序中的和解

我国民事诉讼在进入法院强制执行过程中,如果原被告双方就执行的标的、执行的期限和方式等达成一致意见,法院可以暂缓强制执行。这是在公私权共处的情况下,公权力让位于私权利的表现形式。刑事诉讼中,在经历了大量专家、学者的论证后,2012年修订的《刑事诉讼法》将刑事和解最终写入法律文本,设专章对刑事和解程序进行了规制。在前文公诉程序的侦查、起诉、审判程序的设计中,都充分体现了被害人自治的色彩。对于刑罚执行阶段是否能够适用执行和解,我国现行法律没有明确规定。但鉴于上文被害人在其他国家参与刑罚执行的实践,本书认为,在刑罚执行阶段,亦可以引入执行和解制度。

---

① 雷连莉、黄明儒:《缺位与还原:被害人在刑事执行程序中的地位探究》,载《湖南科技大学学报》2012年第2期。

② 《法国刑事诉讼法典》第707—1条的规定。

1. 和解的范围。我国《刑事诉讼法》第288条规定了适用刑事和解的范围。[①] 但本书认为，刑事和解制度所体现的恢复性司法理念应贯穿于刑事诉讼的始终，适用于刑事诉讼程序的每一个案件，只是在不同的诉讼程序中，对于不同的案件，和解的方式、和解的后果等不完全一致。对于执行过程中的和解，本书也认为可以适用于所有刑罚执行程序中的案件。

2. 和解的启动。为弥补在刑罚作出之前的诉讼程序阶段，加害人和被害人之间错失的和解，在刑罚执行过程中，任何一方只要有和解意愿，可以及时通过刑罚执行机关转达给对方，在征得对方的同意后，即可以启动执行和解程序。

3. 和解的流程。在启动执行和解程序后，由刑罚执行机关负责主持加害人与被害人之间的和解程序。首先由被害人陈述加害人行为带给他及家人的影响（如果被害人愿意），随后由罪犯向被害人表达歉意，并提出赔偿和补偿的方案，最后由刑罚执行机关陈述罪犯在刑罚执行过程中的系列表现。如果加害人和被害人能达成一致意见，则由刑罚执行机关制作和解协议书，作为刑罚执行变更的重要依据。

4. 和解的法律效果。对于加害人和被害人之间达成执行和解协议的，在刑罚执行变更程序中，刑罚执行机关应将其提交给法院，法院在作出刑罚执行变更时可以不受减刑幅度、执行期限的限制等。

5. 知情权的保障。在刑罚执行过程中，有关执行和裁定机关应该将相关情况通知被害人，保障被害人的知情权，具体而言：（1）对于已交付执行的罪犯，执行机关应该告知被害人相关情况；（2）对于罪犯在执行期间从监禁场所逃跑，或者因执行期满被释放，应及时通知被害人；（3）刑罚变更决定作出后，应及时通知被害人。

6. 救济程序。司法机关应该履行告知义务却未告知的，致使被害人未能参与或者权利未能得到充分保障的，可要求承担告知义务的机关予以补救。对于程序已经无法补救并给被害人造成其他人身、财产损害的，国家应承担补偿责任，同时应追究相关责任人的法律责任。

---

① 《中华人民共和国我国刑事诉讼法》第288条第1款第1项、第2项的规定。第一类是因民间纠纷引起，涉嫌刑法分则第四章、第五章规定的犯罪案件，可能判处三年有期徒刑以下刑罚的案件；第二类是除渎职犯罪以外的可能判处七年有期徒刑以下刑罚的过失犯罪案件。

四、被害人在刑罚执行变更程序中的参与——刑罚执行变更程序的诉讼化改造

我国 2018 年《刑事诉讼法》第 259 条至第 276 条对罪犯的刑罚执行作出规定,但整个刑罚执行变更程序看不到被害人的身影,作为犯罪控诉方的检察机关也只是偶尔以事后监督者的身份现身,监督的效力也只是一种意见,并不能对刑罚执行带来强制性的监督。整个刑罚执行变更程序体现的更多的是一种行政审批色彩,但执行程序是一种特定的司法活动,因而刑事执行程序必须保持司法的基本属性,遵循司法的逻辑,刑罚执行变更程序应在被害人参与的刑事四方诉讼构造下进行诉讼化改造。要保证刑罚执行变更程序的司法特性,需要对以下几个方面的问题作出回应和改进:首先,要保证变更的决定由中立的第三方作出。因为对被告人判处的刑罚由法院独立作出决定,所以对于刑罚的执行变更仍应由法院作出裁定,不能由其他行政执法机关作出审批性的决定。其次,需要体现司法程序的抗辩色彩,即需要控辩双方在场,而不仅仅是事前的通知和事后的监督。最后,鉴于检察机关和被害人在四方诉讼构造中的复合控诉主体的构建,在刑罚执行变更程序中,检察机关和被害人也应同时介入程序,在检察机关能代表被害人利益时,被害人隐身;在检察机关不能完全代表被害人利益时,被害人享有独立的异议权。

1. 参与的主体。被害人及其法定代理人或近亲属可以作为刑罚执行变更阶段的参与主体。

2. 参与的范围。被害人在刑罚执行阶段变更宜参与的范围或情形为:无期徒刑和有期徒刑、管制、拘役的减刑、假释程序以及暂予监外执行程序。对于死刑缓期执行,鉴于死刑执行方式的特殊性,暂不宜吸纳被害人的参与。

3. 参与的性质。刑罚执行中的被害人参与应被视为法律赋予被害人的一项程序选择权,而非被害人的义务。避免在被害人不愿意参与的情形下被迫参与,导致二次被害、三次被害。司法制度给被害人提供的是一个可以选择的通道,被害人可以自主选择。

4. 参与的流程。被害人参与刑罚变更程序具体可作如下流程设计:(1)对于判死刑缓期两年执行的,鉴于该刑罚执行方式的特殊性,仍可以沿

用我国现行《刑事诉讼法》的规定。[①]（2）对于判处死缓以外应当依法予以减刑、假释的，由执行机关向人民法院提出减刑建议书，人民法院在收到减刑建议书后，经审查，对于罪犯符合减刑程序性要件的，应通知并听取检察机关和被害人的意见。对于检察机关和被害人均无意见的，法院可以采用书面审理的方式审理并作出裁定，检察机关和被害人不得对裁定有异议。（3）在人民检察院和被害人收到人民法院的通知后，任何一方有意见的，法院应开庭审理，并通知刑罚执行机关、罪犯、检察机关、被害人到庭，开庭审理时，到庭的机关和当事人分别陈述意见，法院在听取多方意见后，作出裁定。检察机关对裁定不服的，可以向上一级人民法院抗诉；被害人对裁定不服的，可以向上一级人民法院上诉。

5. 救济程序。司法机关应该履行告知义务却未告知的，致使被害人未能参与或者权利未能得到充分保障的，可要求承担告知义务的机关予以补救；对于程序已经无法补救并给被害人造成其他人身、财产损害的，国家应承担补偿责任，同时应追究相关责任人的法律责任。

[①] 对于执行期间没有故意犯罪，死刑缓期执行期满，应当予以减刑，由执行机关提出书面意见，报请高级人民法院裁定。

第六章 被害人在其他诉讼程序中的有效参与

第一节 被害人在自诉程序中的有效参与
——公诉与自诉之间的有序流转

公诉程序中，通过"四方诉讼构造"的搭建，让被害人最充分地参与刑事诉讼程序表达意见，形成对国家权力的制约。在自诉程序中，尽管从理论上看，被害人对刑事诉讼享有最完全的控制权，但司法实践并不如立法设计之初的那般理想，我国被害人在自诉程序中的处境并不比在公诉程序中的处境要好，仍需要对制度性缺陷进行修缮。

一、自诉制度存在的价值

原初社会，冲突是社会存在的一种恒常状态，在社会主体的权利受到侵犯时，人们只能通过私力手段进行救济，比如通过同态复仇、血亲复仇对加害人进行报复、追偿，恢复被侵害的权利状态或者实现其报复的原始愿望。"那是一种完备无缺的自由状态，他们在自然法的范围内，按照他们认为合适的办法，决定他们的行动和处理他们的财产和人身，而无须得到任何人的许可或听命于任何人的意志。"①但由于私力救济本身的缺陷，比如，私力救济能否成功取决于救济主体的救济能力，同类侵害行为因为私力救济的主体不同可能会有不同的惩罚后果，决定是否采取救济的标准不统一，给予何种惩罚没有统一的尺度，所以容易导致冤冤相报，引发更多的侵害，导致秩序混乱。随着国家力量的不断强大，公力救济逐渐取代私力救济，特别是国家公诉制度的出现，自诉制度和被害人自诉权在现代社会日渐式微。但自诉制度有其自身独特的价值和功能，在刑事诉讼中具有存在的正当性：一是自诉制度是保护被害人合法权益的重要制度。刑事诉讼中，被害人个体的

---

① ［英］约翰·洛克：《政府论》（下），叶启方、瞿菊农译，商务印书馆1964年版，第3页。

权利具有一定的独立性,虽然在某些情况下,被害人利益与国家和社会利益完全一致,国家利益和社会利益能完全容纳被害人利益,但在很多情况下,被害人独立的个人利益却被国家利益、社会利益和司法职业人员的职业利益挤压。比如,在一起故意伤害案件中,国家试图限制加害人的人身自由,对其予以刑事处罚。而被害人希望的则可能是加害人迅速作出经济赔偿以获得医院的及时救治。此时,通过自诉程序可能更容易满足被害人的愿望。二是自诉制度是对国家公权力进行制约的重要工具。当前,各类犯罪案件高发,特别是经济较为发达地区,案多人少的矛盾极为突出,办案人员在各种考核压力下,可能将司法职业利益置于被害人利益之上,比如,检察机关在遇到法院作出无罪判决或者起诉后撤回的案件均要扣分的情况下,对稍有起诉风险的案件则可能作出不起诉处理,或者因为办案压力根本无暇顾及关照被害人的诉讼权利和实体利益。自诉制度则可以作为一种补充,弥补公权力与生俱来的官僚主义、形式主义等缺陷,实现对公权力的监督和制约。三是自诉制度的存在有利于节省司法资源。自诉案件一般都是情节相对轻微,社会危害性不是很大的案件,犯罪行为的波及面一般不是太大,相较被害人的个体利益与国家和社会的整体利益,个体利益被侵害的显性特征更强,因而国家公权力介入的必要性不大。通过自诉,可以在审前程序中分流部分案件,节省司法资源。

二、起诉模式分析

一个国家的起诉制度与该国的司法制度、政治制度及法律文化传统等有着千丝万缕的联系。目前,世界各主要现代法治国家主要存在两种起诉模式:一是公诉独占模式。即所有刑事案件的起诉权均由国家垄断,排除被害人及其他人的参与,不存在自诉的情形。较典型的是美国、日本。比如,美国的刑事案件由检察官和大陪审团起诉,在开庭审理阶段,所有案件均由检察官代表政府出庭支持公诉。被害人在刑事诉讼中仅仅处于证人的地位,没有权利以个人名义提起诉讼。日本实行严格的国家追诉主义,检察官拥有绝对的提起公诉的权力,一切公诉案件均由检察官提起,被害人不享有起诉权,不能以个人名义提起任何刑事追诉。但《日本刑事诉讼法》也规定,对于强奸、破坏名誉等案件,在有被害人控诉的前提下,检察机关才能提起公诉,否则公诉行为不具有法律效力。二是公诉与自诉并存模式。该模式一般呈现公诉为主、自诉为辅的样态,即大多数较为严重的刑事案件由检察机关代表国家行使起诉权,少数较轻微的刑事案件由被害人、被害人近亲属及其他法律允许的公民个人提起起诉。较典型的是德国。我国也属于该模式。比如,《德国刑事诉讼法》第 152 条第 1 项规定:"提起公诉权,专属检察院行使。"同时,在该法第五编被害人参加程序又确立了自诉制度,对于非法侵入、侵犯通信秘密、伤害等 8 类案件,被害人可以通过自诉途径予以追究,无须事先上诉至检察院。并规定,凡有权从属被害人或者代替被害人提起告诉的人员,也可以提起自诉。① 公诉与自诉并存模式下还存在另一种样态,即公诉与自诉并行模式。较典型的是我国台湾地区的刑事追诉模式。台湾地区的起诉制度采用了公诉与自诉并行的立法例,在被害人提起自诉的范围上几乎没有限制,除了法律有特别规定之外,无论案件的性质、种类、情节的轻重,被害人均可以直接提起自诉,以此防范检察官滥用不起诉的权力,这体现了台湾地区对公权力的警惕和戒备。而且其还设置了诉讼担当制度。另外,俄罗斯则在公诉与自诉并存的情况下,设置了一种新的自诉—公诉程序,"包括向法院起诉,根据犯罪的性质和严重程度,通过公诉程序、自诉—公诉程序和自诉程序进行",②并就每一种程序适用的案件范围作了规定。在自诉案件中,被害人有权依照法律规定的程序提起指控和支持指控。对于自诉—公诉案件,只能根据被害人的告诉提起,且不得因被害人与被告人之间达成的和解而终止。③

我国的起诉模式与德国的起诉模式类似,即采用公诉为主、自诉为辅的公诉、自诉并存的模式。我国《刑事诉讼法》第 210 条,规定自诉案件包括三类案件。④

第一类自诉案件即告诉才处理的案件,一般被称为纯粹的自诉案件。其包括:侮辱、诽谤案(但严重危害社会秩序和国家利益的除外)、暴力干涉婚姻自由案、虐待案、侵占案共四类案件。⑤ 第二类自诉案件即被害人有证

---

① 《德国刑事诉讼法典》第 394 条。

② 《俄罗斯刑事诉讼法典》第 20 条第 1 项。

③ 《俄罗斯刑事诉讼法典》第 20 条第 2 项至第 5 项。

④ 《中华人民共和国刑事诉讼法》第 210 条规定,自诉案件包括三类:"(一)告诉才处理的案件;(二)被害人有证据证明的轻微刑事案件;(三)被害人有证据证明对被告人侵犯自己人身、财产权利的行为应当依法追究刑事责任,而公安机关或者人民检察院不予追究被告人刑事责任的案件。"

⑤ 《最高人民法院关于适用〈中华人民共和国刑事诉讼法〉的解释》第 1 条第 1 项。

据证明,且人民检察院没有提起的公诉案件,被害人可提起自诉,一般被称为可公诉可自诉的案件。[①] 第三类自诉案件一般被称为公诉转自诉案件[②]。

三、诉讼担当制度的构建

(一)诉讼担当制度主要样态

在国内目前的研究中,对诉讼担当制度的内涵和外延有两种不同的认识。一种观点认为诉讼担当又称"诉讼接管,一般是指自诉人已经提出控诉,自诉程序也已启动,但由于某种原因自诉人不敢、不能或不愿继续其诉讼行为,改由国家公诉机关替代自诉人行使控诉职能的一项法律制度"。[③] 另一种观点认为自诉担当是指"被害人由于自身原因无法有效行使自诉权,从而导致自诉机制发生障碍时,由检察机关代理被害人提起自诉,或者介入到已经开始的自诉程序中,代理被害人履行控诉职能的一项诉讼制度"。[④] 两种观点的共同点在于,认为诉讼担当制度都是国家公诉机关代替被害人行使控诉职能的一项诉讼制度,差异体现在:前一种观点认为诉讼担当的前提是自诉人已经提出控诉,在具备法定情形下,改由国家替代被害人行使控诉职能;后一种观点认为在具备法定情形的前提下,控诉机关可以替代被害人提起自诉或者介入已开始的自诉程序,也即替代的时间既可以在已经提起自诉的程序中,也可以在启动自诉程序之前。后一种观点的外延要大于第一种观点的外延,包括了第一种观点的诉讼担当和代为告诉两种情形。有关诉讼担当制度,以德国与我国台湾地区刑事诉讼中的规定较为典型。但二者的规定也有较大差异,形成了自诉担当的两种不同模式。

在德国,自诉与公诉既非排他性的关系,也非补充性的关系。被害人对于非法侵入、侵犯通信秘密等 8 类犯罪通过自诉途径予以追究,国家与自诉人一样,可独立提起公诉。依据《刑事诉讼法》第 376 条的规定,在符合公共

---

① 《最高人民法院关于适用〈中华人民共和国刑事诉讼法〉的解释》第 1 条第 2 项,主要包括故意伤害案、非法侵入住宅案、重婚案、生产、销售伪劣商品案等案件以及刑法分则第四章、第五章规定的,对被告人可能判处三年有期徒刑以下刑罚的案件。

② 指被害人有证据证明对被告人侵犯自己人身、财产权利的行为应当依法追究刑事责任,且有证据证明曾经提出控告,而公安机关或者人民检察院不予追究被告人刑事责任的案件。

③ 吴卫军:《刑事诉讼中的自诉担当》,载《国家检察官学院学报》2007 年第 4 期。

④ 兰跃军:《自诉转公诉问题思考》,载《中国刑事法杂志》2008 年 11 月号。

利益的时候,检察机关可以担当诉讼,①检察机关提起可自诉之罪,终结自诉程序,由原来的自诉状态转变为一般的公诉程序。在我国台湾地区,也规定了诉讼担当制度。"在自诉人于辩论终结前丧失行为能力或者死亡者,如无承受诉讼之人或逾期不为承受者,法院应分别情形,迳行判决或通知检察机关担当诉讼。"②在具备上述诉讼担当原因的情况下,由法院通知检察机关担当自诉,并由检察官担当原自诉人继续诉讼行为。担当并不变更原来自诉的性质,原自诉人也不因为检察官的担当行为而丧失其原有的当事人地位。在诉讼担当原因消灭时,自诉人仍得继续进行诉讼行为。在担当自诉之后,检察官不得以担当自诉人或当事人的地位提起上诉,可基于检察官之地位独立上诉。③英国《1985 年犯罪起诉法》第 3 条也规定,检察机关对于自诉案件,根据案件的重要性和难度,认为接管追诉是适当的就可以随时接管自诉。《俄罗斯刑事诉讼法》第 20 条也规定了自诉案件、自诉—公诉案件。④

(二)我国诉讼担当制度的引入

有关自诉担当制度,在 2012 年《刑事诉讼法》修改以前,陈光中先生主持制定的《中华人民共和国刑事诉讼法再修改专家建议稿》中就提出了增设自诉案件的承受与担当制度的建议。⑤ 该制度为我国构建诉讼担当制度提供了良好的指导,但我国《刑事诉讼法》在历次修订及相关司法解释中,并未

---

① 《德国刑事诉讼法典》第 374 条、第 376 条、第 377 条的规定。比如,法院认为应当由检察官接管追诉时,向他移送案卷。检察院也可以在判决发生法律效力前的任何程序阶段中以明确的声明接管。提起法律救济诉讼活动时包括接管追诉。

② 林钰雄:《刑事诉讼法(下册)》,中国人民大学出版社 2005 年版,第 131 页。

③ 林钰雄:《刑事诉讼法(下册)》,中国人民大学出版社 2005 年版,第 131 页。

④ 《俄罗斯刑事诉讼法典》第 20 条第 4 项规定:"犯罪行为是对处于依赖从属地位或由于其他原因不能自主行使其权利的人实施的,则检察长以及侦查员或调查人员经检察长同意,有权提起刑事案件。"

⑤ 该建议稿第 326 条规定:"自诉人在一审辩论终结前,丧失行为能力或者死亡的,人民法院应当中止诉讼并告知其法定代理人、近亲属可以作为自诉人承担诉讼。被害人无法收集证据或者没有能力进行自诉的,可以要求人民法院指定承担法律援助义务的律师代为诉讼。"陈光中主编:《中华人民共和国刑事诉讼法再修改专家建议稿》,中国法制出版社 2006 年版,第 172 页。

采纳该科学建议,仅仅是规定了与自诉担当制度较为接近的代为告诉制度。① 我国现行法律规定中对于第一类自诉案件即告诉才处理的自诉案件,规定了检察机关可代为告诉的情形,具有诉讼担当制度的部分特征,但有很多关键性的问题没有在立法上予以明确,比如,对于代为告诉的案件在启动诉讼程序后,诉讼程序的性质如何确定;启动之后的程序是按照公诉程序还是按照自诉程序进行;代为告诉的原因消除之后诉讼如何进行等问题均需进一步明确。对于第二类可公诉可自诉的自诉案件,我国现行立法并未作出规定。建立诉讼担当制度,有利于打通公诉与自诉之间的壁垒,实现公诉与自诉之间的有序流动,为被害人有效参与刑事诉讼提供救济和保障。

1. 自诉担当制度的适用案件范围。对于《刑事诉讼法》规定的第三类自诉案件,因其理论上的障碍和操作上的难度致使其制度价值很小,宜废除该制度,以强制起诉制度取代,用于救济和保护被害人的诉讼权利,②故不适用自诉担当制度。自诉担当制度仅适用于我国《刑事诉讼法》规定的自诉案件中第一类、第二类案件的诉讼担当制度,即告诉才处理的案件及被害人有证据证明的轻微刑事案件两类案件。对于自诉案件的第一类案件适用自诉担当制度无多大争议,但有学者认为第二类自诉案件为可公诉可自诉案件,被害人一般会选择公诉,即使选择自诉,在证据不足或可能判处 3 年以上徒刑的情况下,法院也会将案件移送公安机关立案侦查,对于少数事实清楚,有足够证据的,法院可以迳行判决。即使在特殊情况下出现自诉障碍,也可由法院通知检察机关或公安机关将自诉转为公诉。因而,他们认为自诉担当制度不适用于第二类自诉案件。③ 但笔者认为,在被害人选择适用自诉程序后,有可能出现诉讼障碍,导致其没有能力全面收集证据,无法顺利指控犯罪,法院也无法迳行判决,此时就需要国家公权力的介入,法院通知公安机关或者检察机关参与诉讼,将案件导入公诉程序,自诉转公诉的情形,也是诉讼担当制度在实践中的一种表现形式。因而,自诉担当制度的适

---

① 《最高人民法院关于执行〈刑事诉讼法〉若干问题的解释》(2012 年)第 260 条规定,对于自诉案件,"如果被害人死亡、丧失行为能力或者因受强制、威吓等无法告诉,或者是限制行为能力人以及因年老、患病、盲、聋、哑等不能亲自告诉,其法定代理人、近亲属告诉或者代为告诉的,人民法院应当依法受理"。

② 该部分内容在被害人在审查起诉程序中的有效参与部分已详细陈述,此处不再赘述。

③ 兰跃军:《论自诉担当》,载《重庆工商大学学报(社会科学版)》2009 年第 6 期。

用案件范围宜确定为自诉案件的第一类案件、第二类案件。

2. 自诉担当的原因。自诉担当既可能发生在自诉程序启动前,即对于告诉才处理的案件,被害人因受恐吓、威吓不敢告诉或因自身原因无法告诉时,检察机关可以替代被害人启动诉讼程序。同时,这种情况可能发生在自诉程序启动之后,即对于被害人有证据证明的轻微刑事案件,在被害人启动自诉程序后,出现障碍导致无法全面收集证据、无法顺利指控犯罪、法院也无法迳行判决时,法院应通知公安机关或检察机关参与诉讼,将自诉程序导入公诉程序。概言之,自诉担当的原因主要有两个:一是对于告诉才处理的案件,被害人因受恐吓、威吓不敢告诉或因自身原因无法告诉;二是对于被害人有证据证明的轻微刑事案件,在被害人启动自诉程序后,出现障碍导致无法全面收集证据、无法顺利指控犯罪、法院也无法迳行判决。

3. 自诉担当的主体。德国、俄罗斯、我国台湾地区,承担自诉担当的主体都是检察机关。结合我国承担公诉责任的主体,我国自诉担当的主体宜确定为检察机关①。将检察机关确定为自诉担当的主体,有利于最大限度地保护被害人利益,实现自诉担当的制度功能。一是因为检察机关作为国家公权力机关,被赋予了特定的职权,可以引导侦查机关取证,有能力替代被害人收集到更加全面的证据;二是检察机关本身就承担公诉职能,对指控被告人的犯罪行为具有丰富的经验,在被害人出现自诉障碍的情况下,检察机关的介入使得指控更加专业,能更加顺利地指控犯罪,实现制度功能;三是从操作层面讲,在"四方诉讼构造"中,被害人与检察机关处于一种互相隐身又随时可能现身的状态,在被害人出现诉讼障碍时,检察机关现身,在"四方诉讼构造"能够容纳的制度空间内,便于操作。所以,我国自诉担当的主体宜确定为检察机关。

4. 自诉担当的性质及法律效力。在德国,自诉担当之后,自诉转变为公诉,检察机关行使公诉职权,也即诉讼的性质在自诉担当后发生改变,由自诉转变为公诉。在我国台湾地区,却并不因为检察机关替代被害人介入诉讼改变诉讼的性质,也即检察机关介入后,诉讼的性质仍为自诉,在被害

---

① 在第二类自诉案件中,在存在诉讼障碍且无法迳行判决的情况下,人民法院通知公安机关和检察机关参与诉讼。虽然在自诉担当中公安机关也参与了一些诉讼行为,但本书并未将公安机关视为自诉担当的主体,是因为此处公安机关参与诉讼是履行侦查职能,该程序中,公安机关的侦查职能被检察机关的控诉职能吸收,故不单列公安机关作为自诉担当的主体。

人参与自诉的障碍消除后,检察机关应立即退出,恢复自诉以前的状态。所以,检察机关的作用是协助被害人参与诉讼。笔者认为,我国在构建自诉担当制度时,应结合不同的自诉案件作出不同的规定:对于第一类告诉才处理的自诉案件,宜借鉴我国台湾地区的做法,由检察机关协助被害人向法院告诉,启动诉讼程序,该程序应视为检察机关协助被害人提起的自诉程序。在诉讼过程中如果被害人诉讼障碍消除,自诉人可随时参加诉讼,在自诉人参加诉讼后,检察机关退出诉讼程序。在该程序中,被害人仍是自诉人,享有当事人的诉讼权利,裁判结果应依法向被害人送达,被害人作为自诉人享受裁判异议权,可以依法提出上诉。法院也应向作为担当诉讼人的检察机关送达判决,检察机关可以以担当诉讼人的身份对裁判提出异议,依法提出抗诉。对于第二类被害人有证据证明的轻微刑事案件,宜借鉴德国的做法,并赋予被害人程序选择权,如果被害人放弃自诉,同意检察机关介入,则自诉程序被导入公诉程序,诉讼的性质由自诉转变为公诉,被害人和检察机关的诉讼地位也相应地发生变化。被害人仅仅以公诉程序中被害人的身份参与,不再具有自诉人的身份,检察机关取代被害人,直接参与公诉程序。裁判文书向检察机关和被害人送达后,检察机关以公诉人身份可以直接提出抗诉,被害人以公诉案件被害人的身份对裁判依法提出异议。概言之,对于第一类自诉案件,自诉担当后,仍适用自诉程序;对于第二类自诉案件,自诉担当后,转变为公诉程序。

5. 自诉担当的程序。对于第一类自诉案件,在自诉程序启动之前,如果存在自诉障碍被害人未告诉的,检察机关经审查决定代为告诉前,应该听取被害人的意见,经被害人同意后,检察机关才能依法代为告诉,启动自诉程序。在自诉程序启动后,被害人享有自诉人的主体地位,是否需要检察机关的协助,由被害人决定。被害人无法决定的,由检察机关综合案件情况、被害人的诉讼能力和诉讼障碍的情形等决定是否继续参与以及参与的程度。对于第二类自诉案件,检察机关应充分尊重被害人的程序选择权,在被害人选择放弃自诉程序时,人民法院应立即通知检察机关,检察机关应在接到法院的通知后,及时、充分地介入诉讼,将被害人提起的自诉程序顺利导入公诉程序,并保障被害人在公诉程序中的各项诉讼参与权。

四、可公诉可自诉案件在刑事诉讼中的流程规划——公诉自诉之间有序流动的实现

自诉程序中的被害人要实现有效参与,在当前状况下,必须要打通公诉与自诉之间有序流转的渠道,实现国家与被害人的互动及互控格局,否则,被害人在自诉程序中的参与只能是一个看起来很美的制度。在通向国家与被害人的互动及互控格局这一目标的道路上,有学者主张借鉴德国的附带诉讼制度,结合我国的民事和行政诉讼的第三人制度,在刑事诉讼中增设第三人制度,让被害人以刑事第三人的身份充分参与刑事诉讼。[①] 这种思路有利于提高被害人在刑事诉讼中的参与度,但存在一些理论和操作上的障碍。将被害人视为刑事诉讼的第三人,虽然有利于提高被害人对某些实体事项的参与度和处置度,但对被害人在刑事诉讼中的程序性利益关注度不够,比如,如何避免成为二次被害人,如何通过参与刑事诉讼舒缓被害人对国家法律制度和社会治安状况的不满情绪等,这些无法通过刑事诉讼第三人制度实现。另外,第三人之诉的前提是本诉是原告和被告之间的利益冲突,第三人与本诉无关,只是与本诉的判决结果有关,比如,判决致使其利益受损或权利受限等。而在刑事诉讼中,被害人与被告人的利益冲突是诉讼的基础,被害人与被告人是本诉的主体,国家替代被害人提起公诉,并不能因此改变冲突的双方主体,所以与民事、行政诉讼中的第三人之诉有着天壤之别,无法简单沿用第三人之诉的概念进行分析和解释。自诉制度有其存在的价值和意义,我国现行自诉制度存在一定缺陷,我国《刑事诉讼法》第210条规定的第1项、第3项自诉案件研究的理论价值不大,第2项自诉案件存在研究的理论价值,本节拟结合自诉存在的价值和意义,以第2项自诉案件的完善为基础,搭建公诉与自诉有序流转的制度,实现国家与被害人之间的互动及互控。

(一)为何选择可公诉可自诉案件为研究对象

从立法体例看,有关自诉案件的规定既在《刑事诉讼法》中予以规定,也通过刑事实体法予以规定。其既规定了自诉转公诉的案件及程序,也规定

---

① 兰跃军:《公诉案件被害人当事人制度研究——以德国附带诉讼制度为参考》,载《时代法学》2006年第4期;韩流:《被害人当事人地位的根据与限度——公诉程序中被害人诉权问题研究》,北京大学出版社2010年版。

了公诉转自诉的情形及程序,并通过司法解释明确了各类案件的具体情形。对于第一类纯粹自诉案件,实践中该类案件发生的概率不是很大,在理论上较少受到质疑;对于第三类公诉转自诉案件,立法本意是出于保护被害人的利益,实现被害人的权利对国家追诉权的制约,本书虽着力于被害人权利的完善,但对这一意在推动被害人权利完善的公诉转自诉制度并不看好,①适用该程序的案件极少。当然,如果国家权力机关在行使权力过程中因为怠于行使权力或者滥用权力导致被害人利益受损的除外,在三类自诉程序中,唯有第二种情形即可公诉可自诉的案件具有研究的价值,并具有可突破的理论和操作空间:

一是可公诉可自诉案件开庭审理的标准过高,有必要进行调整。我国《刑事诉讼法》第 211 条第 1 项规定,对自诉案件的受理标准为"事实清楚,证据充分",但对于公诉案件,只需要起诉书中有明确的指控犯罪事实。②法院在决定是否开庭审判时,对于公诉案件和自诉案件采取了双重标准,即公诉案件开庭审判的标准很低,只需要起诉书载明指控的犯罪事实,而自诉案件开庭审判的标准很高,需要事实清楚,并有足够证据。双重标准的存在使被害人选择公诉的成本很低,而自诉的成本很高,因而大量可以自诉的案件将导回公诉案件程序,立法设置的自诉程序将被虚置,功能无法实现。鉴于自诉案件举证责任主体为个人,相比国家公权力机关少了很多收集、固定证据的能力,相应的,在决定开庭审判时,自诉案件的标准要相对低于公诉案件的标准,才可能鼓励被害人提起自诉。

二是可公诉可自诉案件的审理程序尚有细化和完善的空间。对于该类案件的受理流程,《最高人民法院关于执行〈刑事诉讼法〉若干问题的解释》(2012 年)、公安部制定的《公安机关办理刑事案件程序规定》都作出规定,③新规较《刑事诉讼法》修订前的规定已经有了很大改善,但还是存在一些问题,主要是在公诉与自诉转化过程中,具体的流转程序、国家机关和被害人各自应承担的职责等问题不明确,比如,法院驳回被害人自诉后重新导入公

---

① 详见前文被害人在审查起诉程序中的有效参与部分内容。
② 《中华人民共和国刑事诉讼法》第 186 条。
③ 《最高人民法院关于执行〈刑事诉讼法〉若干问题的解释》(2012 年)第 1 条第 2 项规定:"本项规定的案件,被害人直接向人民法院起诉的,人民法院应当依法受理。对其中证据不足、可以由公安机关受理的,或者认为对被告人可能判处三年有期徒刑以上刑罚的,应当告知被害人向公安机关报案,或者移送公安机关立案侦查。"

诉程序,公诉机关与被害人之间如何定位;国家是公诉程序的垄断者还是自诉程序的协助者;法院驳回自诉人起诉后,哪些情况下应直接移送公安机关立案侦查,哪些情形下应告知被害人向公安机关报案;公安机关立案侦查取得相关证据后,案件是按照公诉程序继续流转还是重新导回自诉程序,适用自诉程序的规定⋯⋯这些问题都需要明确的回答。

（二）可公诉可自诉案件在刑事诉讼中的流程规划——公诉自诉之间有序流动的实现

被害人在可公诉可自诉案件程序中的参与主要包括以下方面的内容。具体如何流转、推进,详见图6-6。

1. 程序的启动。该类案件中,启动程序的主体包括被害人①和公安机关。被害人启动该程序时,可以向法院提起自诉。在公安机关主动发现犯罪事实或者接受他人(包括被害人)报案时,公安机关启动立案侦查程序。

2. 被害人在立案程序中的参与权。公安机关发现犯罪或接到报案时,进入立案审查程序,公安机关决定立案时,直接进入侦查程序;公安机关决定不立案时,应将原因及结果告知被害人,被害人有异议时可以直接向法院提起自诉,启动自诉程序。

3. 公安机关立案侦查的案件,如果作撤销案件处理的,在作出撤案处理后,应将原因及结果告知被害人,被害人有异议时可以直接向法院提起自诉,启动自诉程序。

4. 公安机关侦查终结后,应告知被害人具有程序选择权。即被害人可以选择同意公安机关向检察机关移送审查起诉,也可以选择不同意移送审查起诉,由被害人自己决定和解或者向法院提起自诉,启动自诉程序。

5. 被害人选择由检察机关审查起诉的案件,该类案件则被确定为公诉案件,被害人在诉讼程序中的参与适用在公诉案件诉讼程序中的参与规定。对于检察机关决定不起诉的案件,被害人不得再行启动自诉程序;对于检察机关决定起诉的案件,被害人可以参与法庭审理,享有相关的诉讼权利。

6. 被害人在四种情形下可以向法院提起自诉:案件发生到公安机关未立案前、公安机关作出不立案决定后、公安机关作出撤销案件后、公安机关侦查终结后被害人决定选择自诉(包括公安机关依职权主动侦查和自诉程序中自诉人存在诉讼障碍需要自诉担当法院通知公安机关侦查两种情形)。

---

① 此处被害人包括被害人及其近亲属、法定代理人,下同。

这种制度设计将公诉、自诉程序的分野节点设置在审查起诉阶段,而不是自侦查程序开始确定诉讼的性质。这种设计使得在自诉程序中,被害人仍然可以借助国家公权力的力量收集固定证据,让国家公权力更多地协助被害人参与自诉,弥补被害人侦查能力之不足,更顺利地指控被告人,获得赔偿等。同时,为了防止给国家机关带来不必要的诉累,节省司法资源,在侦查终结前公权力给了足够的协助给被害人之后,一旦被害人选择适用公诉程序,诉讼程序的性质即刻发生变化,被害人在之后的程序中享有的权利与公诉程序中被害人享有的权利一致。

7. 被害人在向法院提起自诉后,法院如果认为不符合立案条件并作出不予受理的裁定,被害人可以提起上诉;立案后认为有犯罪事实,但证据不足,驳回被害人起诉时,人民法院应当将案件移送公安机关立案侦查。公安机关侦查终结后按照上述程序告知被害人选择公诉或者自诉。

8. 在被害人向人民法院提起自诉后,公安机关又立案侦查的,应赋予被害人程序选择权,被害人继续选择自诉程序的,人民法院应通知公安机关将案件材料移送法院;被害人选择适用公诉程序的,自诉程序终止。

9. 自诉程序启动时,被告人不在案的,被害人可以申请人民法院依法采取强制措施;自诉案件审判期间,被告人下落不明的,人民法院可以根据案件证据情况缺席审判。

10. 适用自诉程序审理的案件,被害人享有参与法庭审理的权利和义务,被害人不愿出庭的,可以委托诉讼代理人出庭参加法庭审理。法庭审判过程中,被害人及其诉讼代理人负责指控犯罪。

11. 自诉案件当事人因客观原因不能取得的证据,申请人民法院调取的,在说明理由并提供相关线索或者材料后,人民法院应当及时调取。

12. 自诉案件在审判过程中,人民法院有采取强制措施的权力,可以根据被害人的申请或者结合案件及被告人情况,依照职权决定是否采取强制措施。人民法院采取强制措施后应在执行后3日之内通知被害人。诉讼过程中,导入公诉程序的案件,对被告人的强制措施依法由公安机关和检察机关决定。

13. 判决宣告前,被害人可以与被告人自行和解,被害人可以撤回自诉。人民法院只需审核当事人订立和解协议是否出于自愿,不需对和解内容进行审查。

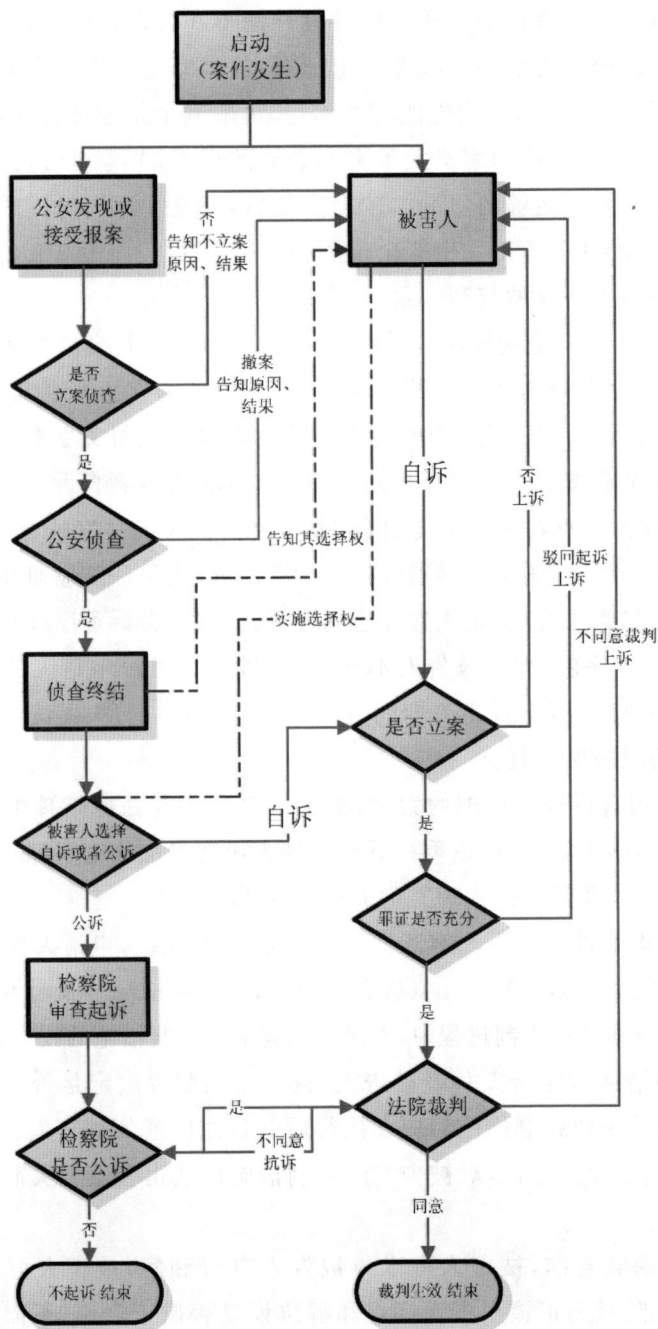

图 6-6　可公诉可自诉案件在刑事诉讼中的流转图

第二节　被害人在损害救济程序中的有效参与

犯罪是一种严重的侵权行为,根据《侵权法》的过错原则,"任何人基于过错因故意或过失违反被要求的行为标准都要负责任"。[①] 加害人理应对被害人承担损害赔偿责任,但鉴于犯罪是一种特殊的侵权行为,在加害人无力赔偿或被害人及其亲属生活极其困难等情形下,国家和社会亦应积极回应,弥补犯罪行为给被害人造成的损失。

一、被害人获得损害救济的理论与实践

在侵权责任理论、人权保障理论、国家责任理论、主体性原则理论、社会保障理论等的支撑下,被害人受到伤害后,理应获得损害的救济。在不同国家和地区,所采用的具体救济及救济组合方式存在差异,但综观各国被害人在受到物质和精神损害后可以获得的救济,按照提供损害救济的主体,主要有三种:第一种是来自加害人的给付;第二种是来自国家的补偿;第三种是来自社会和第三方的弥补。

（一）加害人的给付

犯罪人在行使犯罪行为后,给被害人造成物质和精神损害的,理应承担赔偿责任,具体承担赔偿责任的方式,不同国家和地区也有不同的选择,主要有刑事附带民事诉讼、独立的民事诉讼、加害人的偿还等方式。

1. 附带民事诉讼。

大陆法系国家,主要采用附带民事诉讼的赔偿模式。法国现行《刑事诉讼法典》规定了"公诉和民事诉讼"。适用附带民事诉讼的范围非常广,[②] "一切就追诉对象的犯罪事实所造成的损失而提起的诉讼,包括物质的、身体的和精神的损害,均应受理"[③]。在德国,1994 年修订颁布的《刑事诉讼法

---

① 《欧洲侵权法基本原则》第 4 章第 1 节第 1 条。

② 《法国刑事诉讼法典》第 2 条规定:"任何遭受重罪、轻罪或违警罪直接损害者,有权提起损害赔偿的民事诉讼。"

③ 《法国刑事诉讼法典》第 3 条。

典》规定了被害人提起财产权请求的程序。① 在俄罗斯,该国《刑事诉讼法典》第 42 条和第 44 条都规定了刑事附带民事诉讼,对于提起诉讼的主体、提起的时间、作出决定的主体等作出明确规定。被害人请求赔偿的范围不仅限于财产损害和精神损害,还可以请求支付因参与侦查和出庭所支付的费用。我国也是采用该模式,《刑事诉讼法》规定了附带民事诉讼程序。

2. 独立的民事诉讼

独立的民事诉讼主要被英美法系国家采用,是指"被害人对于犯罪人造成的损害,直接向法院提起民事诉讼,要求犯罪人赔偿直接物质或精神上的损失,还可以主张惩罚性赔偿的"一种诉讼。② 独立的民事诉讼受民事案件管辖权和民事诉讼程序规则的约束。在英美法系国家,按照《民事侵权法》的规定,一般可以对一定范围内的案件提起独立的民事诉讼。比如,错误致死、伤害、殴打等攻击行为、其他残暴致人精神痛苦的行为等。《俄罗斯刑事诉讼法典》也规定,被害人也可以单独提起民事诉讼,并不需要交纳诉讼费用。③ 法国,也是同时确立了刑事附带民事诉讼和独立的民事诉讼。法国对某些特定犯罪的被害人的赔偿给予专门的规定,比如,对因恐怖活动、交通事故等原因造成的被害人的损害,可由保证基金先行予以赔偿。独立的民事诉讼具有一些刑事附带民事诉讼没有的优势,比如被害人能更好地控制诉讼程序,因为较低的证明标准,被害人更容易胜诉,基于被害人可以提出惩罚性赔偿,所以,在该程序中被害人可以获得更多的赔偿,让加害人承担更多的经济上的责任,增加加害人的犯罪成本。但在该程序中,被害人需要自己承担证明责任和诉讼费用,且前提是加害人已经到案。因而,"民事诉讼在被害人获得赔偿的各种方式中是'最少'使用的方式,其实践相对来说也是'不普遍'的。"④

3. 加害人的偿还

犯罪人偿还是一种非常古老的救济方式,是野蛮复仇的一种替代性措

---

① 《德国刑事诉讼法典》第 403 条规定:"被害人或者他的继承人,在刑事诉讼程序中可以对被指控人提起因犯罪行为产生的、属于普通法院管辖,并且尚未向其他法院提出的财产权方面的请求权。提起请求权时,在地方法院程序中可以不考虑诉讼标的之价值。"

② 房保国:《被害人的刑事程序保护》,法律出版社 2007 年版,第 297 页。

③ 《俄罗斯刑事诉讼法典》第 44 条第 2 款:"民事诉讼在刑事案件提起之后,但在审前调查结束前提起。"

④ 房保国:《被害人的刑事程序保护》,法律出版社 2007 年版,第 303 页。

施,《汉谟拉比法典》中规定,犯罪人可以向被害人归还财物或者赔偿两至三倍的损失。在美国,大革命之前也采用了犯罪人直接赔偿的方式,美国在20世纪60年代的被害人保护运动之后,该模式又受到很大的重视,在许多州的法律中被确定为法院必须判决的内容。比如,在明尼苏达州,通过犯罪人与被害人订立的合同,在附条件释放期间用其劳动所得来补偿被害人的损失。比如,德国有"利益回复协助"机制,如警察发现行为人有隐匿金钱或财产的行为则应予以扣押,被害人可能从扣押的金钱或财物中取得损害赔偿。[①]

(二)国家补偿

1. 有关国家补偿的理论基础

关于刑事被害人的国家补偿制度,有众多理论基础,学界主要有国家责任说、社会福利说、社会保险说、诉讼参与说、公共援助说、命运说、被期待说、平衡保护说、预防犯罪说等多种理论。[②]

(1)持国家责任说的学者认为,国家补偿被害人是因为国家有责任保护公民的人身、财产安全,犯罪行为让公民人身、财产受损,说明国家未尽到保护本国公民的职责,对于被害人遭受的损失,国家有补偿的责任。"无论具体原因是什么,公民受到了犯罪侵害,就是国家没有尽到防止犯罪发生的责任。"[③]其认为在公力救济取代私力救济之后,"国家就承担了制裁犯罪和保护被害人的责任,如果对受到犯罪伤害而陷于困境的被害人不予救助,就不是一个负责任的国家"[④]。

(2)持社会福利说的学者认为,社会福利体现的是国家体恤社会弱势被害群体的理念,"社会是一个互相扶助的整体,当社会成员遭到不测的伤害时,社会有义务伸出援助之手。这是社会互济共存的道德基础,也是人类文明进步的重要标志。因为社会财富是社会大众共同创造的,他们就有权利享受社会福利带来的福祉。社会福利不仅应当面向社会公众,因犯罪受到

---

① 苏敏华:《〈国际刑事法院罗马规约〉的被害人赔偿与补偿程序》,载《社会科学辑刊》2017年第2期。

② 莫洪宪主编:《刑事被害救济理论与实务》,武汉大学出版社2004年版,第187~191页。

③ 赵可主编:《被害者学》,中国矿业大学出版社1989年版,第217页。

④ 赵国玲主编:《犯罪被害人补偿:国际最新动态与国内制度构建》,载《人民检察》2006年第17期。

身心伤害的人更应当受到社会特殊的关爱。"①受到犯罪侵害的被害人的境遇十分悲惨,国家理应在生活上予以扶助。

（3）持社会保险说的学者认为,国家对犯罪被害人提供补偿是一种附加的社会保险。社会保险的费用来源于公众缴纳的各种税费,在犯罪被害人不能从其他渠道获得足够赔偿的时候,国家就应予以补偿。②

（4）持诉讼参与说的学者认为,国家对被害人提供补偿,目的是吸引被害人参与刑事诉讼。由于被害人参与诉讼会有一定的成本,所以不愿意接触司法当局,但国家补偿可以减轻被害人受到的损失,从而鼓励被害人参与刑事诉讼,为国家机关及时破案、顺利追究加害人的刑法责任提供帮助。③

（5）持公共援助说的学者认为,"国家对被害人的补偿本质上是对身体受到损害或财产受到损失而处于不利社会地位的人所进行的一种公共帮助和支援"④。基于人道主义,社会应该给予弱势群体援助,否则社会存在的合理性和文明评价就会受到质疑。

（6）持命运说的学者认为,"犯罪是社会不可避免的一种危害,犯罪被害人作为犯罪危害的承受者,具有偶然中的必然性,对于承受犯罪带来的不幸的承受者,社会没有理由要求被害人独自承受"⑤。被害人被加害行为所害,是社会的不幸者,而其他没有受到侵害的人则是社会的幸运者,应该为被害人分担一部分损失,弥补给被害人造成的伤害。

（7）持被期待说的学者认为,国家对被害人进行补偿是被害人对国家期待的产物,"从根本上讲,被害人仅仅通过主张民事权利来救济自己的被害权益是不充分的,被害人受到巨大损害而不能得到有效补救的时候,往往会陷入贫苦之中,人们期待着社会能对这些被害人伸出援助之手,这种行为具有无可替代的实现社会稳定与确定性的价值"⑥。满足被害人的这种期待

---

① 赵星、张洁:《国家补偿涉农犯罪被害人理论依据思辨》,载《青岛农业大学学报(社会科学版)》2009 年第 1 期;赵可主编:《被害者学》,中国矿业大学出版社 1989 年版,第218 页。

② 房保国:《被害人的刑事程序保护》,法律出版社 2007 年版,第 362 页。

③ 房保国:《被害人的刑事程序保护》,法律出版社 2007 年版,第 362 页。

④ 李玉华:《论刑事被害人国家补偿制度》,载《政法论坛》2000 年第 1 期。

⑤ 汤啸天等主编:《犯罪被害人学》,甘肃人民出版社 1998 年版,第 267 页。

⑥ 樊学勇:《关于对刑事被害人建立国家补偿制度的构想》,载《中国人民大学学报》1997 年第 6 期。

有利于化解纠纷和冲突,防止被害人向加害人的转化。

(8)持平衡保护说的学者认为,"国家之所以会对被害人采取积极的措施补偿,基本理念在于国家有义务将因犯罪而打破的均衡重新归于平衡,唯有如此,社会才能恢复正常的平衡状态"①。被害人与被告人利益失衡的状态,极易引发新的矛盾和纠纷,增加不和谐因素。国家为了维持被害人与被告人之间利益的平衡,需要对被害人予以补偿。

(9)持犯罪预防说的学者认为,"当犯罪被害人的权利受到侵害而又得不到正当的补偿时,特别是受害程度严重如死亡或重伤等所带来的对犯罪被害人(包括其家属和遗属)一生的生活上的影响和精神上的打击,而得不到来自国家和社会的关怀、帮助,即公正待遇的话,由于犯罪被害人的正义理念的破灭,很容易产生对罪犯及其家属以及社会的报复情绪,从而走上犯罪的道路"。如果国家能及时提供补偿,可以有效预防被害人及其家属实施极端的报复,避免和减少新的犯罪的发生。②

上述这些学说之间不存在大的冲突和矛盾,只是从不同的角度为国家补偿制度的正当性提供了理论支撑。本书认为,国家责任说是国家补偿制度最重要的理论基础:首先,犯罪的发生与国家有一定的关联。任何犯罪的发生都有一定的社会原因,犯罪从某种程度上来讲就是国家在管理过程中问题的暴露;其次,在存在犯罪发生的可能性时,国家未能提供有效的预防犯罪发生的措施,导致犯罪发生,被害人受到伤害;最后,在追诉犯罪过程中,国家替代被害人垄断公家追诉权,在犯罪发生后,被害人的损失无法弥补时,国家理应承担补偿责任。

2. 有关国家补偿制度的实践

国家补偿作为一项法律制度正式建立并运行始于 20 世纪 60 年代。1964 年,英国政府建立了国家补偿项目,1998 年英国制定的《刑事审判法》将国家补偿作为被害人的一项法定的诉讼权利。随后,澳洲和加拿大的几个省也确立了类似的项目。新西兰于 1992 年废除了之前的被害人补偿项目,将被害人补偿纳入意外保险体制内,任何人在遭受犯罪侵害后,均可以获得补偿。美国于 1966 年在加利福尼亚州实施了被害人补偿项目,至1982 年,美国有 36 个州开展了被害人补偿项目。1984 年,《犯罪被害人法》

---

① 田思源:《犯罪被害人的权利与救济》,法律出版社 2008 年版,第 85 页。
② 田思源:《犯罪被害人的权利与救济》,法律出版社 2008 年版,第 85 页。

正式规定,联邦政府应当为联邦犯罪案件被害人提供补偿,并为各州的补偿项目提供资金。[①] 法国 1977 年《刑事诉讼法典》规定了被害人的国家补偿制度,对被害人申请补偿的机构、获得国家赔偿的范围、程序、资金来源、补偿数额限制等进行了逐步完善。[②] 德国于 1976 年制定了《暴力犯罪被害人补偿法》,规定因故意暴力攻击受到伤害的人,有权利向政府申请一定数额的补偿。[③] 日本于 1980 年制定了《犯罪被害人等给付金支付法》,对被害人补偿制度予以规定,并于 2001 年进行了修正。韩国于 1987 年制定了《犯罪被害人救助法》。菲律宾于 1992 年制定了《不当拘禁以及暴力犯罪被害人补偿请求委员会设置法》。香港于 1973 年建立了犯罪被害人补偿制度,1996 年发布《被害人宪章》,明确提出被害人享有获得国家补偿的权利。我国台湾地区于 1998 年制定了"犯罪被害人保护法"和实施细则,确立了犯罪被害人补偿制度。[④]

同时,1998 年联合国《为罪行与滥用权力行为的受害者取得公理的基本原则宣言》也对国家补偿制度作出规定。"当无法从罪犯或其他来源得到充分的补偿时,会员国应设法向下列人等提供金钱上的补偿",[⑤]并鼓励向被害人提供补偿。[⑥]

(三)来自社会或第三方的弥补

被害人遭到损失后,除了加害人给付和国家提供补偿外,还有可能从社会或者第三方处得到一定程度的弥补,主要有保险、第三人返还、赔偿、社会救助等方式。很多国家和地区都设立了各类保险制度,在案发前被害人或者加害人购买了保险,在出现法定事由时就可以请求保险公司支付,交通肇事类案件、汽车被盗案件中,这种情形比较普遍。另外,在一些案件中,赃物被加害人通过合法途径在市场上交易给第三人,一般情况下,只要赃物存在,一般不适用民法上的善意取得制度,国家司法机关可以通过追赃程序要

---

① 房保国:《被害人的刑事程序保护》,法律出版社 2007 年版,第 356 页。

② 《法国刑事诉讼法典》第 706—3 条至第 706—33 条。

③ 田思源:《犯罪被害人的权利与救济》,法律出版社 2008 年版,第 89~90 页。

④ 莫洪宪主编:《刑事被害救济理论与实务》,武汉大学出版社 2004 年版,第 188 页。

⑤ 联合国《为罪行与滥用权力行为的受害者取得公理的基本原则宣言》第 12 条。

⑥ 联合国《为罪行与滥用权力行为的受害者取得公理的基本原则宣言》第 13 条规定,鼓励各国"设立、加强和扩大向受害者提供补偿的国家基金的做法。在适当情况下,还应为此目的设立其他基金,包括受害者本国无法为受害者所遭伤害提供补偿的情况"。

求第三人返还。或者是在多人行使的加害行为中,有的人构成犯罪,有的人不构成犯罪,不构成犯罪的人虽然不承担刑事责任,但要依法承担民事上的赔偿责任。这时,就需要犯罪人以外的第三人返还或者赔偿。同时,在通过多种其他途径,仍不能弥补被害人的损失或者被害人因加害行为而陷入生活困境,国家和社会还可以向被害人提供一定的社会救助。比如,《国际刑事法院罗马规约》第79条规定,设立信托基金,用于援助被害人及其家属。

二、我国被害人在现有损害救济程序中的尴尬处境

(一)现有的救济程序

我国立法和司法实践中,有关被害人损害的弥补机制较多,主要有以下救济机制:一是确立了附带民事诉讼制度。① 同时,为了提高刑事附带民事诉讼的执行率,刑事司法还确定了诉讼保全制度,法院可以依职权或者当事人申请启动诉讼保全程序。② 二是确立了独立的民事诉讼制度。③ 三是确立了向被告人追缴或责令退赔的制度。④ 四是确立了社会保险制度。我国国务院于2006年制定了《机动车交通事故责任强制保险条例》,要求中华人民共和国境内道路上行驶的机动车的所有人或者管理人都应当投保交强险,⑤保障交通事故中的被害人获得及时有效的赔偿。五是确立了被害人救助制度。我国在2009年,由中央政法委员会、最高人民法院、最高人民检察院、公安部等8个部门联合发布了《关于开展刑事被害人救助工作的若干意见》,确立了刑事被害人的救助制度,对于刑事案件尤其是造成被害人伤

---

① 《中华人民共和国刑事诉讼法》第101条第1款规定:"被害人由于被告人的犯罪行为而遭受物质损失的,在刑事诉讼过程中,有权提起附带民事诉讼。"

② 《中华人民共和国刑事诉讼法》第102条:"人民法院在必要的时候,可以采取保全措施,查封、扣押或者冻结被告人的财产。附带民事诉讼原告人或者人民检察院可以申请人民法院采取保全措施。"

③ 《最高人民法院关于适用〈中华人民共和国刑事诉讼法〉的解释》第164条:"被害人或者其法定代理人、近亲属在刑事诉讼过程中未提起附带民事诉讼,另行提起民事诉讼的,人民法院可以进行调解,或者根据物质损失情况作出判决。"

④ 《最高人民法院关于适用〈中华人民共和国刑事诉讼法〉的解释》第139条规定:"被告人非法占有、处置被害人财产的,应当依法予以追缴或者责令退赔。被害人提起附带民事诉讼的,人民法院不予受理。追缴、退赔的情况,可以作为量刑情节考虑。"

⑤ 《机动车交通事故责任强制保险条例》第3条规定,机动车交通事故责任强制保险是指"由保险公司对被保险机动车发生道路交通事故造成本车人员、被保险人以外的受害人的人身伤亡、财产损失,在责任限额内予以赔偿的强制性责任保险"。

亡的案件,被告人及其他赔偿义务人没有赔偿能力或赔偿能力不足,或者难以查获犯罪嫌疑人或者证据不足无法认定责任者,致使刑事被害人或其近亲属依法要求赔偿经济损失的权利不能实现,生活陷入困境的案件,由国家给予适当的经济资助。参见党的十八届四中全会提出,要建立健全救济救助机制、畅通权益保障法律渠道,①这为我国进一步完善被害人的救济制度指明了方向。

（二）被害人在实践中保障之不足

总体而言,我国关于被害人损害救济的立法不够完善,实践中的操作效果不好,对被害人的损害救济严重不够,主要表现在以下几个方面：

1. 刑事附带民事赔偿制度无法有效救济被害人的损失。其主要表现在：(1)适用范围过窄。我国《刑事诉讼法》第 101 条规定,被害人可以提起附带民事诉讼的情形为"由于被告人的犯罪行为而遭受物质损失",但最高人民法院通过司法解释将情形限制为"被害人因人身权利受到犯罪侵犯或者财物被犯罪分子毁坏而遭受物质损失的"②,这导致大量的遭到物质损失的被害人被刑事附带民事诉讼抛弃,只能期待犯罪嫌疑人或者被告人退赃或者退赔。(2)赔偿损失种类过少。我国《刑事诉讼法》规定,刑事附带民事诉讼中赔偿的范围仅限于"物资损失",对于精神损失既不能提起附带民事诉讼,也不能单独提起民事诉讼,这必然导致无法有效弥补给被害人造成的精神伤害,在全国第五次刑事审判会议以后,很多法院判决也不支持死亡补偿费。③ (3)判决执行率低。我国刑事赔偿率极低,每年数百万计的刑事被害人无法获得有效赔偿。④ 据统计,从全国范围内看,2001 年以来,我国每年的刑事立案数均在 400 万件以上,而刑事被害人及其亲属获得民事赔偿的比例不足 10%,每年约有 300 万被害人及其亲属得不到任何赔偿,其中

---

① 参见党的十八届四中全会审议通过的《中共中央关于全面推进依法治国若干重大问题的决定》。

② 《最高人民法院关于适用〈中华人民共和国刑事诉讼法〉的解释》第 138 条。

③ 最高人民法院副院长姜兴长于 2006 年 11 月 8 日在第五次全国刑事审判工作会议上的总结讲话——《关于当前刑事审判需要着重抓好的几项工作》,指出："死亡补偿费不能作为人民法院判决确定赔偿数额的根据,被告人出于真诚悔罪的表现愿意赔偿的,人民法院可以调解的方式达成赔偿协议。"

④ 张荣、王长鋆：《司法救济特困刑事被害人、申请执行人：景德镇设立 40 万元救助基金》,载《人民法院报》2008 年 1 月 16 日第 2 版；田雨：《最高法：积极开展刑事被害人国家救助》,载《新华每日电讯》2007 年 9 月 15 日第 3 版。

有 2 万被害人家庭因为得不到被告人的赔偿而身陷绝境,被比喻为"黑暗中独自哭泣的人"。[①] 这种法律白条现象,一方面严重损害了司法权威,另一方面也导致被害人陷入更大的困境,遭遇更多的不公,为参与诉讼投入了大量的精力和时间,加大了其损失。(4)被告人的赔偿能力被过多考虑。在法院判决被告人承担赔偿责任时,为防止被害人因为判决无法执行而到处上访,引发社会不稳定因素,最高人民法院要求各地法院在作出附带民事判决时要考虑被告人的赔偿能力,而不是基于犯罪行为给被害人造成的损失,法院这种过于"务实"的做法导致被害人遭受的损失无法得到有效救济。[②]

2. 司法机关追赃难度大。通过对前述 240 件案件的统计和观察可见,案发后,行为人返还赃物的比例很低,且刑事诉讼法修订后这些状况未得到改善。从统计的情况可以看出,第一时间段行为人返还赃物的比例为 11.7%,第二时间段该比例为 10.8%,略有下降。随着经济的发展,社会结构也在逐渐发生变化,人与人之间更趋于生疏,各种不依赖于熟人关系的交易更为便捷,比如,网络交易、二手市场的交易越来越普遍,因此,将赃物变现会变得更易操作,这在一定程度上会加大司法机关的追赃力度。被害人通过追赃获得物质损害赔偿的可能性也会越来越小。

3. 被害人救助覆盖面过小。2009 年 3 月,最高人民法院公布的《人民法院第三个五年改革纲要》明确要提出建立刑事被害人救助制度。随后,中央政法委、最高人民法院、最高人民检察院等 8 部门联合发布《关于开展刑事被害人救助工作的若干意见》。对救助资金、救助的申请和审批流程等作出规定。随后,各地展开了刑事被害人救助制度的实践与探索。但国家提供的救助金对受到重创的被害人来说,仍是杯水车薪,无论是救助的范围,还是被害人得到的救助金的数额,都很难对被害人起到很大的帮助作用。在被害人的救助方面,主要存在以下几个问题:(1)救助门槛高。可以进行被害人救助程序的范围没有明确规定,但《关于开展刑事被害人救助工作的若干意见》将救助的重点确定为"死亡和严重残疾,无法通过诉讼获得赔偿"

---

① 王俊秀、高杨清:《刑事被害人救助制度开始试点》,载《中国青年报》2011 年 2 月 9 日第 3 版。

② 最高人民法院副院长姜兴长于 2006 年 11 月 8 日在第五次全国刑事审判工作会议上的总结讲话——《关于当前刑事审判需要着重抓好的几项工作》,指出:"确定附带民事诉讼的赔偿数额,应当以犯罪行为直接造成的物质损失为基本依据,并适当考虑被告人的实际赔偿能力。"

的情形①,但从主要现代法治国家的救助情况看,对被害人的救助范围一般限于"死亡和人身伤害或损失"。② 同时,因为救济范围不确定,使得救济机关可以随意调整救济范围,这变相提高了救济门槛。(2)救助比例低。据有关数据统计,2009 年全国法院向刑事被害人发放的救助金为 4355 万元,得到救助的被害人有 1800 余人,③2009—2011 年,全国司法机关共向 25996 名被害人发放救助金,根据公布的数据推算,该期间至少有 15 万被害人无法获得有效赔偿。④ 从公布的这些数据看,被害人得到救助的比例低。(3)救助力度小。2009—2011 年,全国司法机关共向 25996 名被害人发放救助金 3.5 亿元人民币,⑤2013 年,全国检察机关对 13681 名生活确有困难的刑事被害人及其近亲属提供救助,共发放救助金 8228 万余元。⑥ 相比之下,美国 1998 年至 2002 年各州获得救济被害人人均获 2450 美元的补助,日本 1981 年至 1994 年间获得救济被害人人均获得 5427388 日元的补助金,法国 1997 年获得救助的被害人人均获得 9147 欧元补偿,奥地利 2000 年人均获得 2906 欧元的补偿,荷兰 2000 年人均获得 2077 欧元。我国台湾地区因犯罪伤害而死亡者的遗属最高可以获得 170 万新台币的补偿金,香港特区因犯罪伤害而死亡者的遗属最少可以获得 62901 元港币的补助金。⑦

4. 国家补偿制度和动态赔偿机制缺位。相较各主要法治国家的救济制度,我国没有确立国家补偿制度。在加害人赔偿方面,执行机制较为单一,没有动态的赔偿机制。在加害人不主动赔、当时没有能力赔的情况下,

---

① 《关于开展刑事被害人救助工作的若干意见》将救助的重点设定为"因严重暴力犯罪造成严重伤残,无法通过诉讼获得赔偿;生活困难的刑事被害人或者刑事被害人因遭受严重暴力犯罪侵害已经死亡,与其共同生活或者依靠其收入作为重要生活来源,无法通过诉讼及时获得赔偿,生活困难的近亲属;因过失犯罪或不负刑事责任的人(如精神病人、不满刑事责任年龄的人)实施的刑事不法行为,导致严重伤残或死亡的刑事被害人,生活困难又无法通过诉讼获得赔偿的,可以参照本意见予以救助。"

② 陈彬等主编:《刑事被害人救济制度研究》,法律出版社 2009 年版,第 265~395 页。

③ 沈亮等:《刑事被害人救助制度改革略谈》,载《中国审判》2010 年第 4 期。

④ 秦宗川:《我国大陆刑事被害人保护制度论纲》,载《时代法学》2014 年第 2 期。

⑤ 中华人民共和国国务院新闻办公室:《中国司法改革白皮书》2012 年 10 月。

⑥ 2014 年《最高人民检察院工作报告》;刘文晖等:《救助被害人,检察机关一直在努力》,载《检察日报》2014 年 3 月 12 日。

⑦ 陈彬等主编:《刑事被害人救济制度研究》,法律出版社 2009 年版,第 151~162 页。

被害人就根本得不到赔偿。比如,在周克华、李昌奎案中的被害人及其近亲属都陷入极度困境,司法制度却无能为力,这对大众的基本公正理念构成了极大的挑战。

三、"四方诉讼构造"下被害人损害的弥补

上述制度的存在,一定程度上弥补了犯罪行为给被害人造成的损失,但是在我国,并没有形成完善的弥补被害人损害的制度体系,各种制度、各种做法之间相互独立,没有联系,更没有互补,因为缺少贯穿损害赔偿机制始终的被害人因素,所以,我国现有的被害人损害救济制度呈现静态的、独立的、片面的局面,需要从四方诉讼构造的层面对其加以改造,进行新的制度设计。

(一)损害救济制度原则

1. 被害人参与原则。被害人损害救济程序中,应突出被害人参与的色彩,强化被害人参与因素。损失救济程序中,被害人不只是程序的启动者,在程序的推进过程中,被害人也要发挥作用,并实施影响。

2. 适时救济原则。被害人的救济应该及时提供,迟到的救济虽然能弥补一定的损失,但效果会打折扣,所以,救济应该在被害人最需要的时候予以提供。

3. 全面救济原则。在被害人没有过错的情况下,被害人因为犯罪行为受到的伤害应该得到全部的赔偿或者补偿,从物质到精神损失,都应无缝隙覆盖。从诉讼内到诉讼外,从诉讼开始到诉讼结束,对被害人的损害救济应嵌入每个诉讼环节,除了物质救济,还应提供心理辅导、就业服务、人身和社会保障等。

(二)被害人在损害救济程序中的参与设计

1. 损害救济的情形。对于被害人因为犯罪行为遭受的所有财产和非财产损失都应予以救济。

2. 救济的种类及限度。按照提供救济的主体划分,我们将弥补被害人损失设定为以下几种:加害人的赔偿、国家补偿、商业保险、赃款赃物的返还、社会救助。

(1)加害人的赔偿。第一,赔偿方式多样化。加害人赔偿的方式除了物质外,还可以是其他的行为,比如,由加害人为被害人提供一定的服务。第二,赔偿周期灵活化。比如,判决时被告人并无可供执行的财产,但并不排

除其以后有可供执行的财产,所以,法院在判决时不应该考虑被告人的可供执行财产的情况,应该且只应该考虑加害行为给被害人带来的损失情况。如果在判决时被告人并无足够的可供执行的财产,执行机关可以中止执行,待被告人有可供执行的财产时再重启执行程序①。这样一方面可以更有效地弥补被害人的损失,另一方面也可以加大加害人的犯罪成本,有效预防犯罪的发生。第三,资金来源多样化。对于加害人有资金可供赔偿的,应及时赔偿;对于加害人没有足够财产赔偿的,应将罪犯服刑期间的收入用作赔偿金弥补被害人的损失。我国《监狱法》规定,罪犯在服刑期间参加劳动的,监狱应给予报酬。② 因而,罪犯服刑期间的部分收入可以用来赔偿被害人。第四,赔偿对量刑和刑罚执行产生影响。加害人在审判以前,赔偿被害人损失的,被害人可以通过参与量刑程序发表被害人影响陈述,或者在刑罚执行阶段加害人赔偿被害人损失,被害人可以通过刑罚执行阶段的参与,对罪犯的减刑、假释、暂予监外执行等产生影响,以此鼓励和推动加害人主动积极赔偿。

(2)国家补偿。我国理论界主流观点是赞成设置国家补偿机制,但对国家补偿的案件范围等有不同的意见,例如,对于适用国家补偿的条件,有学者认为应该予以限制,比如,"限于在被害人所受到的损害足以使其本人及其家人陷入难以维持基本生活的困难境地时"③。本书认为国家补偿不宜作出限制,但可以设置前置条件和最高限额。主张限制国家补偿范围的是基于我国国力尚有限的考虑,④但国家补偿制度建立的基础是国家的责任,国家应对每个民众负责,而不是对部分困难的民众负责。而且,设置了无门槛的国家补偿机制,国家自然会通过各种措施推动加害人

---

① 可能有人认为该项工作难度大,但随着我国银行征信系统的完善,所有人的收支情况都可以通过银行实行监控,核查加害人是否有可供执行的财产就不是一件困难的事。

② 《中华人民共和国监狱法》第 72 条规定:"监狱对参加劳动的罪犯,应当按照有关规定给予报酬并执行国家有关劳动保护的规定。"

③ 傅宽芝:《完善被害人诉讼权利和损害赔偿规范的思考》,载《法学杂志》2004 年第 5 期。

④ 傅宽芝:《完善被害人诉讼权利和损害赔偿规范的思考》,载《法学杂志》2004 年第 5 期。

的赔偿和商业保险的赔偿力度。① 国家补偿的前置条件是：经过了加害人赔偿、商业保险程序后，被害人的损失仍无法完全弥补的，被害人则可以申请国家补偿。同时，为了保证让更多的人得到补偿，其应该设置一定的限额。具体标准可根据当地经济发展水平，对造成不同伤害的案件设置不同的上限。

（3）商业保险。我国可通过国家强制力推动特殊行业、特殊身份的人购买商业保险，集中国家、社会、企业、个人的力量，发挥社会保险的优势，给予被害人特殊的保障。比如，我国目前设置的交强险对于交通肇事案件中被害人损失的赔偿发挥了很大的积极作用，以后可以推动设立更多的类似商业保险制度。

（4）赃款赃物返还。对于第三人通过合法手段取得的赃物或者赃款，要排除适用民法领域的善意取得制度，由第三人返还赃款赃物。第三人再通过民事途径向其他利害关系人追偿。

（5）社会救助。第一，社会救助的方式多样化。社会救助除了物质救助外，还可以提供心理辅导、就业指导服务等。第二，社会救助的资金来源。社会救助资金可以来源于政府的投入、企业或者个人的捐款。被害人不能通过前述所有程序获得赔偿和补偿，生活又有困难的，可以向社会救助机构请求救助。

第三节　被害人在认罪认罚从宽制度下的有效参与

2018 年修订的《刑事诉讼法》，在充分肯定改革成果的基础上，将认罪认罚从宽制度写进《刑事诉讼法》第一编第一章，意义重大，影响深远。如何认识和理解我国的认罪认罚从宽制度，被害人在该制度下处于何地位，对诉讼程序的推动有何作用，理论界尚存在一定的争议，需要进一步厘清。

---

① 目前，很多赃款赃物无法返还，刑事附带民事诉讼判决无法执行，很大程度上，是因为国家对被害人的权利重视不够，公安司法机关在该问题上过于消极导致的。比如，在执行加害人的财产时，如前文所述，法院过多地考虑了判决时被告人的财产状况，但如果设立了无障碍的国家补偿，国家为了减轻自己的负担，可能会让其他的赔偿渠道更加畅通，用这种倒逼机制促使国家更加重视被害人的权益。

一、认罪认罚从宽的理解：理念、制度和方法

（一）认罪认罚从宽是追究行为人刑事责任过程中应保持的一种理念

认罪认罚从宽体现了宽严相济的刑事司法理念、恢复性司法理念、协商性司法理念、程序分流理念等多种刑事司法理念，强调被追诉人的社会复归和被害人的权益保障，倡导刑事诉讼的效率价值和协商意识，是追究行为人刑法责任过程中的一种富有时代意义的先进司法理念。

（二）认罪认罚从宽是规定在《刑事诉讼法》中的一项法律制度

新《刑事诉讼法》第一编第一章的任务和基本原则就对该制度予以规定："犯罪嫌疑人、被告人自愿如实供述自己的罪行，承认指控的犯罪事实，愿意接受处罚的，可以依法从宽处理。"并在《刑事诉讼法》第二编、第三编、第四编有关章节对侦查程序、审查起诉程序、提起公诉程序、审判程序、执行程序中应遵守的相关规定作出具体规定。这些章节的内容是认罪认罚从宽理念在《刑事诉讼法》条文中的具体落实，承载了多种先进的司法理念。同时，认罪认罚从宽作为一种法律制度，具有法律约束力，特别是该制度规定在任务和基本原则一章，意味着认罪认罚从宽是一项具有原则性指导意义的规则，所有刑事诉讼活动必须受该制度的指导，参与刑事诉讼的国家机关、当事人和其他诉讼参与人应该遵守相关法律规定。

（三）认罪认罚从宽也是刑事诉讼活动中追究行为人刑事责任的一种法律适用方法

文本的价值不在于文字而在于意图，囿于语言表达的局限，任何文本都无法达尽其意或准确描绘立法意图。新《刑事诉讼法》条文中关于认罪认罚从宽的内容比较抽象，很多与其他程序相互衔接的规定及操作有待进一步明晰。但综观新《刑事诉讼法》关于认罪认罚从宽处理的规定，围绕的一个重要目标就是程序分流，通过科学的分流机制将部分案件排除到正式的审判程序以外，将有效的司法资源投入更多的重大疑难复杂案件，以提升司法效能，并为实现庭审实质化创造条件，最终推进以审判为中心的诉讼制度改革。

二、被害人在认罪认罚从宽程序中的地位及参与限度

（一）被害人在认罪认罚从宽程序中的地位

关于被害人在认罪认罚从宽程序中的诉讼地位,理论上的看法不尽相同。其主要有三种不同意见:(1)独立地位说。其认为犯罪行为给被害人造成人身伤害或财产损失,启动认罪认罚程序的,应征得被害人同意。[1] 据此,被害人同意是启动认罪认罚从宽程序的重要先决条件。(2)相对独立说。在认罪认罚从宽程序中,被害人的利益仍由代表国家行使追诉权的检察机关代为主张,但应允许被害人参与认罪协商,只是考虑到被害人在刑事诉讼程序中的相对地位,参与程度有限,主要包括知情权、发表意见权、建议权等。[2] (3)依附性说。在认罪认罚从宽程序中,尽管应当赋予被害人发表意见的权利,但公安司法机关作出从宽处理的决定不受被害人意见的约束。[3]

2018 年《刑事诉讼法》规定,在审查起诉阶段,对于犯罪嫌疑人认罪认罚的,人民检察院应当听取被害人及其诉讼代理人的意见,但并没有确定被害人意见的决定性意义。笔者个人赞成独立地位说,认为应当赋予被害人独立的地位,犯罪嫌疑人没有赔偿被害人物质损失的,一般不适用认罪认罚从宽处理。主要理由如下:

1.全面保障人权的需要。在追诉过程中,让利益各方参与追诉程序,充分表达意见并保证意见不被采纳时有救济的途径,这是人权保障的基本要求。因而,被害人不应该被该程序抛弃。在保证国家追诉利益和被追诉人合法权益的同时,基于平衡加害人与被害人双方利益诉求的需要,实现全面保障人权,应赋予被害人独立地位。

2.查明案件事实的需要。被害人作为犯罪行为的亲历者,对加害人的特征和加害过程有更准确、全面的了解,对加害人是否真正悔罪有最真切的感受,因而被害人参与认罪认罚程序,有利于帮助公安司法机关快速查清犯罪事实,做出准确的判断。

---

[1]　谢作幸、陈善超、郑永建:《认罪认罚从宽制度的现实考量》,载《人民司法》(应用)2016 年第 4 期。

[2]　叶青、吴思远:《认罪认罚从宽制度的逻辑展开》,载《国家检察官学院学报》2017 年第 1 期。

[3]　陈光中、马康:《认罪认罚从宽制度若干重要问题探讨》,载《法学》2016 年第 8 期。

3.提升诉讼效率的需要。认罪认罚制度的初衷在于通过认罪认罚分流部分案件以提升诉讼效率。在该制度的推进过程中,如果不关注被害人的利益,一味强调诉讼程序的快速推进,可能激化矛盾,引起被害人缠诉、上访甚至制造新的矛盾,需要投入更多的司法资源处理新的矛盾,浪费更多的司法资源。

4.监督国家权力的需要。认罪认罚从宽处理程序中,检察机关被赋予了很多新的权力,审前程序分流过程中,检察权得到了极大的扩张,如果不对检察权进行监督,极易导致新的腐败。我国法律监督体系中,虽然有人大监督、政协监督、上级检察机关的监督、公检法三机关的制约等,但这些监督和制约在个案中的监督效果极其有限。但如果在认罪认罚从宽处理程序中要求检察机关必须考虑被害人因素,则对检察权的合法行使提供了有效的保障,被害人通过参与具体的认罪认罚从宽处理程序,可以及时发现检察机关办案人员的违法犯罪行为,监督检察权的正确行使。

(二)被害人在认罪认罚从宽程序中的参与限度

认罪认罚从宽制度的一大目标是提高诉讼效率,节省司法资源。为了保证该程序的顺利推进,我们应对被害人的参与设置必要的限度。如果符合适用该程序的其他条件,在保证被害人参与认罪认罚从宽处理程序的原则下,应坚持以下例外:

1.被害人恶意阻断例外。在追究被追诉人刑事责任过程中,被害人或其家属不顾法律规定、案件事实和情节,仅仅以自己不同意对被追诉人适用认罪认罚从宽程序为由恶意阻却程序推进的,不影响对被追诉人适用该程序。

2.被害人漫天要价例外。涉及民事赔偿的案件,被害人或其家属提出远超出法律规定的赔偿范围,漫天要价,可能引发道德危机的,不影响对被追诉人适用该程序。

3.被害人提出非法要求例外。在追究被追诉人刑事责任过程中,被害人或其家属提出非法要求,比如,要求被追诉人自行剁掉一个手指或其他自残、有伤风化等侵害被追诉人的合法权利和公共利益的非法要求,被追诉人无法满足的,也不影响对被追诉人适用该程序。

三、被害人参与认罪认罚从宽处理程序的环节及主要权利

认罪认罚从宽处理程序贯穿在《刑事诉讼法》的所有诉讼程序中,但在

每个诉讼程序中被害人参与的程度应有所区别,以实现各种诉讼价值的平衡。

（一）侦查阶段排除参与

认罪认罚的案件中,被害人除了向侦查机关提供与犯罪有关的事实和证据之外,不宜参与认罪认罚从宽处理程序。因为侦查阶段的主要任务是查清犯罪事实,如果被害人过早地参与协商程序,可能不利于彻底查清案件事实,影响审查起诉阶段和审判阶段的判断。同时,基于侦查工作的秘密性,被害人的参与存在泄露秘密的风险,因而侦查阶段宜排除被害人的参与。

（二）审查起诉阶段充分参与

认罪认罚从宽处理的主要工作都集中于审查起诉环节,而且在审查起诉阶段,检察机关提出的量刑建议对被告人的量刑具有很强的制约,特殊法定情形以外,法庭一般应当采纳,某种程度上看,审查起诉是认罪认罚程序的中枢,因而,审查起诉阶段被害人应充分参与。在审查起诉环节,检察机关应充分听取被害人对犯罪事实、定罪、量刑及适用程序的意见。被害人对量刑和是否适用认罪认罚从宽处理程序享有充分的异议权,除了被害人恶意阻断、漫天要价、提出非法要求的情况外,被害人对检察机关的量刑建议和适用程序提出异议的,检察机关应重新听取被害人意见一次;被害人仍有异议的,检察机关不得适用认罪认罚从宽处理程序。

（三）审判阶段有限参与

鉴于在审查起诉阶段被害人已充分参与,其合法权益已得到最大程度的实现,出于诉讼效率的考虑,对于多数认罪认罚案件,被害人已无须充分参与,但在以下情形仍应保障被害人的充分参与:(1)被害人撤回审查起诉阶段的同意的;(2)有证据证明被害人在审查起诉阶段系非自愿同意的;(3)被害人不同意但检察机关坚持适用认罪认罚程序的;(4)其他需要被害人参与的。

结　语

尽管我国关于刑事诉讼中被害人诉讼权利完善的理论研究成果汗牛充栋,但笔者以为,这些成果大多都是头痛医头、脚痛医脚式的应对方案,并没有从理论高度分析被害人在刑事诉讼中未能得到有效保护的深刻原因,也未提炼出较为科学的理论分析工具。本书在对传统的刑事诉讼模式和刑事诉讼构造进行全面梳理和比较的基础上,提出我国刑事诉讼模式的另一全新模式——"被害人参与模式",并借助"复合控诉主体"概念,搭建"动态的四方诉讼构造",以期实现被害人在刑事诉讼的全程参与。文章很多观点还不甚成熟,论述亦不太有力,但切入的方式较为新颖,为被害人权利状态的改善提供了全新的理论视角,这是本书最大的理论贡献。

同时,本书从哲学、社会学、心理学等多学科视角,分析了被害人参与刑事诉讼的理论基础,为被害人重返刑事诉讼的中心现场扫除了理论障碍。

最后,在制度架构方面,本书对被害人在各刑事诉讼程序中的参与路径及限度提出了思路,打通了公诉与自诉程序之间有序流转的渠道,有利于从制度层面落实。

参考书目

一、中文资料

(一)书籍类

1.北京大学法学院人权研究中心编:《国际人权文件选编》,北京大学出版社 2002 年版。

2.卞建林:《刑事起诉制度的理论与实践》,中国检察出版社 1993 年版。

3.卞建林、刘玫:《外国刑事诉讼法》,人民法院出版社、中国社会科学出版社 2002 年版。

4.陈光中、沈国峰:《中国古代司法制度》,群众出版社 1984 年版。

5.陈光中、严端主编:《中华人民共和国刑事诉讼修改建议稿和论证》,中国方正出版社 1995 年版。

6.陈光中、[德]汉斯-约格·阿尔布莱希特主编:《中德不起诉制度比较研究》,中国检察出版社 2002 年版。

7.陈光中、徐静村主编:《刑事诉讼法学》,中国政法大学出版社 2010 年版。

8.陈光中主编:《外国刑事诉讼程序比较研究》,法律出版社 1988 年版。

9.陈光中主编:《刑事诉讼法实施问题研究》,中国法制出版社 2000 年版。

10.陈光中主编:《刑事诉讼法学》,北京大学出版社、高等教育出版社 2012 年第 4 版。

11.陈光中主编:《中华法学大词典·诉讼法学卷》,中国检察出版社 1995 年版。

12.陈光中主编:《中华人民共和国刑事诉讼法再修改专家建议稿》,中国法制出版社 2006 年版。

13.陈光中、[加]丹尼尔·普瑞方廷主编:《联合国刑事司法准则与中国刑事法制》,法律出版社 1998 年版。

14.陈彬等主编:《刑事被害人救济制度研究》,法律出版社 2009 年版。

15.陈卫东主编:《刑事诉讼法》,中国人民大学出版社 2008 年版。

16.陈瑞华:《刑事诉讼的前沿问题》,中国人民大学出版社 2011 年第 3 版。

17.陈盛清主编:《外国法制史》,北京大学出版社 1987 年版。

18.程滔等:《刑事被害人诉权研究》,中国政法大学出版社 2015 年版。

19.樊崇义、汪海燕:《刑事诉讼模式的演进》,中国人民公安大学出版社 2004 年版。

20.樊崇义主编:《刑事诉讼法学》,中国政法大学出版社 2002 版。

21.房保国:《被害人的刑事程序保护》,法律出版社 2007 年版。

22.葛洪义:《法与实践理性》,中国政法大学出版社 2002 年版。

23.郭春镇:《法律父爱主义及其对基本权利的限制》,法律出版社 2010 年版。

24.郭建安主编:《犯罪被害人学》,北京大学出版社 1997 年版。

25.郭湛:《人的存在及其意义》,云南人民出版社 2002 年版。

26.韩流:《被害人当事人地位的根据与限度——公诉程序中被害人诉权问题研究》,北京大学出版社 2010 版。

27.华红琴编:《社会心理学原理和应用》,上海大学出版社 2012 年第 2 版。

28.黄道秀译:《俄罗斯联邦刑事诉讼法典》,中国人民公安大学出版社 2006 年版。

29.贾春增主编:《外国社会学史》(修订本),中国人民大学出版社 2000 年版。

30.姜明安:《行政法与行政诉讼法》,高等教育出版社 2011 年版。

31.李心鉴:《刑事诉讼构造论》,中国政法大学出版社 1992 年版。

32.林榕年主编:《外国法律制度史》,中国人民公安大学出版社 1992 年版。

33.林钰雄:《干预处分与刑事证据》,北京大学出版社 2010 年版。

34.林钰雄:《刑事诉讼法》(上册),中国人民大学出版社 2005 年版。

35.林钰雄:《刑事诉讼法》(下册),中国人民大学出版社 2005 年版。

36.刘根菊等:《刑事诉讼程序改革之多维视角》,中国人民公安大学出版社 2006 年版。

37.刘玫主编:《刑事诉讼法》,中国政法大学出版社 2008 年版。

38.刘金友主编:《刑事诉讼法》,中国政法大学出版社 2007 年版。

39.刘强主编:《各国社区矫正法规选编及评价》,中国人民公安大学出版社 2004 年版。

40.吕叔湘、丁声树主编:《现代汉语词典》,商务印书馆 2005 年第 5 版。

41.兰跃军:《刑事被害人人权保障机制研究》,法律出版社 2013 年版。

42.莫洪宪主编:《刑事被害救济理论与实务》,武汉大学出版社 2004 年版。

43.穆丽霞:《刑事诉讼价值研究》,内蒙古科学技术出版社 2008 年版。

44.彭东、张寒玉主编:《检察机关不起诉工作实务》,中国检察出版社 2005 年版。

45.钱宏、李志强:《参与——现代人的追求》,江苏人民出版社 1989 年版。

46.任克勤:《被害人学基本理论研究》,中国人民公安大学出版社 2018 年版。

47.司法部法律援助中心编:《各国法律援助法规选编》,中国方正出版社 1999 年版。

48.宋英辉、吴宏耀:《刑事审判前程序研究》,中国政法大学出版社 2002 年版。

49.宋英辉:《外国刑事诉讼法》,法律出版社 2006 年版。

50.宋英辉:《刑事诉讼目的论》,中国人民公安大学出版社 1995 年版。

51.宋世杰:《刑事诉讼理论研究》,湖南人民出版社 2001 年版。

52.苏力:《法律与文学——以中国传统戏剧为材料》,生活、读书、新知三联书店 2006 年版。

53.世界著名法典汉译丛书编委会编:《十二铜表法》,法律出版社 2000 年版。

54.汤啸天等主编:《犯罪被害人学》,甘肃人民出版社 1998 年版。

55.田思源:《犯罪被害人的权利与救济》,法律出版社 2008 年版。

56.吴四江:《被害人保护法研究——以犯罪被害人权利为视角》,中国检察出版社 2011 年版。

57.徐静村主编:《刑事诉讼法学》(上),法律出版社 1997 年版。

58.杨宇冠主编:《联合国人权公约机构与经典要义》,中国人民公安大学出版社 2005 年版。

59.阳作华、黄金南主编:《唯物辩证法范畴研究》,华中工学院出版社 1984 年版。

60.严军兴:《法律援助制度的理论与实务》,法律出版社 1999 年版。

61.杨开湘主编:《刑事诉讼法学》,湖南人民出版社 2003 年版。

62.谢佑平主编:《刑事诉讼法学》,复旦大学出版社 2002 年版。

63.宣刚:《刑事政策场域中的犯罪被害人研究》,中国社会科学出版社 2018 年版。

64.张耕:《法律援助制度比较研究》,法律出版社 1997 年版。

65.张智辉、徐名涓:《犯罪被害者学》,群众出版社 1989 年版。

66.赵可主编:《被害者学》,中国矿业大学出版社 1989 年版。

67.甄贞主编:《刑事诉讼法学研究综述》,法律出版社 2002 年版。

68.周欣:《欧美、日本刑事诉讼——特色制度与改革动态》,中国人民公安大学出版社 2002 年版。

69.左卫民:《在权利话语与权力技术之间——中国司法的新思路》,法律出版社 2002 年版。

70.郑新瑞:《刑事被害人之权利新论》,北京交通大学出版社 2017 年版。

(二)期刊、报纸类

1.刘文晖、崔洁、肖水金:《救助被害人,检察机关一直在努力》,载《检察日报》2014 年 3 月 12 日第 5 版。

2.阿希姆·赫尔曼:《被害人保护在德国刑法和刑事诉讼法中的发展——永无止境的发展史》,黄河译,载《安徽法学法律评论》2010 年第 2 辑。

3.贾国栋、秦策:《刑事被害人主体性与诉讼结构关系思辨》,载《南京师大学报(社会科学版)》2012 年第 6 期。

4.卞建林、封利强:《构建刑事和解的中国模式——以刑事谅解为基础》,载《政法论坛》2008 年第 6 期。

5.蔡国芹:《刑事被害人知情权的程序保障》,载《中国刑事法杂志》2007 年第 2 期。

6.曹晶晶、李惠媛:《广东试点国家救助刑事被害人》,载《中国改革报》2007 年 9 月 10 日第 1 版。

7.陈彬、李昌林:《论建立刑事被害人救助制度》,载《政法论坛》2008 年第 4 期。

8.陈光中、葛琳:《刑事和解初探》,载《中国法学》2006 年第 5 期。

9.陈光中、郑旭:《追求刑事诉讼价值的平衡——英俄近年刑事司法改革述评》,载《中国刑事法杂志》2003 年第 1 期。

10.陈瑞华:《定罪与量刑的程序分离——中国刑事审判制度改革的另一种思路》,载《法学》2008 年第 6 期。

11.陈瑞华:《刑事诉讼的私力合作模式——刑事和解在中国的兴起》,载《中国法学》

2006 年第 5 期。

12.陈卫东、胡之芳：《关于刑事诉讼当事人处分权的思考》，载《政治与法律》2004 年第 4 期。

13.陈卫东：《公诉人的诉讼地位探析——兼论检察机关审判监督职能的程序化》，载《法制与社会发展》2003 年 6 期。

14.陈学权：《被害人对不起诉决定制约比较研究》，载《人民检察》2004 年第 11 期。

15.陈学权：《韩国刑事诉讼法的修改及发展趋向》，载《人民检察》2007 年第 5 期。

16.大谷实、黎宏：《犯罪被害人及其补偿》，载《中国刑事法杂志》2000 年第 2 期。

17.窦秀英：《沟通协调破解立案监督难题》，载《检察日报》2009 年 9 月 9 日第 2 版。

18.樊崇义、叶肖华：《论我国不起诉制度的构建》，载《山东警察学院学报》2006 年第 1 期。

19.樊小军：《正确运用报复心理有积极作用》，载《北方科技报》2004 年 8 月 18 日第 B11 版。

20.樊学勇：《关于对刑事被害人建立国家补偿制度的构想》，载《中国人民大学学报》1997 年第 6 期。

21.冯卫国、张向东：《被害人参与量刑程序：现状、困境与展望》，载《法律科学》2013 年第 4 期。

22.傅宽芝：《完善被害人诉讼权利和损害赔偿规范的思考》，载《法学杂志》2004 年第 5 期。

23.高新华、徐新：《公诉案件中被害人地位评析》，载《南京师大学报（社会科学版）》1999 年第 1 期。

24.宫立新、王春艳：《确立刑事被害人国家补偿制度》，载《检察日报》2007 年 6 月 21 日第 3 版。

25.谷青：《英国被害人参与刑事司法程序概述》，载《中国司法》2006 年第 3 期。

26.顾永忠：《附条件不起诉制度的必要性与正当性刍议》，载《人民检察》2008 年第 9 期。

27.郭建安：《论刑事被害人国家补偿制度》，载《河南省政法管理干部学院学报》2007 年第 1 期。

28.郭天武：《相对不起诉制度若干问题探析》，载《政法论坛》2008 年第 5 期。

29.胡亚金：《刑事被害人出庭发言权之保障与立法完善——以基层公诉实务为视角》，载《人民检察》2008 年第 4 期。

30.姜福先、张明磊：《论刑事公诉案件被害人的上诉权》，载《中国刑事法杂志》2005 年第 2 期。

31.蒋鹏飞、刘少军：《美国刑事被害人权利载入联邦宪法若干问题研究》，载《安徽法学法律评论》2008 年第 1 辑。

32.康黎：《英美法系国家量刑程序中的"被害人影响陈述"制度介评》，载《环球法律评论》2010 年第 6 期。

33.兰耀军:《论检察权与被害人人权保障》,载《国家检察官学院学报》2004 年第 2 期。

34.兰耀军:《论刑事诉讼中的"强制起诉"》,载《法学论坛》2007 年第 5 期。

35.兰跃军:《被害人视野中的刑事案件撤销制度》,载《西南大学学报(社会科学版)》2010 年第 5 期。

36.兰跃军:《公诉案件被害人当事人制度研究——以德国附带诉讼制度为参考》,载《时代法学》2006 年第 4 期。

37.兰跃军:《论自诉担当》,载《重庆工商大学学报(社会科学版)》2009 年第 6 期。

38.兰跃军:《自诉转公诉问题思考》,载《中国刑事法杂志》2008 年 11 月号。

39.梁根林:《解读刑事政策》,载《刑事法律评论》第 11 卷。

40.雷连莉、黄明儒:《缺位与还原:被害人在刑事执行程序中的地位探究》,载《湖南科技大学学报》2012 年第 2 期。

41.雷连莉:《论双三角诉讼结构下被害人的量刑参与》,载《湘潭大学学报(哲学社会科学版)》2014 年第 1 期。

42.李恩洁、凤四海:《报复的理论模型及相关因素》,载《心理科学进展》2010 年第 10 期。

43.李晶:《对我国被害人诉讼地位之反思与展望》,载《黑龙江省政法管理干部学院学报》2008 年第 2 期。

44.李亮、王峰:《6 年无罪案件抗诉未实现零的突破——北京市检察院第二分院抗诉样本调查》,载《法制日报·周末》2009 年 4 月 11 日第 3 版。

45.李文健、陈海光:《公诉案件中被害人是否应当赋予上诉权》,载《现代法学》1995 年第 4 期。

46.李有军、郑娜:《国家救助:法律白条有望兑现》,载《人民日报(海外版)》2007 年 1 月 19 日第 4 版。

47.李玉华:《论刑事被害人国家补偿制度》,载《政法论坛》2000 年第 1 期。

48.梁玉霞:《刑事被害补偿刍议》,载《法商研究》1998 年第 4 期。

49.刘东根:《恢复性司法及其借鉴意义》,载《环球法律评论》2006 年第 2 期。

50.刘根菊:《关于公诉案件被害人权利保障问题》,载《法学研究》1997 年第 2 期。

51.刘国庆、汪枫论:《日本被害人权利保障的历史变迁及启示》,载《安徽大学法律评论》2012 年第 2 期。

52.刘洁辉:《刑事被害人权利保障分析》,载《政治与法律》2003 年第 4 期。

53.刘凌梅:《西方国家刑事和解理论与实践介评》,载《现代法学》2001 年第 1 期。

54.刘宁书:《对被害人的诉讼权利应作补充规定》,载《现代法学》1984 年第 1 期。

55.刘晓梅:《韩国犯罪被害人保护制度及其对我国的启示》,载《江苏警官学院学报》2008 年第 3 期。

56.龙宗智:《被害人作为公诉案件诉讼当事人制度评析》,载《法学》2001 年第 4 期。

57.龙宗智:《刑事诉讼中两重结构辨析》,载《现代法学》1991年第3期。

58.卢建平:《日本的被害人保护制度及其启示》,载《理论探索》2007年第5期。

59.吕敏、王宗光、章玮:《论公诉案件被害人的诉讼地位及权利保障》,载《中央政法管理干部学院学报》1999年第3期。

60.马静华:《刑事和解制度论纲》,载《政治与法律》2003年第4期。

61.潘君:《澳大利亚对刑事诉讼参与人的权利保护》,载《检察日报》2004年4月11日。

62.钱应学、侯方生:《关于公诉案件被害人诉讼地位的探讨》,载《青海社会科学》1984年第6期。

63.秦策:《正当程序原则与被害人利益的权衡——美国刑事被害人制度的变迁与启示》,载《诉讼法论丛》2006年第11卷。

64.秦宗川:《我国大陆刑事被害人保护制度论纲》,载《时代法学》2014年第2期。

65.申柳华:《德国刑法被害人信条学研究初论》,载《刑事法评论》第28卷。

66.申柳华:《被害人的谱系学研究——从被害人的历史地位变迁的角度》,载《刑事法评论》第30卷。

67.沈德咏、江显和:《公诉转自诉程序之检讨》,载《人民司法》2005年第5期。

68.沈亮等:《刑事被害人救助制度改革略谈》,载《中国审判》2010年第4期。

69.施鹏鹏:《基本权利谱系与法国刑事诉讼的新发展——以〈欧洲人权公约〉及欧洲人权法院判例对法国刑事诉讼的影响为中心》,载《暨南大学学报》2013年第7期。

70.石英:《论被害人权利保障制度的完善》,载《法学评论》2001年第3期。

71.宋英辉、陈剑虹等:《特困刑事被害人救助实证研究》,载《现代法学》2011年第5期。

72.宋英辉、许身健:《恢复性司法程序之思考》,载《现代法学》2004年第3期。

73.宋英辉:《刑事程序中被害人权利保障问题研究》,载《政法论坛》1993年第5期。

74.孙锐:《刑事诉讼本质论》,载《政法论坛》2012年第4期。

75.孙锐:《中西方刑事诉讼模式理论之比较》,载《湖北社会科学》2011年第11期。

76.谭长贵:《法的哲学内涵——动态平衡态势论》,载《法律科学》2000年第4期。

77.唐亲:《不起诉适用率偏低的历史原因浅析》,载《法制生活报》2014年7月17日。

78.田雨:《最高法:积极开展刑事被害人国家救助》,载《新华每日电讯》2007年9月15日第3版。

79.王红岩、严建军:《广义诉权初探》,载《政法论坛》1994年第5期。

80.王建民:《被害人概念及其分类》,载《政法论坛》1989年第1期。

81.王俊秀、高杨清:《刑事被害人救助制度开始试点》,载《中国青年报》2011年2月9日第3版。

82.王若阳:《刑事被害人制度之比较》,载《外国法译评》1999年第2期。

83.王治国、徐日丹、祝连勇:《检察机关审查逮捕案件质量提升 4年监督立案10万余件》,载《检察日报》2013年6月22日第2版。

84.吴大华:《美国犯罪被害人权利法扩张适用及其启示》,载《现代法学》2014年第

5 期。

85.吴啟铮:《刑事被害人权利保护国际司法准则与跨国法律框架》,载《中国刑事法杂志》2008 年第 6 期。

86.吴卫军:《刑事诉讼中的自诉担当》,载《国家检察官学院学报》2007 年第 4 期。

87.武小凤:《刑事被害人权利及其保护的国际法渊——联合国法律文件的形成、适用及进展》,载《刑法论丛》2010 年第 2 卷。

88.肖玮:《贾春旺强调:不能人为控制不批捕率不起诉率》,载《检察日报》2007 年 7 月 27 日。

89.谢佑平:《历史视野和文化语境下的刑事诉讼模式》,载《复旦学报(社科版)》2007 年第 3 期。

90.熊选国、牛克乾:《试论单位犯罪的主体结构——新复合主体论之提倡》,载《法学研究》2003 年第 4 期。

91.徐静村、谢佑平:《刑事诉讼中的诉权初探》,载《现代法学》1992 年第 1 期。

92.徐昕:《通过私力救济实现正义——兼论报应正义》,载《法学评论》2003 年第 5 期。

93.许章润:《论犯罪被害人》,载《政法论坛》1990 年第 1 期。

94.杨立新:《关于被害人诉讼地位的比较研究》,载《上海市政法管理干部学院学报》2001 年第 2 期。

95.杨旺年:《论刑事被害人的诉讼地位、诉讼权利及其保障》,载《法律科学》2002 年第 6 期。

96.杨正万:《被害人的上诉权再探》,载《贵州大学学报(社会科学版)》2002 年第 4 期。

97.杨正万:《论被害人诉讼地位的理论基础》,载《中国法学》2002 年第 4 期。

98.杨正万:《英国刑诉中被害人的权利》,载《山西高等学校社会科学学报》2001 年第 11 期。

99.张汉昌:《刑事被害人法律援助权之完善》,载《南阳师范学院学报(社会科学版)》2003 年第 7 期。

100.张荣、王长鉴:《司法救济特困刑事被害人、申请执行人:景德镇设立 40 万元救助基金》,载《人民法院报》2008 年 1 月 16 日第 2 版。

101.张泽涛:《过犹未及:保护被害人诉讼权利之反思》,载《法律科学》2010 年第 1 期。

102.赵晨熙:《被遗忘的伤害》,载《法治周末》2013 年 1 月 17 日第 153 期。

103.赵国玲主编:《犯罪被害人补偿:国际最新动态与国内制度构建》,载《人民检察》2006 年第 17 期。

104.周国均、宗克华:《刑事诉讼中被害人法律地位之研讨》,载《河北法学》2003 年第 1 期。

105.[德]拉德布鲁赫:《法律上的人》,舒国滢译,载方流芳主编:《法大评论》2001 年一卷第一辑。

106.[日]大谷实:《犯罪被害人及其补偿》,黎宏译,载《中国刑事法杂志》2000 年第

2 期。

107.[加]肯特·罗奇:《刑事诉讼的四种模式》,陈虎译,载《刑事法评论》第 23 卷。

108.[美]丹尼尔·W.范内斯:《全球视野下的恢复性司法》,载《南京大学学报(哲学·人文科学·社会科学版)》2005 年第 4 期。

109.苏敏华:《〈国际刑事法院罗马规约〉的被害人赔偿与补偿程序》,载《社会科学辑刊》2017 年第 2 期。

110.刘东红:《刑事诉讼中被害人权利保护研究——以认罪认罚从宽制度为视角》,载《中国人权评论》2018 年第 1 期。

111.贾月皓、汪力:《认罪认罚从宽制度中被害人权利保护》,载《广西警察学院学报》2018 第 4 期。

112.孔令勇:《刑事速裁程序中的被害人参与模式:方式、问题与制度完善》,载《西部法学评论》2018 年第 2 期。

113.钟琦:《认罪认罚从宽制度下被害人的权利保护问题》,载《法治论坛》2018 年第 1 期。

114.胡铭:《审判中心与被害人权利保障中的利益衡量》,载《政法论坛》2018 年第 1 期。

115.刘少军:《认罪认罚从宽制度中的被害人权利保护研究》,载《中国刑事法杂志》2017 年第 3 期。

116.戚进松、胡莲芳:《认罪认罚从宽:兼顾制度与方法》,载《检察日报》2019 年 1 月 10 日观点版。

二、外文资料

(一)翻译类著作

1.[德]汉斯·约阿希姆·施奈德主编:《国际范围内的被害人》,许章润译,中国人民公安大学出版社 1992 年版。

2.[德]康德:《道德形而上学原理》,苗力田译,上海人民出版社 1986 年版。

3.[德]克劳思·罗科信:《德国刑事诉讼法》(24 版),吴丽琪译,法律出版社 2003 年版。

4.[德]托马斯·魏根特:《德国刑事诉讼程序》,岳礼玲、温小洁译,中国政法大学出版社 2003 年版。

5.[德]塞缪尔·普芬道夫:《人和公民的自然法义务》,鞠成伟译,商务印书馆 2010 年版。

6.[德]黑格尔:《法哲学原理》,张企泰译,商务印书馆 1961 年版。

7.[法]孟德斯鸠:《论法的精神》(上),张雁深译,商务印书馆 1995 年版。

8.[法]拉法格:《宗教及正义·善的观念之起源》,张定夫、熊得山译,昆仑书店 1930 年出版。

9.[法]卡斯东·斯特法尼、乔治·贝尔纳·布洛克:《法国刑事诉讼精义》,罗结珍译,中国政法大学出版社 1999 年版。

10.[韩]李在祥主编:《韩国刑法总论》,韩相敦译,中国人民大学出版社2005年版。

11.[美]米德:《心灵、自我和社会》,霍桂桓译,译林出版社2012年版。

12.[美]阿道夫等:《有效用例模式 Patterns for Effective Use Cases》,清华大学出版社2003年版。

13.[美]丹尼尔·W.范内斯:《构建恢复性体制》,载王平主编:《恢复性司法论坛》,中国人民公安大学出版社2011年版。

14.[美]戈登·贝兹莫尔、桑德拉·奥布赖恩:《探寻犯罪人康复的一种恢复性模式:实践的理论化和理论指导下的实践》,载王平主编:《恢复性司法论坛》,中国人民公安大学出版社2011年版。

15.[美]赫伯特·L.帕克:《刑事诉讼的两种模式》,梁根林译,载《争鸣与思辨——刑事诉讼精简论文选译》,虞平、郭志媛编译,北京大学出版社2013年版。

16.[美]理查德·波斯纳:《法律与文学》,李国庆译,中国政法大学出版社2002年版。

17.[美]孟罗·斯密:《欧陆法律发达史》,姚梅镇译,中国政法大学出版社1999年版。

18.[美]塞缪尔·亨廷顿、琼·纳尔逊:《难以抉择——发展中国家的政治参与》,吴志华等译,华夏出版社1985年版。

19.[美]约翰·罗尔斯:《正义论》,何怀宏、何包钢、廖申白译,中国社会科学出版社1988年版。

20.[美]阿道夫等:《有效用例模式 Patterns for Effective Use Cases》,清华大学出版社2003年版。

21.[日]松尾浩也:《关于裁量起诉主义》,载《中日刑事法学术讨论会论文集》,上海人民出版社1992年版。

22.[日]田口守一:《刑事诉讼法》,刘迪、张凌译,法律出版社2000年版。

23.[日]大谷实:《刑事政策学》,黎宏译,法律出版社2000年版。

24.[日]棚濑孝雄:《纠纷的解决与审判制度》,王亚新译,中国政法大学出版社2004年版。

25.[意]加罗法洛:《犯罪学》,耿伟等译,中国大百科全书出版社1996年版。

26.[意]切萨雷·贝卡里亚:《论犯罪与刑罚》,黄风译,中国大百科全书出版社1993年。

27.古巴比伦王国《汉谟拉比法典》第3条,载吴高军编:《世界古代史料选》,哈尔滨师范大学科研处情报资料室1984年版。

28.[英]H.P.里克曼:《理性的探险》,姚林等译,商务印书馆1996年版。

29.[英]鲍桑葵:《关于国家的哲学理论》,汪淑钧译,商务印书馆1995年版。

30.[英]彼特·维克:《受害者安抚计划以及正在英国监狱中进行的恢复性司法》,沈莉莉译,载王平主编:《恢复性司法论坛》(2005年卷),群众出版社2005年版。

31.[英]戴维·M.沃克:《牛津法律大辞典》,李双元等译,法律出版社2003年版。

32.[英]戈登·葛拉姆:《当代社会哲学》,黄藿译,桂冠图书股份有限公司1995年版。

33.[英]格里·约翰斯通:《恢复性司法:理念、价值与争议》,郝方昉译,中国人民公安大学出版社 2011 年版。

34.[英]霍布斯:《利维坦》,黎思复、黎廷弼译,商务印书馆 1985 年版。

35.[英]吉米·边沁:《立法理论——刑法典原理》,中国人民公安大学出版社 1993 年版。

36.[英]洛克:《政府论》(下),叶启芳、瞿菊农译,商务印书馆出版社 1964 年版。

37.最高人民检察院法律政策研究室编译:《所有人的正义——英国司法改革报告》,中国检察出版社 2003 年版。

38.[英]迪南:《解读被害人与恢复性司法》,刘仁文、林俊辉等译,中国人民公安大学出版社 2009 年版。

39.[美]安德鲁·卡曼:《犯罪被害人学导论》,李伟等译,北京大学出版社 2010 年版。

40.[加拿大]欧文·沃勒:《被遗忘的犯罪被害人权利:回归公平与正义》,曹菁译,群众出版社 2017 年版。

(二)外国法典

1.《俄罗斯联邦刑事诉讼法典》,黄道秀译,中国人民公安大学出版社 2006 年版。

2.《德国刑事诉讼法典》,李昌珂译,中国政法大学出版社 1998 年版。

3.《德国刑法典》,徐久生译,中国法制出版社 2000 年版。

4.《法国刑事诉讼法典》,罗结珍译,中国法制出版社 2006 年版。

5.《日本刑事诉讼法典》,宋英辉译,中国政法大学出版社 2000 年版。

6.《意大利刑事诉讼法典》,黄风译,中国政法大学出版社 1994 年版。

(三)外文文章

1.Andrew Kanmen, *Crimevictims：An Introduction to Victim logy*, Brooks/Cole publishing Company,1989.

2.Andrew Karmen, *The Rediscovery of Crime Victims*, *in Criminal Justice in America：Theory*, *Practice*, *and Policy*, edited by Berry W. Hancock & Paul M. Sharp, Upper Saddle River, NJ：Prentice-Hall, Inc.1996.

3.Stanislava Yordanova Andonova. *The 14th International Symposium of the World Society of Victimo logy：Justice forvictims*. Legal Studies. 4/2012.

4.Howard Zehr1Changing Lenses. *A New Focus for Crime and Justice*, Scottsdale：Herald Press,1990.

5.McCullough, M. E..*Beyond revenge：The Evolution of the Forgiveness Instinct*. San Francisco, 2008,US：Jossey-Bass.

6.Tyrone Kirchengast, *Palgrave Macmillan：The Victim in Criminal Law and Justice*, New York,2006,S.20.

7.HL Packer ，Two models of the Criminal Process，*University of Pennsylvania Law Review*，1964-JSTOR.

8.J Griffiths，Ideology in Criminal Procedure or A Third "Model" of the Criminal Process. *Yale Law Journal*，1970-JSTOR.

9.K. Roach，J. Crim. L. & Criminology，*Four models of the criminal process.*，1998-Hein Online.

10.WT Pizzi ，Victims' Rights：Rethinking Our Adversary System，*Utah L. Review*，1999-Hein Online.

三、博士论文

1.汪海燕：《刑事诉讼模式的演进》，中国政法大学 2003 年博士论文。

2.刘涛：《刑事诉讼主体论》，中国政法大学 2004 年博士论文。

3.雷连莉：《论刑事被害人的量刑参与》，湘潭大学 2013 年博士论文。

4.杨立新：《刑事诉讼平衡论》，中国政法大学 2005 年博士论文。

四、网络资料

1.王辉：《念斌国家赔偿决定今 16 时送达此前索赔 1500 万》，http://news.sina.com.cn/c/2015-02-16/104231527046.shtml。

2.傅剑锋：《最高检力推被害人补偿立法》，载《南方周末》2007 年 1 月 19 日。

3.杨维汉：《中国法院 7 年共判处犯罪分子 685 万余人》，载新华网 http://news.xinhuanet.com/legal/2013-10/15/c_117730884.htm。

4.陈菲、邹伟：《政法机关今年全面清理执法司法考核指标有罪判决率、结案率等将取消》http://news.xinhuanet.com/legal/2015-01/21/c_1114079201.htm。

5.高鑫：《北京检方首次就刑事案件不起诉召开听证会》，载正义网 http://news.jcrb.com/jxsw/201308/t20130820_1184234.html。

后 记

　　拙著系在博士论文的基础上修缮而成。本想大刀阔斧地进行,最后还是因为各种原因放弃,只做了些许填补,不无遗憾,并因此惴惴不安。

　　博士论文的写作过程很艰难,但现在想想尽是美好。广东顺德图书馆粤语、国语、英语三种语言播报闭馆的声音还在耳旁回荡;碧溪路杰克魔豆咖啡店苏获送过来的橙汁,邓璐点的石锅拌饭的香味似乎还在空气中弥漫;中国政法大学研究生楼 C13 楼提交初稿前,笔者和谢丽珍博士、褚宁博士、叶扬博士、沈桂花博士相互鼓励并肩作战的那段时光,真是一生的财富。

　　感谢导师陈光中先生同意笔者对这个选题进行研究。感谢在博士论文答辩会上刘玫教授、李本森教授对这个选题给予的赞许。其实选择这个题目没想太多,只是觉得被害人参与问题没有得到太多的关注,很遗憾,所以笔者想努力呐喊。这个简单的想法一方面让笔者对被害人参与问题有着高涨的热情,另一方面,这种热情和执着可能会遮蔽视线,顾此失彼。2018 年10 月 26 日《中华人民共和国刑事诉讼法》再次修订,这次修订正式确立了认罪认罚从宽制度,欣喜地发现笔者提出的"动态四方诉讼构造"可以为认罪认罚从宽制度提供有力的解释和分析工具,遂决定补充、完善博士论文后出版。

　　博士毕业以后,有幸调入三峡大学开启讲台人生。感谢三峡大学法学与公共管理学院的领导和同事们给予笔者的帮助和包容。感谢湖北省社会科学基金的资助。感谢厦门大学出版社李宁编辑的辛勤付出。机缘巧合的是亲爱的挚友洪迎华博士就在厦门大学任教,本科毕业考研那个冬天,迎华每天凌晨 6 点起床骑自行车为笔者去图书馆占位买早餐、打热水,笔者却遗憾错过,一直心存愧疚,拙著能在厦门大学出版社出版算是对迎华的一个交代。感谢小金同学、俊芬同学帮忙整理、校对,她们的一丝不苟省却了笔者很多烦恼。感谢张丽丽博士和杨锦炎博士助笔者实现梦想,回到学术研究的轨道,才有拙著的诞生。

　　感谢陈光中教授给予的帮助、信任和鼓励,让笔者有机会成为更好的自己!感谢中国政法大学樊崇义教授、卞建林教授、刘玫教授、顾永忠教授、杨宇冠教授、汪海燕教授、郭志媛教授等师长指点迷津!感谢一路陪伴笔者成长的亲友!

　　感谢家人所做的一切!感谢父母给了自由发展的空间,以及无限的宽容和爱!感谢亲密战友程先森一起走南闯北、不离不弃。感谢最亲爱的女儿修齐同学,准备博士论文期间她还是个希望妈妈从电话里跳出来的小姑娘,如今已经 11 岁,她立志成为一名优秀的法律人,和笔者一起为祖国的法治建设而努力。满怀希望的人生真是幸福而满足!

胡莲芳

2019 年国庆节于三峡大学